대한민국
교과서가 아니다!

姜圭炯

權熙英

金光東

裵振榮

李鍾喆

丁慶姬

趙甲濟

조갑제닷컴

머 / 리 / 글

'어둠의 자식들'과 '빛의 아들들', 또는 '악마의 변호인'과 '대한민국의 변호인'

'反대한민국적 계급투쟁 史觀'

〈조갑제닷컴〉은 기사나 출판을 통하여 고등학교 한국사 교과서의 거짓과 왜곡을 지속적으로 폭로해왔다. 2008년 11월엔 《금성출판사刊 고등학교 한국 근·현대사 교과서'의 거짓과 왜곡》이라는 책을 냈다. 2011년 8월엔 새로 나온 6種의 고등학교 한국사 교과서(삼화, 천재교육, 미래엔컬처그룹, 지학사, 비상교육, 법문사)를 분석하여 《고등학교 한국사 교과서의 거짓과 왜곡 바로잡기》라는 책을 냈다. 이번에 내는 책은 2014년부터 새로 사용되는 고등학교 한국사 교과서 8종에 대한 분석 보고서이다.

지금 고등학교에선 기존 6종의 교과서와 新種(신종) 8개를 합쳐 14종의 국사 교과서가 사용되고 있다. 신종 8개 가운데 학생들에게 안심하고 가르칠 수 있는 교과서는 교학사 하나뿐이란 것이 분석팀의 결론이었다. 지학사와 리베르스쿨 교과서는 좌경 기회주의적 성향이 강하지만 교정하여 쓸 수 있다는 평가를 받았다. 좌편향이라고 분류된 5종은 금성출판사, 두산동아, 미래엔, 비상교육, 천재교육 교과서인데, '反대한민국적 계급투쟁 史觀으로 기술되었다'는 판정을 받았다. 간단하게 말하면 '이것은 대한민국 교과서가 아니므로 대한민국 학교에서 가르쳐선 안 된다'이다.

한국사 교과서가 문제가 된 지 10년이 넘었다. 그때마다 교육부는 수정 노력을 하는 것처럼 보여주었다. 2011년엔 국방부까지 나서서 '이런 교과서로 배운 젊은이들이 군대에 들어오면 戰力(전력)에 문제가 생긴다'면서 수정을 요청하였다. 그런데도 한국사 교과서는 본질적으로 개선되지 않았다. 분석팀은, 그 원인이 '계급투쟁 사관'과 교육부의 기회주의적 직무유기에 있다는 결론에 도달하였다.

'악마의 변호인'의 심부름꾼

공산주의 이론의 핵심인 계급투쟁론에 입각한 歷史觀(역사관)은 反국가, 反자본주의(자유민주주의와 시장경제)로 갈 수밖에 없다. 그런 이념적 가치관으로 써진 한국사 교과서는 대한민국의 정통성과 정체성을 부정하며 북한 정권을 비호하고, 자유민주주의를 부정하거나 무시한다. 이번 분석팀의 보고서를 읽는 이들은 5종의 교과서가 철저하게 계급투쟁 史觀에 입각하고 있음을 쉽게 알 수 있을 것이다. 이것이 이번 교과서 분석의 가장 의미 있는 결실일 것이다.

계급투쟁론에 빠지면 객관적 사실을 목적에 종속시킨다. 계급투쟁

史觀에 기초한 교과서는 필연적으로 교과서 집필의 不文律(불문율)인 사실·헌법·공정성을 위반하여 反국가-反헌법-反사실-反교육적 문건이 된다. 이런 反국가적-反체제적 가치관으로 써진 교과서 점유율이 고등학교의 90%가 되었다는 것은 거의 30년간 진행된 한국의 좌경화가 이제는 국가의 심장과 두뇌를 오염시키는 단계를 넘어 미래 세대를 망치는 수준에 이르렀음을 보여준다. 국가의 정통성과 정체성, 그리고 민족혼을 지켜가는 부서인 교육부가 좌경 의식화됨으로써 조국을 미워하고 敵(적)을 비호하는 '악마의 변호인'의 심부름꾼이 되고 말았다.

이를 뒷받침하는 物證(물증)이, 대한민국 교육부가 대한민국 교과서에서 '대한민국 건국'이란 말을 쓰지 못하게 하면서 '조선민주주의인민공화국 수립'이란 말을 권장하고 악마의 논리인 주체사상 선전을 허용한 점이다. 이런 교과서로 배운 학생들 속에서 제2의 주사파, 제2의 이석기, 제2의 통진당이 나올 것이다.

가장 큰 타락은 '악마의 변호인'이 된 것

5종의 좌편향 교과서로 배운 학생들은 대한민국이 '최단 기간에 최소한의 人命(인명)희생으로 최대의 성과'를 거두어 경제대국-복지선진국-군사강국-민주국가를 이룬 것을 이해할 수가 없다. 왜냐 하면 이런 성공의 요인인 자유민주주의와 시장경제의 장점을 가르치지 않고, 성공 스토리의 주인공인 이승만, 박정희, 군인, 기업인을 부정적으로 설명하며 성공을 방해한 남북한의 좌익 세력을 미화·비호하기 때문이다.

오늘날 한국인의 가장 큰 도덕적 타락은 '악마의 변호인'이 된 점이다. 恩人(은인)을 핍박하고, 원수를 비호하는 背恩忘德(배은망덕)의 죄를 지었다. 잔인한 자(김일성 일가)를 동정하니 동정 받아야 할 사람들(북한 동포 등)에게 잔인하였다. 1930년대 서구의 좌파 지식인들도 소련 독재자 스탈린이 벌인 숙청이란 이름의 무자비한 인간 屠殺(도살)을 규탄하기는커녕 이를 옹호하였다. 좌파는 아니지만 좌파에 동정적이었던 프랑스의 앙드레 말로조차도 "종교재판이 기독교의 본질적 권위를 훼손하지 않듯이 모스크바의 재판도 공산주의의 본질적 권위를 훼손하지 않는다"고 말하였다. 영국의 언론인 폴 존슨은 《모던 타임스》란 20세기 通史(통사)에서 이렇게 요약했다.

〈스탈린주의를 변호하려 한 西歐(서구) 지식인들의 시도는 그들을 '자기 부패'(self-corruption)의 과정에 빠뜨렸다. 이는 그들의 글을 통하여 그들의 국가로 轉移(전이)되었는데, 전체주의 체제의 고유한 도덕적 타락이 옮겨갔다. 대표적인 것은 善과 惡에 대한 개인의 책임을 부정하는 풍조였다.〉

스탈린주의 옹호 지식인들이 그들의 영향을 받는 정치도 타락시켜 남 탓만 하는 분위기를 확산시켰다는 지적은, 스탈린주의의 變種(변종)인 김일성주의를 변호한 자들, 즉 '악마의 변호인'이 많아진 1980년대 이후의 한국에 그대로 적용될 것이다. 존슨은 비슷한 과정이 미국에서도 일어났다고 썼다.

미국의 1930년대에도 한국의 1980년대처럼 스탈린주의자들이 좌파 운동의 선봉에 섰다. 공산주의자들의 영향을 받은 극좌파가 민주당 세력의 주도권을 잡았다. 미국의 1930년대를 좌경화시킨 것은 경제공황과 파시즘의 등장이었다. 존슨은 좌경화된 민주당이 세계에서 가장 강력한 나라의 권력을 1970년대 말까지 거의 연속적으로 잡을 수 있었던 것은 1930년대의 스탈린주의자들 영향이라고 썼다.

義人들

김일성-김정일-김정은 독재를 비호하면서 이승만과 박정희와 미국을 공격하여 먹고 사는 종북좌파도 스탈린 비호 서구 지식인에 못지않은 악영향을 나라에 끼치고 집단적 타락을 불렀다. 天國(천국)에서 살면서 악마를 동경하는 현상은 그 자체가 국가와 국민의 정신적 부패이다. 배웠다는 사람으로서 이보다 더한 타락은 없을 것이다. 국민이 내는 세금을 국가예산으로 써 가면서, 국민이 부여한 법적 권한을 '악마의 변호인'을 위하여 사용한 교육부 공무원들은, 좌편향 교과서의 필진 및 출판사와 함께 법적으로나 역사적으로 반드시 斷罪(단죄)되어야 할 것이다.

이 책이 나오도록 하는 데는 좌편향 교과서 토론 모임을 주최, 교과서 분석의 필요성을 제기한 서경석 목사의 공이 크다. 피를 토하듯 反대한민국 교과서의 거짓을 폭로해온 권희영 교수, '계급사관'이 아니라 '계급투쟁 史觀'이라고 써야 한다고 강조한 교과서 왜곡 과정 연구가 정경희 교수, 좌편향 교과서의 문제점을 제기하는 데 '마당발' 인맥을 총동원하였던 강규형 교수, 주사파 운동권에서 전향하여 주사파 폭로에 앞장서고 있는 이종철 대표, 10여 년 전부터 가장 먼저 좌편향 교과서의 위험성을 경고하는 글을 써왔던 배진영 기자, 명석한 논리로 한국 현대사의 흐름을 정리해주는 김광동 박사, 그리고 분석팀의 총무 역할을 한 성삼영 선생과 필자가 참여하였다. '악마의 변호인'이 있다면 이런 '대한민국의 변호인'도 있다. 이게 희망이다.

惡은 스스로를 드러낸다

로마 가톨릭 교황 비오 11세는 1937년 발표한 '구세주이신 하느님'(Divini Redemptoris)이라는 공산주의 비판 敎書(교서)에서 이렇게 말하였다.

〈본인은 '어둠의 자식들'이 유물론적이고 무신론적인 선전물로써 밤낮으로 사주하는 그 狂氣(광기)가, 결국 '빛의 아들들'을 충동하여 至尊(지존)의 영광을 위하여 똑같은 열성, 아니 그보다 더 큰 열성으로 임하게 만드는, 성스러운 목적에 이바지하게 되리라는 굳은 희망을 가슴속에 간직하고 있다(We cherish the firm hope that the fanaticism with which the sons of darkness work day and night at their materialistic and atheistic propaganda will at least serve the holy purpose of stimulating the sons of light to a like and even greater zeal for the honor of the Divine Majesty).〉

계급투쟁론이라는 광기의 포로가 되면 '어둠의 자식들'로서 김일성 같은 악마를 변호하게 되지만 이는 개인의 자유와 진실을 소중하게 여기는 '빛의 아들들'을 격동시켜 결국 自滅(자멸)의 길을 열게 되리라는 비오 11세의 예언은 그 50년 뒤 레이건, 대처와 손잡은 요한 바오로 2세에 의하여 '국제 공산주의 붕괴'로 실현되었다. 그때 역사의 쓰레기통으로 들어갔어야 할 계급투쟁론이 (가짜) 민족주의와 (가짜) 민주주의로 위장, 대한민국의 영혼을 더럽히고 있지만 '빛의 아들들'이 나서면 거짓과 악은 드러날 것이고, 어둠의 자식들은 몰락할 것이다. 거짓이 햇빛을 두려워하는 이유는 惡을 드러내기 때문인데, 모든 惡은 스스로를 드러내는 속성이 있다고 한다.

　이 책이 좌편향 교과서의 거짓을 마신 학생들의 정신을 치료해주는 解毒劑(해독제) 역할을 할 것이라고 기대한다. 학부모들이 좌편향 교과서 리콜운동을 할 때도 좋은 무기가 될 것이다. 진실은 간단하고 自明(자명)하지만 이를 입증하는 일은 복잡하고 힘이 든다. 서둘러 만드느라 부족했던 부분은 계속 보충해갈 것이다.

2014년 3월24일

분석팀을 대신하여 　趙 甲 濟

차 / 례

머리 글   7
'어둠의 자식들'과 '빛의 아들들', 또는 '악마의 변호인'과 '대한민국의 변호인'

chapter **1** ···· 총괄 · 계급투쟁 史觀의 필연적 産物 / 趙甲濟   17

계급투쟁 史觀으로 써졌다   18
교육부의 반역   32
건국의 정통성 否定   41
주체사상 美化   55
6·25 왜곡   64
李承晩 · 朴正熙를 主敵으로, 金大中은 우상화   72
저항 중심 서술에 치중   78
국군: "이런 교과서는 안 된다"   83

chapter **2** ··· 이것은 대한민국 교과서가 아니다 **89**

금성출판사 한국사 교과서 분석 ··· 李鍾喆 **90**
두산동아 한국사 교과서 분석 ··· 丁慶姬 **113**
미래엔 한국사 교과서 분석 ··· 權熙英 **137**
비상교육 한국사 교과서 분석 ··· 金光東 **147**
천재교육 한국사 교과서 분석 ··· 趙甲濟 **160**

chapter **3** ··· 수정 가능 및 정상 교과서 **207**

리베르스쿨 한국사 교과서 분석 ··· 裵振榮 **208**
지학사 한국사 교과서 분석 ··· 姜圭炯 **236**
교학사 한국사 교과서 讀後記 ··· 趙甲濟 **240**

chapter **4** ··· 역대 國史 교과서 모두 분석한 丁慶姬 교수 인터뷰 **257**

"그들은 북한 책을 이렇게 베꼈다. 교육부는 영혼 없는 집단" ··· 李相欣 **258**

| 자료 1 | 대한민국 建國과정에 대한 오해와 이해(10問 10答) ··· 梁東安 **280**
| 자료 2 | 한국사 교과서 수정 명령 사항 **296**
| 자료 3 | 2014학년도 출판사별 교과서 채택 현황 **306**
| 자료 4 | 성명서: 反대한민국적 좌편향 역사교과서를 규탄한다! **307**

1 chapter

총괄

계급투쟁 史觀의 필연적 産物

趙甲濟(조갑제닷컴 대표)

1 계급투쟁 史觀으로 써졌다

조국을 미워하도록 가르치는 5종의 역사 교과서

2014년 3월5일 좌편향교과서대책위원회·바른역사국민연합·역사교과서대책범국민운동본부가 공동 주최한 '좌편향 교과서 분석 보고회'가 한국 프레스센터 20층에서 열렸다. 분석팀은 학자, 언론인 등 7명으로 다음과 같다.

금성출판사: 李鍾喆(이종철, 스토리 K 대표)
두산동아: 丁慶姬(정경희, 前 탐라대 교수)
미래엔: 權熙英(권희영, 한국학중앙연구원 교수)
비상교육: 金光東(김광동, 나라정책연구원 원장)
천재교육: 趙甲濟(조갑제, 조갑제닷컴 대표)

리베르스쿨: 裵振榮(배진영, 월간조선 차장)

지학사: 姜圭炯(강규형, 명지대 교수)

교학사: 趙甲濟, 李鍾喆

  이들은 〈가장 안전한 교과서는 교학사, 리베르스쿨과 지학사는 교정 가능, 금성출판·두산동아·미래엔·비상교육·천재교육 교과서는 헌법과 사실관계와 공정성을 무시하고 反대한민국적 계급투쟁 史觀으로 기술되어 부분적 수정으론 교정이 불가능하므로 회수해야 한다〉고 보고했다.

  이 분석팀이 고등학교 한국사 교과서 8종 중 5종(금성출판·두산동아·미래엔·비상교육·천재교육)을 좌편향으로 분류한 기준은 ▲실패한 北의 토지개혁 미화 ▲北의 주장을 근거로 주체사상을 선전 ▲유엔 결의 변조, 대한민국이 한반도 유일 합법 정부임을 부정 ▲北의 4大 對南(대남) 도발 누락 ▲교육부 수정권고 거부 ▲反韓反美的(반한반미적) 기술이었다. 아래는 교과서별 해당 사항을 조사한 표이다.

좌편향 5개 교과서의 특징(검인정 통과時 기준)

	토지개혁 美化	주체사상 선전	유엔결의 왜곡	北도발 묵살	反韓反美
금성	O(X)	O(X)		O	O
두산	O(X)	O(*)	O	O(X)	O
미래엔	O		O	O	O
비상	O(X)	O		O	O
천재	O(X)	O(X)	O	O	O

※4대 도발은 ▲아웅산 테러 ▲대한항공기 폭파 ▲제2연평해전 ▲천안함 폭침.
(X)는 교육부 수정권고 거부. (*)는 수정 미흡.

교육부의 수정 노력은 실패했다

분석팀은 5종의 좌편향 교과서가 계급투쟁 사관에서 써졌으므로 대한민국 학교에서 가르쳐선 안 된다고 경고했다.

〈▲이들 교과서는 공정성이 결여되어 있다. 反韓-反美-親北-親中-親蘇 성향의 記述(기술)을 보이며, 反軍-反기업-反이승만-反박정희-親김대중-親노무현-親노동 성향도 뚜렷하다.
▲좌편향 교과서는 또 대한민국의 정통성과 정당성과 정체성을 훼손하고 북한 정권을 편들기 위하여 사실을 왜곡, 날조한 경우가 많았다. 北核 문제를 설명할 때 미국이 원인을 제공하였다는 식의 서술을 한다든지, 박정희가 김대중을 죽이라고 지시하였다고 조작한 것이 대표적인 예이다.
▲좌편향 교과서는 국사 교과서 집필의 3大 원칙인 '사실부합', '헌법정신 존중', '공정한 기술'을 위반하였으므로 反교육적이고 反국민적이다.
▲특히 대한민국의 정통성을 국제적으로 인정받은 유엔 결의 내용을 날조, 유일 합법성을 부인한 교과서가 두산동아, 미래엔, 천재교육인데, 이는 명백한 집필 기준 위반이다. 그럼에도 교육부가 합격시켜 준 것은 그 악영향 면에서 入試(입시) 부정보다 더한 교과서 부정이다.〉

분석팀은 〈교육부의 수정 노력은 실패하였다〉고 판단했다. 좌편향 교과서들에 대한 교육부의 수정 권고 및 수정 명령 내용은, 사후적이고 단편적이었다. 좌편향 史觀(사관)을 수정, 교과서의 본질과 구조를 바꾸지 않는 한 부분적 수정은 한계를 지닐 수밖에 없었다는 것이다. 분석팀은 수정 대상에서 빠진 문제 부분 중 두 가지 예를 들었다.

<두산동아 최종본(2014년 3월1일 발간) 319페이지: 1994년 10월 북한과 미국 간에 제네바 합의를 이룸으로 위기를 넘길 수 있었다. 그러나 대북 강경파인 부시 정권이 출범하면서 북미 관계는 다시 악화되었다. 부시 정권은 북한의 핵 개발 의혹을 제기하며 제네바 합의 때 약속한 중유 공급을 중단하였고, 이에 북한은 다시 NPT 탈퇴로 맞섰다.>

美北 관계가 악화된 것은 부시 정부 때문이 아니라 북한 정권이 제네바 합의를 어기고 우라늄 농축 방식의 비밀 핵개발을 하고 있다가 발각되었기 때문이다. '核개발 의혹'이 아니라 확인된 '핵개발'이다. 북한도 우라늄 농축을 인정했고, 2010년엔 미국 전문가에게 공개하기도 했다. 분석팀은 미국이 重油(중유) 공급을 중단한 것이 마치 제네바 합의를 어긴 행위인 것처럼 기술한 것도 이 교과서를 흐르는 反美(반미)기조의 자연스런 반영이라고 지적했다. 北이 제네바 합의를 위반하고 비밀 핵개발을 계속하는데 重油 공급을 중단하는 것은 너무나 당연하다. 이렇게 짧은 문장에 이렇게 많은 왜곡이 들어 있는데도 교육부는 수정 권고조차 하지 않았다는 것이다.

<미래엔 교과서 최종본 353페이지: 문익환 목사와 대학생 임수경 등이 북한을 방문했지만, 노태우 정부는 국가보안법을 적용하여 구속하였다.>

문익환과 임수경은 不法(불법) 방북하여 구속되었다. 이 교과서는 그냥 '북한 방문'이라고 적어 문익환·임수경의 불법성을 은폐, 국가보안법을 惡法(악법)으로 가르치려는 의도가 엿보인다.

대한민국의 교과서라고 볼 수 없다

權熙英 교수(한국학중앙연구원 교수)는 '5종의 좌편향 교과서는 위헌 정당으로 규정되어 해산이 청구된 통합진보당 노선과 닮았다'고 평했다. 분석 자료에서 金光東 박사는 비상교육 교과서를 좌파의 선동선전용 자료에 가깝다고 아래와 같이 요약했는데, 이는 다른 좌편향 교과서에도 그대로 적용될 것이다.

〈결론적으로 비상교육 교과서는 (가)대한민국의 정당성을 일방적이고 의도적으로 훼손시키고 (나)저항운동 및 시위운동에 대한 의의를 반복적으로 설명, 강조함으로써 역사를 종합적으로 이해하지 못하게 하는 것은 물론 건설과 참여가 아니라 저항과 시위가 역사 발전을 가져왔다는 왜곡된 인식을 심어주고 (다)전체주의인 공산주의에 대한 정확한 이해와 대응을 할 수 없게 하고, 소련 및 중국의 역할을 사실과 다르게 긍정적으로 설명하며 (라)나아가 민족유린과 문명파괴의 70년을 만든 북한 전체주의를 미화하고, (마)대한민국이 이뤄온 성취의 기록을 서술하지 않음으로써 대한민국에 대한 자긍심을 의도적으로 배제시키고 (바)각종 편향된 사진, 자료, 사례 등의 나열로 역사교육을 통해 국민통합 및 국가에 대한 기본 인식을 공유하도록 하겠다는 교육적 목표가 없다. 이 교과서는 국민갈등과 역사인식의 왜곡을 만들어 내는 데 초점이 맞춰져 있어 전혀 교육적이지 않고, 反대한민국적 내용으로 채워져 대한민국 역사교과서라 볼 수 없다. 특정한 정치적 목적을 가진 진보단체 내지 좌파 운동권 단체의 선동선전용 자료가 교과서 형식을 띠고 출간, 교육되고 있다고 평가된다.〉

이런 좌편향 교과서로 배운 학생들은 누구의 지도와 누구의 희생에 의하여, 대한민국이 어떻게 戰亂(전란)을 딛고 최단기간에 최소한의 人命(인명)희생으로 최대의 성과를 이룩하여 세계 5大 공업국, 6위의 公正(공정)선거국, 세계 7위의 수출국, 12위의 경제규모, 12위의 삶의 질, 그리고 일본과 프랑스를 앞서는 세계 20위의 민주주의 국가를 만들었는지 이해를 할 수가 없게 된다.

5종의 좌편향 교과서에는 공통점이 있다. 자유민주주의 체제인 대한민국에 적대적이고, 사회주의 독재 체제인 북한정권에 우호적이다. 미국에 적대적이고, 소련과 중국에 우호적이다. 건국-반공-산업화 세력(이승만, 박정희, 기업인, 국군 등)에 부정적이고, 노동자와 저항세력에 우호적이다. 대한민국을 공격하고 자유민주주의를 무시하며, 북한정권과 사회주의 독재 체제를 비호하는 성향이 강한 이유는, 이 교과서의 필자들이 계급투쟁적 歷史觀(역사관)을 共有(공유)하기 때문일지 모른다.

자본주의 체제의 국가를 지배계급의 도구로 보고 정당성을 인정하지 않는다. 오히려 타도 대상으로 본다. 국가의 기능, 즉 헌법과 경찰과 군대도 타도 대상으로 본다. 좌파는 계급투쟁론을 신념화한 국가부정세력이다. 계급투쟁론자들은 자연스럽게 反韓·反美·親北·親蘇·反軍·

反기업·親노동 성향을 띤다. 사실을 조작하는 성향은 그들의 이념적 가치관을 반영한 것이다. 특정 계급에 의한, 독재를 주장하는 계급투쟁론은 국민주권론에 기초한 대한민국 헌법에 위배될 뿐 아니라 진실·정의·자유의 원칙을 파괴한다. 계급투쟁 史觀 자체가 反국가적이고 反헌법적이며 反사실적이다.

이런 가치관에 입각하여 써진 교과서가 자유민주주의 체제의 국가에서 가르쳐지고, 그것도 90%의 고교에서 채택되었다는 것은 하나의 체제위기이다.

계급투쟁론의 신봉세력

한국에서 발생하는 거의 모든 이념 갈등 사건을 보면, 자동적으로 한 편에 서는 세력이 발견된다. 광우병 亂動(난동)-천안함 爆沈(폭침)-연평도 포격-철도노조 불법 파업-한국사 교과서 파동 등으로 편이 갈릴 때 왼쪽으로 정렬하는 세력은 북한정권, 민주당, 통진당(舊민노당), 정의당, 민노총, 전교조, 좌파언론, 좌경 종교단체 등이다.

이런 세력은 사건의 실체적 진실을 조작하든지 왜곡하여 북한정권이나 불법세력의 편을 든다. 평소 북한정권을 비판하던 이들까지도 대한민국과 북한정권, 법치와 불법의 대결구도가 되면 북한정권과 불법 편에 선다. 좌파라고 통칭되는 세력은 거의가 反대한민국, 反법치 성향이다. 스스로 從北(종북)이 아니라고 하는 좌파도 이념문제에선 대한민국 편을 들지 않는다. 한국엔 '反北(반북)좌파'가 없다고 보면 된다. 이런 자동적 줄서기의 비밀 역시 '계급투쟁론'이다. 마르크스와 레닌이 발전시킨 계급투쟁론은 간단하다.

〈역사는 지배계급과 피지배계급의 투쟁을 動力(동력)으로 하여 발전해왔다. 자본주의 사회에서 지배계급은 자본가이고, 피지배계급은 노동자들이다. 세계 노동자들은 국적을 불문하고 단결, 폭력으로 자본가계급을 말살하고 사회주의 체제를 건설하여 프롤레타리아 독재 정권을 수립해야 한다. 프롤레타리아가 정권을 잡는 건 독재이지만 다수에 의한 독재이므로 진정한 민주주의이다. 계급의 적인 자본가들을 말살한 뒤엔 계급 없는 사회, 즉 공산사회로 발전할 수 있다.〉

교과서도 계급투쟁을 위하여 복무한다

계급투쟁론은 폭력과 선동을 통한 혁명을 정당화하므로 폭력을 동원, 헌법질서를 무너뜨리고, 국가와 국가에 충성하는 세력을 말살하는 것은 죄가 아니라 의무가 된다. 기존의 가치관, 즉 법치나 전통을 부정할 뿐 아니라 객관적 진실을 부정한다. 계급투쟁에 유리한 사실만이 진실이다. 자유민주주의 국가의 교과서는 사실과 헌법에 기초하여 공정하게 기술됨으로써 국민통합을 이루는 것을 목적으로 하지만 계급투쟁론에 근거한 교과서는 사회주의 혁명을 위하여 사실과 헌법과 공정성을 무시하고 사회를 계급적으로 분열시킨다.

한국처럼 공산정권과 대치, 전쟁 중인 나라에서 계급투쟁론으로 무장한 좌파세력이 자유롭게 활동한다는 것은 다른 나라에선 볼 수 없는 심각한 문제를 惹起(야기)한다.

첫째, 남한의 좌파는 계급투쟁론 신봉자들이므로 대한민국을 반대하는 데는 북한정권과 일치, 자동적으로 利敵(이적)세력화한다.

둘째, 대한민국의 정체성은 자유민주주의-시장경제이고, 한반도의 유일한 합법국가라는 점인데 좌파는 이를 부인하므로 자동적으로 反체제가 된다.

셋째, 계급투쟁론은 사회를 지배계급과 피지배계급, 자본가와 노동자, 가진 자와 없는 자, 1 대 99 식으로 편을 가른다. 좌파가 가는 곳에 항구적인 분열이 있다.

넷째, 계급투쟁론이 국제 질서에 적용되면 미국을 제국주의 세력으로 보게 된다. 한국의 좌파는 필연적으로 反美로 진행, 韓美동맹을 약화시킨다.

敵(적)이 없는 유럽 국가의 좌파와, 공산정권이란 적과 싸우는 한국 내의 좌파는 위험 수준이 다르다. 프랑스의 좌파는 나라를 사회주의로 만들겠다는 게 목표이지만 프랑스를 영국에 넘기겠다는 세력이 아니다. 한국의 좌파는 자유민주주의 체제를 뒤엎으려는 동시에 敵을 돕는다. 반역과 매국을 겸한다. '종북은 안 되고 좌파는 괜찮다'는 말은 성립되지 않는다.

한국의 좌파는 김대중과 노무현 정부만 민주정부로 인정한다. 자유민주주의를 국가이념으로 선택, 공산주의자들의 도전을 물리치고 경제-민주-복지 대국으로 키운 李承晩(이승만), 朴正熙(박정희) 정부를 민주정부로 인정하지 않는 것은 물론이고 張勉(장면) 정부까지도 민주정부로 인정하지 않는다. 장면 정부가 反共(반공)자유민주주의 노선을 견지하였다는 점 때문일 것이다. 좌편향 교과서가 김일성 세력이 아니라 이승만-박정희 세력을 거의 主敵으로 몰아가는 이유도 계급투쟁 史觀에서 찾아야 할 것이다.

계급투쟁론은 학설이 아니라 권력을 잡기 위한 전략으로서의 이념이다. 공산주의자이든 사회주의자이든 존재의 목적은 권력을 잡는 것이다. 권력 숭배주의자들이다. 권력을 잡지 못하였거나 잡았지만 계급혁명에 성공하지 못한 남한의 좌파는 권력을 잡고 계급혁명에 성공한 북한정권 앞에선 작아지게 되어 있다. 이는 힘의 법칙이다. 조국 대한민국을 부정하는 좌파는 계급투쟁론의 本山인 북한정권에 끌려 다닐 수밖에 없다. 조국이 없는 인간은 뿌리 뽑힌 존재이므로 권력 실체 앞에선 無力(무력)하다. 이 또한 좌편향 교과서가 反대한민국적이면서 親북한적인 이유이다.

계급투쟁론자들은 거짓말쟁이다

영국 철학자 버트런드 러셀(Bertrand Rusell)은 마르크스주의를 이렇게 定義(정의)하였다.

〈이 교리의 원동력은 마르크스에 있어서나 그 추종자들에게 있어서나 이데올로기적인 증오심에서 나오고 있다. 마르크스는 이 증오를 조직적 원리로 삼았으며, 모든 진화의 源泉(원천)으로 삼았다.〉

북한에서 공산주의를 경험하고 한국으로 넘어온 이들(월남자, 탈북자들)에게 물어본 적이 있다. 공산주의자를 한 마디로 요약하면? 십중팔구 이렇게 말하는 것이었다.
"거짓말쟁이."
증오와 거짓이 제2의 天性(천성)이 된 이들은 진보, 민주, 자주, 민족,

평화, 평등, 화해, 공존, 해방 등 좋은 말들을 名分化(명분화)하여 정치적 무기로 사용하는 데 천재적이다. 僞善的(위선적) 명분론의 大家(대가)들이다. 공산주의자들은 왜 거짓말을 하고 거짓말이 드러나도 是認(시인)하지 않고 부끄러워하지도 않는가? 왜 그들이 가는 곳마다 증오와 분열, 그리고 떼죽음이 생기는가?

이런 문제를 가장 깊게 파고든 한국인은 아마도 尹元求(윤원구·前 명지대학교 교수) 씨일 것이다. 그는 공산주의가 가진 이론과 실천의 이중성의 원리를 밝혀낸 이다. 《공산주의의 7대 비밀》(명지대학교 출판부 刊)이라는 책에서 尹 교수는 좌익적 인간이 凶器化(흉기화)되는 비밀을 '공산주의자의 가치관'에 있다고 했다.

그들은 어떤 인간인가 하는 의문은 그들이 어떤 가치관을 가진 사람인가를 규명하면 된다. 공산주의자는 어떤 가치관을 가지는가? 인간의 가치 판단 기준은 세 가지이다. 진실과 거짓을 가리는 知的(지적) 판단[眞], 선과 악을 가리는 윤리적 판단[善], 아름다운 것과 추한 것을 가리는 情的(정적) 판단[美]이다. 眞善美(진선미)를 추구하는 판단 기준인 셈이다.

자유민주주의 세상에서 사는 사람들은 인간으로서 존엄을 지키면서 행복하게 사는 것을 가치 있는 것으로 여긴다. 가치관의 핵심에 인간과 인간적 조건(생명존중, 안전, 복지, 자유 등)이 있다. 이런 가치관은 헌법에 반영되는데, 우리 헌법 10조가 그런 예이다.

〈모든 국민은 인간으로서 존엄과 가치를 가지며, 행복을 추구할 권리를 가진다. 국가는 개인이 가지는 불가침의 기본적 인권을 확인하고 보장할 의무를 진다.〉

그들에게 계급투쟁론은 윤리와 진리의 기준

그렇다면 공산주의자의 가치관은 무엇인가? 레닌이 정확하게 규정하였다.

"우리는 말한다. 우리의 윤리는 전적으로 프롤레타리아트(注: 무산계급을 가리키는 사회학적 용어. '프롤레타리아'는 노동자·무산자 등을 지칭)의 계급투쟁의 이익에 從屬(종속)하는 것이라고. 우리의 윤리는 프롤레타리아트 계급투쟁의 이익으로부터 나오는 것이다. … 그러면, 이 계급투쟁이란 무엇인가. 그것은 차르를 타도함으로써 자본가 계급을 타도하여 자본가 계급을 絕滅(절멸)하는 것이다."

尹 교수는 공산주의자들의 가치관은 계급투쟁론에서 출발한다고 본다. 즉 자본가계급을 폭력혁명으로 타도하고 공산당이 정권을 잡는 데 도움이 되는가, 안 되는가, 이것이 가장 중요하고 유일한 가치판단 기준이라고 했다.

〈공산주의자들의 주장에 따르면, 이 階級鬪爭(계급투쟁)이란 것은 윤리의 기준일 뿐만 아니라 眞理(진리)의 기준으로도 된다는 것인데, 여기에 대하여 '철학과정'은 다음과 같이 말하고 있다.
"마르크스주의의 과학적 사회주의 이론은 노동자계급을 계몽하여 자기의 계급적 利害(이해)관계, 임무, 목적을 자각하도록 돕는 일에 봉사하고 있다. … 사회생활의 긴요한 문제를 설명하려고 하는 모든 철학, 사회학, 경제학상의 이론은, 무엇이건 간에 계급의 이익을

표현하고 있어서, 이런 뜻에서 黨派的(당파적)인 것이다."〉

사회과학에서 무엇이 가장 중요한 문제이냐 하면, 그 이론이 계급투쟁에 도움이 되느냐 害(해)가 되느냐는 것이고 이것이 무엇이 진리이고 무엇이 虛僞(허위)인가를 판단하는 기준이다. 마르크스주의자들은 객관적 진리를 인정하지 않는다. 사회가 利害(이해)관계를 달리하는 계급으로 분열되어 있는 한 〈사회과학의 진리는 언제나 계급의 진리로서, 계급에 따라 각각 성립하는 것이다. 이른바 진리의 계급성 또는 당파성이다〉.

왜 '피바다'는 아름다운가?

무엇이 아름답고 무엇이 아름답지 못하냐 하는 것도 계급투쟁(프롤레타리아트의 독재나 폭력혁명 등)에 도움이 되느냐의 與否(여부)로 가린다. 도움이 되면 아름답고 안 되면 추한 것에 불과하다는 게 尹 교수의 설명이다.

〈자본주의에 대한 敵愾心(적개심)을 끓어오르게 하고, 그리하여 사람들로 하여금 혁명투쟁을 위해서 기꺼이 목숨을 바치도록 만드는 데 도움이 되는 작품을 아름다운 것 또는 예술적인 것이라고 판단하며, 이 목적에 해로운 것을 가리켜서는 아름답지 않은 것, 예술적 가치가 없는 것이라고 판단하는 것이다. 《춘향전》에 대해서는 아무런 가치도 인정하지 않는 반면, '피바다'를 가리켜서는 최고의 예술적 작품이라고 평가하는 것도 바로 이 때문이다. 진리와 美와 윤리의 기준을 언제나 계급투쟁이라는 한 가지 사실에 두고 어떤

문제를 대할 때에도 이 가치관 위에서 생각하고 판단하며 실천해야
만 하는 것으로 되어 있는 바, 저들은 이것을 '黨性(당성)'이라는 말
로써 부르고 있다.〉

계급투쟁적 가치관을 가지면 혁명을 위한 거짓말은 불가피한 게 아니
라 적극적인 의무이고 善이 된다. 레닌은 "공산주의자는 법률위반, 거짓
말, 속임수, 사실은폐 따위를 예사로 해치우지 않으면 안 된다"고 했다.
舊소련 공산주의의 신조 제10항은 "어떤 행위도, 예컨대 살인이나 兩親
(양친)의 密告(밀고)라도 공산주의의 목적에 도움이 되면 정당화된다"고
규정했다. 언론의 자유, 종교의 자유를 보장한다는 舊소련과 북한정권
이 내세우는 논리는 그 자체가 거짓말이다. 미국 언론인 존 건서(John
Gunther) 역시 '소련 지도자들은 거짓말을 할 때야말로 정말로 성실해
보인다'고 했다.

계급투쟁론적 기반으로 써진 교과서는 왜곡·날조·편향이 많다. 왜곡
과 날조는 이 교과서가 목적하는 바를 달성하기 위한 記述(기술)과 편집
의 불가피한 수단이기 때문이다.

2. 교육부의 반역: '대한민국 건국'은 금지, '조선민주주의인민공화국 수립'은 허용

'대한민국 건국'을 금지어로 지정한 교육부

2014년 3월5일 열린 '좌편향 교과서 분석 보고회'에선 충격적인 내용이 공개되었다. 2013년 10월, 교육부가 8종 교과서 출판사에 내려 보낸 '고교 한국사 교과서 수정·보완 사항' 표에 교학사 교과서 307페이지 본문의 다음 문장이 지적되었다.

〈이로써 대한민국 정부는 미군정으로부터 통치권을 인수하고 유엔으로부터 인정받은 한반도의 유일한 합법정부로 건국의 출발을 하게 되었다.〉

교육부는 이 기술에 대하여 이렇게 수정 권고를 하였다.

〈대한민국은 제헌 헌법에도 명시하고 있듯이 3·1운동 결과 수립된 대한민국 임시 정부의 법통을 계승하여 수립되었음. 따라서 건국이란 용어는 적절하지 않음. 집필 기준 등에 의거하여 '건국'이 아닌 '정부 수립' 등으로 수정 필요.〉

교학사 교과서는 이 수정 권고를 받아들여 '건국'을 빼고 〈… 유일한 합법정부로 새로운 출발을 하게 되었다〉로 고쳤다. 朴槿惠(박근혜) 대통령은 2013년 광복절 경축사에서 '대한민국 건국'이란 표현을 했다. 李明博(이명박) 정부는 2008년 8월15일을 '건국 60주년 기념일'로, 김대중 정권은 1998년 8월15일을 '건국 50주년 기념일'로 경축했다.

교육부처럼 '대한민국 건국'이란 용어 사용에 반대하는 집단은 한반도에서 북한 정권과 從北(종북)좌파 세력뿐이다. 이들은 대한민국이 한반도의 유일한 합법 국가이고, 정통 국가임을 부정하기 위하여 建國(건국)이란 말에 반대한다. 5種의 좌편향 교과서도 대한민국의 정통성과 정당성과 정체성을 부정하고 있는데, 교육부가 이에 동조한 꼴이다.

《대한민국 건국사》를 저술한 梁東安(양동안·前 한국학중앙연구원 교수) 씨는 대한민국 건국의 과정을 연구해온 학자이다. 梁 前 교수는 '대한민국 건국 부정 논리'를 "황당무계한 임시정부 건국 주장"이라며 한 기고문에서 다음과 같이 비판했다.

〈(좌파세력은) 1948년에 정부가 수립되면서 국호를 대한민국으로 정하고 정치체제를 민주공화제로 선택한 것은 대한민국 임시정부를 그대로 계승한 것이기 때문에 임시정부 수립이 곧 건국이라고 주장한다. 制憲(제헌)국회에서 대한민국을 국호로 정한 것은 임시

정부가 곧 국가이기 때문에 그렇게 한 것이 아니라, 대한민국이라는 명칭이 새 국가의 명칭으로 적합하다고 판단해서 그렇게 선택한 것이다. 새 국가의 정치체제를 민주공화정으로 선택한 것은 임시정부가 민주공화정을 가진 국가였기 때문에 그대로 따른 것이 아니라 새 국가의 정치체제로 그것이 옳다고 판단해서 그 체제를 선택한 것이다.

제헌의회의 국호나 정치체제 관련 논의에서 임시정부는 국가이며 임시정부가 그런 국호를 가졌기 때문에 새 나라에서도 舊국호를 가져야 한다고 주장하거나, 임시정부라는 국가의 헌법이 민주공화제를 천명했기 때문에 민주공화제를 채택해야 한다고 주장한 사람은 없었다. 제헌의회 의원들 가운데 임시정부수립이 국가의 건국이었다고 주장한 사람은 단 한 명도 없었다. 임시정부가 대한민국의 始源(시원)이었으며, 임시정부가 없었다면 대한민국도 없었다고 하더라도, 임시정부 수립일자를 대한민국 건국일자로 정한다는 것은 타당하지 않다. 부모님의 합방일자를 자식의 생일로 정하지 않는다는 사실을 생각하면 그 부당성을 쉽게 이해할 수 있을 것이다.〉(《건국회보》 357호 발췌)

상해 임시정부는 영토·국민·주권을 갖지 못해 국가가 아님을 알았기에 스스로 임시정부라 칭하며 독립을 위해, 즉 대한민국 건국을 위해 투쟁했다. 임시정부가 건국이라면 건국 이후 독립운동을 했다는 이야기인데, 건국 이후의 독립운동은 분리운동이나 반란에 해당한다. 임시정부 수립이 건국이라면 독립운동가들은 반역자란 이야기밖에 안 된다.

황당무계한 대한민국 建國 부정 논리

교학사 교과서 본문에서 '건국'이란 용어를 삭제하도록 권고한 사실이 알려지자 교육부는 〈'건국' 용어 수정·보완 권고 경위 보고〉(이하 보고서)를 발표하고 이에 대해 해명했다. 교육부는 이 보고서에서 '고등학교 한국사 교과서 집필 기준(2009 개정교육과정)'을 '건국' 삭제 지시의 근거로 제시하였다.

〈미군정 3년 동안 국내에서 전개된 정치 세력들의 동향과 대한민국 정부 설립 및 국가 기틀이 마련되는 과정을 설명한다. 광복은 연합국의 노력만으로 이루어진 타율적인 것이 아니라 우리 민족의 끊임없는 독립 운동의 결과임을 유의한다. 대한민국 정부는 유엔으로부터 한반도의 유일한 합법 정부로 승인받은 사실에 유의한다.〉

집필 기준 어디에도 '건국'이란 말을 쓰지 말라는 명시가 없다. 대한민국은 세계 10위권의 富國强兵(부국강병) 국가인데 '건국'이란 말을 쓰지 못하게 하는 규정이 있다면 그건 미친 짓이다. 대한민국 건국은, 독립운동 → 일본 敗亡(패망) → 광복 → 총선 → 제헌국회 구성 → 헌법제정 → 정부수립의 과정을 거쳐 이뤄졌다. 1948년 8월15일의 정부수립 선포는 건국 과정의 마지막 단계이자 완성이었다. 이날이 대한민국의 生日인 것이다. 약혼-결혼-임신-출산의 과정을 거쳐서 아이가 태어나면 출산일을 생일로 정하는 것과 같다.

교육부는 이어 〈1948.8.15 건국설은 헌법적 근거가 타당하지 않고, 1948년 당시에도 '건국'이라는 용어가 사용된 바 없으므로 기존의 '정부 수립'을 유지하기로 결정[역사교육과정개발추진위원회(2011년 7월18일)]〉이라고 했다. 대한민국 교육부가 '대한민국 건국'이란 표현은 헌법적 근거가 타당하지 않다고 주장한 셈이다. 보고서는 과거 2차 교육과정부터 7차 교육과정까지 '~수립', '~성립', '~정부수립'이란 표현을 써온 점도 건국 용어 삭제의 근거로 제시했다. 대한민국 건국이 모호한 용어로 格下(격하)되어간 과정은 국사학계와 교육부의 좌경화를 상징한다.

  교육부가 집필 기준에 책임을 미루는 듯한 설명은 일종의 책임 회피이다. 교육부가 제시한 집필 기준에는 〈대한민국 정부는 유엔으로부터 한반도의 유일한 합법 정부로 승인받은 사실에 유의한다〉고 명시되어 있다. 그런데 교육부는 유엔 결의 내용을 변조, 대한민국이 한반도 전체가 아닌 38도선 이남에서만 유일한 합법 정부로 승인 받았다고 (북한 정권에 유리하도록) 기술한 두산동아, 미래엔, 천재교육의 교과서에 대해 是正(시정) 지시를 내리지 않고 통과시켰다. 애국자들이 문제를 제기하자 마지못한 듯 수정 권고를 했을 뿐이다. 교육부는 좌편향 교과서의 집필기준 위반 행위는 눈 감아 주고, 교학사 교과서에 대해서는 집필기준을 터무니없이 확대 해석, 대한민국을 생일 없는 私生兒(사생아)로 만든 것이다.

'대한민국 건국설'이란 막말

  〈1948.8.15 건국설은 헌법적 근거가 타당하지 않고〉라는 교육부의 설명은 이 국가기관의 정신상태를 의심케 할 정도이다. 대한민국 헌법은 대한민국이 국가라는 걸 증명한다. 국가가 아니면 헌법을 만들 수 없다. 아들은 자신의 존재를 부인하지 않는 한 아버지의 존재를 부인할 수 없다. 대한민국이 1948년에 건국된 게 아니라면 오늘의 교육부는 私設(사설)학원인가?

대한민국 교육부가 대한민국에 대해 '建國說(건국설)'이란 표현을 쓴 것은 용서할 수 없는 국가 모독이자 국가 부정이다. 이런 표현을 한 공무원은 반드시 색출, 처벌해야 한다. 대한민국 헌법 제3조가 북한 정권을 (영토를 불법점거한) 反국가단체로 규정하고, 유엔이 한국을 한반도 전체의 유일한 합법 정부로 승인한 것이 건국의 정통성을 뒷받침하는데도 건국에 헌법적 근거가 없다니? 기자 생활 44년 간 대한민국 공무원으로부터 들어본 최악의 妄言(망언)이다.

이어지는 교육부의 설명은 '황당무계의 극치'이다. 교육부는 대한민국 건국을 부정하기 위하여 '다양한 건국 起點說(기점설)'이 있다며 '국사편찬위원회 자문의견서'를 인용, 이런 주장들을 열거했다.

▲대한민국 임시정부 건국 기점설(1919년): 1919년 대한민국 임시정부 수립이 건국의 기원 주장.

→ 이는 부모의 결혼일을 아이의 생일로 삼자는 주장과 다르지 않다.

▲대한제국 건국 기점설(1897년): 대한제국이 대한민국의 국호의 원천이며 민국을 지향, 대한민국의 원류는 대한제국에서 왔다는 주장.

→ 대한제국은 王朝(왕조)였고, 대한민국은 공화국이다. 國體(국체)가 다르다. 대한제국은 日帝에 의해 망해버렸는데, 대한민국을 어

떻게 만들어내나? 죽은 할머니가 손자를 낳았다는 이야기인가?

▲고조선 건국 기점설: 이승만 정권 초기 단군 연호 사용. 1948년 '정부수립'에 건국을 붙인다면 단군을 부정하거나 모독하는 일. "유구한 역사와 전통에 빛나는" 우리나라의 역사를 축소하는 것이라는 문제 제기. 일제에 의해 한때 국권을 빼앗겼어도(국치) 민족은 멸망하지 않고 수많은 독립 열사의 투혼으로 독립을 쟁취.

→ 민족의 기원은 고조선에서 찾을 수 있지만 대한민국 같은 국민국가는 주권자인 국민이 선거를 통하여 국회, 헌법, 정부를 만든 날을 건국일로 삼는다. 빼앗겼던 나라를 되찾아 우리 힘으로 공화국을 만든 날을 대한민국 공무원들이 이렇게 집요하게 지우려고 하는 것은 그들의 머릿속에 조국을 부정하는 이념적 가치관이 들어가 있다고 의심하지 않을 수 없다.

고조선까지 들고 나와 대한민국 건국을 부정하는 교육부는 북한 정권의 출범을 어떻게 표기하도록 했을까? 물론 북한 정권 수립이라고 하는 게 맞다. 북한은 대한민국 헌법상 대한민국 영토를 불법점거한 反국가단체이므로 정부나 국가라는 표현은 禁忌(금기)이다.

'대한민국 건국'이란 말을 빼앗아간 '대한민국 교육부'는 '대한민국 교과서'에 '조선민주주의인민공화국 수립'으로 쓰도록 했다. 조국의 생일을 잔인하게 없애버린 자가 怨讐(원수)의 생일을 축하해준 셈이다. 교육부의 주장대로 대한민국이 건국된 적 없다면 박근혜 대통령은 임시정부 대통령인가, 대한제국 대통령인가, 고조선 대통령인가?

'대한민국 정부 수립' 對 '조선민주주의인민공화국 수립'

'조선민주주의인민공화국 수립'이란 말은, 북한 정권을 국가로 보고 건국의 의미까지 부여한 것이다. 교육부는 대한민국을 '정부'로 格下(격하)하고 反국가단체를 '국가'로 格上(격상), 대한민국의 정통성을 부정하는 데 일조했다. 교과서별로 이를 비교하면 다음과 같다.

〈▲비상교육: 1948년 8월15일 대한민국 수립을 국내외에 선포하였다. 이후 헌법을 공포하고 조선민주주의인민공화국의 수립을 선포하였다.

▲금성출판사: 1948년 8월15일에 대한민국 정부의 수립을 국내외에 선포하였다. 대한민국 정부가 수립되자, 북한은 9월 초에 김일성을 중심으로 내각을 구성하고 조선민주주의인민 공화국의 수립을 선포하였다.

▲미래엔: 내각을 조직한 이승만은 8월15일 미군정 종식과 함께 대한민국 정부 수립을 국내외에 선포하였다. 최고인민회의는 헌법을 제정하고 김일성을 초대 수상으로 선출하여 조선민주주의인민공화국을 수립하였다.

▲두산동아: 마침내 1948년 8월15일 대한민국 정부가 출범하였다. 9월9일에는 내각을 구성하고, 조선민주주의인민공화국 수립을 선포하였다.〉

정부 수립과 국가 수립, 즉 건국은 뜻이 다르다. 대한민국 건국이란 말에는 대한민국만이 한반도의 유일한 합법 국가이자 민족사의 정통 국가라는 뜻이 포함된다. '國'이란 호칭을 쓸 수 있는 것은 한반도에서 대한민국뿐이다. 이는 대한민국의 영토를 '한반도와 그 부속도서로 규정한다'는 헌법 제3조에 근거한다. '國'에는 정부, 국민, 主權(주권), 정통성, 역사, 전통이 다 들어간다. 국가는 정부보다 훨씬 높고 넓은 엄숙한 개념이다. '건국'을 금지어로 지정하고 '정부 수립'이라고 표현하라는 교육부의 지시는 '대한민국을 정통 국가로 볼 수 없다'는 것이다. 그러면서 '조선민주주의인민공화국 수립'이란 표현을 허용한 것은, 교육부가 북한 정권을 한반도의 유일한 정통국가로 인정한다는 소신을 지녔다는 의심을 갖게 한다. 남북한 대결의 본질은 민족사의 정통성과 삶의 樣式(양식)을 놓고 다투는, 타협이 절대로 불가능한 총체적 권력투쟁이다. 교육부는 교과서를 통한 역사전쟁에서 북한의 손을 들어준 셈이다.

 교육부의 반역적 행태는, 한 국가의 정신과 영혼을 관리하는 부서의 심장에 反국가적 좌경 이념 바이러스가 침투하였다는 가장 확실한 증거이다. '대한민국 건국'을 금지어로 지정한 교육부는 좌편향 교과서들이, 대한민국 건국을 방해하고 조국을 공산화시키기 위하여 일으킨 좌익의 무장 반란(제주 4·3 사건과 여순반란사건)을, '무장 봉기'라고 美化하는 것을 권장했다. 한국사 교과서 좌편향 사태의 主犯(주범)은 교육부이다. 정신적으로 이미 좌익에 투항한 교육부이므로 反대한민국 교과서가 親대한민국 교과서를 몰아내고 학교를 점령하는 '총성 없는 쿠데타'를 막지 못한(않은) 것이다. 쿠데타 진압군이 쿠데타 軍에 합류한 꼴이다.

3. 대한민국 건국의 정통성 否定

공산주의 비판도, 자유민주주의 칭찬도 없는 교과서

5종(금성출판·두산동아·미래엔·비상교육·천재교육)의 좌편향 교과서는 反대한민국적 계급투쟁 史觀으로 記述(기술)되었다. 대한민국의 정통성과 정체성을 부정하는 게 가장 큰 목적이다. 이를 요약하면 다음과 같다.

〈가. 反헌법(反자유민주주의)-親사회주의: 국민주권·법치주의·시장경제·사유재산권·개인의 기본권 등 자유민주적 기본 질서와 가치를 부정하면서 '무상몰수', '협동 농장', '무장 봉기', '천리마 운동', '저항운동', '주체사상' 등 사회주의 혁명적 가치관과 제도를 미화·비호한다. 공산주의의 악마성이나 실패의 필연성을 가르치지 않고 자유민주주의의 장점을 강조하지 않았다.

나. 反국가-親北: 대한민국의 정체성과 정당성과 정통성을 부인하면서 북한 정권의 전체주의 독재를 비호한다. 건국과 반공과 호국의 노력을 기록에서 철저히 말살했다. 건국·호국·건설 세력을 폄하하고, 저항·반대·시위·반란 세력을 미화했다.

다. 反국군-反기업: 국군과 대기업을 압제와 착취의 도구로 설정하였다. 북한군의 만행은 은폐·축소하였다.

라. 反美-親中-親蘇: 대한민국의 동맹국인 미국을 사사건건 비방하고 북한정권의 동맹국인 소련과 중국을 미화·비호한다. 미국의 결정적 도움을 묵살, 고마워하는 마음을 원천적으로 말살하려 하였다.

마. 反교육적 인물관: 건국-반공-호국-건설-전쟁 영웅은 없고 노동 영웅, 민주 투사만 부각시켰다.

바. 한국 현대사 서술의 기본틀 왜곡: '자유민주 對 전체주의'가 아닌 '자본주의 對 공산주의'로 설정하였다.

사. 범죄적 집필 방식: 대한민국을 부정하고 북한정권을 비호하기 위하여 날조·은폐·왜곡·양비론, 편향된 집필 및 편집 기법을 총동원했다. 정부의 집필 기준을 무시하고, 수정 권고에 반항하고, 수정 명령을 무시하기도 했다.〉

대한민국 건국 반대자들을 美化

광복에 대한 記述부터 미국과 자유민주세력을 비판하고 소련과 공산주의자들과 좌우합작론자들을 비호한다.

〈가. 일본 항복을 받아 한국을 해방시킨 미군의 결정적 역할 축소 은폐

나. 北의 주장에 따라 美군정을 직접통치라고 비판, 蘇를 간접통치라고 美化

다. 38도선 분단에 대한 兩非論(양비론) 또는 미국 책임론 거론〉

5종 교과서의 핵심은 대한민국 건국의 정통성을 부정하려는 구조적이고 집요한 기술이다.

〈가. 신탁통치 찬성과 공산당 전술에 넘어간 左右합작노선 높게 평가

나. 남북한 공산주의자들이 스탈린의 꼭두각시였음을 은폐

다. 소련이 1945년 가을에 이미 北에 사회주의 정권을 세우기로 결정한 사실, 스탈린이 면접시험을 통하여 김일성을 北의 지도자로 선택한 사실 묵살

라. 남로당이 일으킨 제주 4·3 반란 사건을 '통일 정부 수립을 위한 무장 봉기'로 미화. 군내 좌익이 주도한 여순반란사건을 제주도 진압 명령 거부자들의 '무장 봉기'라고 美化

마. 대한민국 '건국'을 금지어로 삼고, 북한을 '정부'로 호칭, 건국에 반대한 좌익반란을 '무장 봉기'로 미화하여 대한민국의 합법성과 정통성을 파괴, 북한과 同格으로 전락

바. 대한민국 건국의 출발점인 5·10 선거의 공정성을 언급하지 않고, 북한 정권 수립의 출발점인 최고인민회의 대의원 선거의 불공정성을 은폐

사. 공정한 선거를 치른 덕분에 대한민국이 유엔으로부터 '한반도의 유일한 합법 정부'로 인정받은 사실을 왜곡(교육부의 수정 명령으로 바로 잡힘), '38도선 이남에서만 합법 정부로 인정받았다'고 날조(천재교육, 미래엔 등)〉

집필 기준을 정면으로 위반한 이런 記述들이 실린 교과서는 검인정 때 탈락시켰어야 했다. 無수정으로 통과시켜준 관련 공무원들을 처벌해야 할 것이다.

韓民黨을 '反민족 친일 경력자들'로 본 미래엔 교과서

채택률이 가장 높은 미래엔 교과서는 역사 왜곡의 정도도 가장 심하다. 학교에서 가장 좌편향적인 교과서를 가장 많이 채택한 셈이다. 다음은 대한민국 건국의 정당성과 정통성을 부정하는 데 초점이 맞춰진 이 책 308페이지의 서술 중 일부이다.

〈한편, 건준의 활동에 비판적이었던 반민족 친일 경력자들과 보수적인 민족주의 계열의 인사들은 김성수 등을 중심으로 한국민주당을 창당하고, 대한민국 임시 정부의 귀환을 기다렸다.〉

한국민주당을 창당한 이들을 '反민족 친일 경력자들과 보수적인 민족주의 계열의 인사들'이라고 보는 것은 악랄한 왜곡이고, 이런 대비로 建準(건준, 조선건국준비위원회)을 독립투사들이 만든 조직인 것처럼 비치게 한 것은 더 심한 왜곡이다. 건준을 만든 呂運亨(여운형)은 고려

공산당 출신이고 日帝(일제) 말기에 조선의 젊은이들에게 日軍(일군)에 지원할 것을 선동하는 글을 쓴 사람이며, 광복 직전 조선총독부와 협력한 사람이다. 그가 바로 '反민족 친일 경력자'이다. 공산주의자들은 계급을 민족과 국가보다 우선시하므로 그들의 抗日(항일)은 수단이지 목표가 아니다.

2009년 친일반민족진상규명위원회(규명위)는 이른바 친일 반민족 행위자 명단을 발표하면서 아예 조사대상에서 제외하였던 여운형의 親日 행적을 폭로했다. 한국 언론사의 최고 권위자인 鄭晉錫(정진석) 한국외국어대 명예교수도 〈신동아〉 2010년 1월호에 실린 '여운형의 친일과 조선중앙일보 폐간 속사정-좌우 가리지 말고 똑같은 잣대 들이대야'라는 기고문에서 여운형이 漢詩(한시)까지 써서 親日을 맹세한 사진자료를 공개했다.

鄭 교수가 공개한 〈대동신문〉 1946년 2월17일字, 18일字에 따르면, 여운형은 1943년 2월6일 일본 검사에게 제출한 진술서에서 '일본을 위해 對중국 공작을 할 수 있으니 기회를 달라'는 요지의 漢詩를 지어 충성을 맹세했다.

여운형을, '변명할 이유가 없는 친일분자'로 기록하고 있는 조선공산당 문서와 '한국인들 사이에 친일파로 널리 알려진 정치가'로 기록된 광복 직후 美軍 사령부 정보보고서도 공개되었다. 여운형이 쓴 것이 아니라고 일부에서 주장해 왔던 〈半島學徒出陣譜(반도학도출진보)〉에 실린 學兵(학병) 권유글 '반도동포에 호소함'의 원본(〈경성일보〉 게재)에는 그의 친필 사인까지 있었다.

건준은 조선총독부에 적극적으로 협조한 친일 인사가 대표였지만 實權(실권)은 박헌영 등 공산주의자들이 장악하고 있었다. 친일파와 공산주의자의 기회주의와 모험주의가 합작한 결과물인 건준과, 건준의 後身(후신)인 조선인민공화국 세력은 광복 후 건국 과정을 겪으면서 反자유민주주의-反美-親공산주의-親蘇-親北 노선을 걸었다. 이 세력이 건국의 주도세력이 되었다면 대한민국은 공산주의 국가로 태어났을 것이다. 공산주의 建國 노선은 이제 와서 자신 있게 평가할 수 있듯이, 反민족적-反민주적 노선에 다름 아니었다. 공산주의 건국 노선을 분쇄한 것이 한국민주당과 그들이 지지한 李承晩의 자유민주주의-親美 건국 노선이었다. 이 노선이 역사적으로 정당하였다는 것은 오늘의 대한민국이 物證(물증)이다. 세계 5위의 공업대국, 세계 7위의 수출대국, 세계 8위의 군사강국, 세계 12위의 경제대국, 세계 12위의 삶의 질(복지) 선진국, 세계 20위의 민주국가인 대한민국의 기적적 성공은 자유민주주의와 韓美동맹 덕분이었다.

이스라엘 학교에서 히틀러의 《나의 투쟁》 가르치는 꼴

한국민주당은 1945년 9월21일에 당무를 책임질 총무위원 9명을 선출하였다. 수석총무 송진우(전남), 총무는 백관수(전북), 허정(경남), 서상일(경북), 조병옥(충남), 김도연(경기도), 김동원(평안도), 원세훈(함경도), 백남훈(황해도). 전남 출신인 변호사 김병로는 중앙감찰위원장으로 합류하였다. 청년 반공투사 李哲承(이철승)도 중요한 역할을 하였다. 이들 중 여운형처럼 '反민족 친일 경력자'로 불릴 만한 사람은 없다. 日帝 치하 외국으로 나가지 않고 한국에 살되 민족독립정신을 지켜가면서 교육과 언론과 법률 활동을 통하여 실력을 길러 광복과 건국을 준비하였던 이들이다. 趙炳玉(조병옥)의 경우 탄압이 심했던 日帝 말기에도 對日

협력을 거부, 지조를 지켰다. 한민당 세력 중에는 일본 군국주의 치하에서 조선의 지도층으로 살았으므로 압제에 항거하지 못하고 협조한 사람도 있지만 한민당 지도부는 민족적 양심을 지켜내, '우파 민족주의 세력'으로 불릴 자격이 충분하였다. 여기서 '우파'는 공산주의를 반대한 자유민주세력이란 뜻이다. 한민당 수뇌부는 〈조선일보〉, 〈동아일보〉, 호남 출신들이 많은데, 日帝의 탄압이 극심하였던 末期(말기)에도 민족정신을 놓지 않으려고 노력했던 이들이다.

원로 언론인인자 국회의원을 지낸 孫世一(손세일) 선생은 〈월간조선〉에 연재한 '비교 評傳: 李承晩과 金九'에서 이들을 이렇게 평가했다.

〈이렇게 하여 우파 민족주의 세력의 집결체로 결성된 한민당은 미군정청에 적극적으로 협력하면서 군정청의 실질적인 여당이 되어 조선공산당을 중심으로 한 좌익세력과 대결했다.〉

미래엔 교과서는 한민당에 '보수적인 민족주의 계열'이란 말을 붙였는데, 좌익은 개혁적이고, 우파는 보수적이라는 뜻을 내포한 표현이다. 이 용어도 맞지 않다. 한국의 현대사를 통틀어 경제건설과 민주주의를 거의 동시에 이룩한 가장 성공적인 개혁세력은 우파, 보수라고 불린 反共 자유민주주의 세력, 즉 이승만과 한민당 노선 계승 세력(박정희도 이 세력으로 분류된다)이었다. 이들이 오늘의 대한민국을 만든 主流(주류)이다. 반면 한국의 좌익은 남북한을 막론하고 역사의 발전을 방해하여 북한에다 생지옥을 만든 守舊(수구)반동 세력이었다. 미래엔 교과서는 이런 역사적 진실을 부정하고 있다. 이런 교과서로 학생들을 가르치는 것은 히틀러의 《나의 투쟁》을 이스라엘에서 가르치는 것과 무엇이 다른가?

교육부는 대한민국에 대해선 '건국'이란 말을 쓰지 못하게 하고, 조선민주주의인민공화국 수립이란 말은 쓰게 하였다. 일부 교과서에는 주체사상에 대한 선전은 실렸지만 자유민주주의의 우월성에 대한 설명은 빠졌다. 교육부는 이런 교과서들의 검인정도 통과시켰다. 북한이 김일성의 항일투쟁경력으로 대대적으로 선전하는 보천보 사건은 일부 교과서에 실렸지만, 6·25 남침 전쟁 당시 대한민국을 살린 백선엽 장군의 다부동 전투는 무시되었다. 이런 교과서로 배운 학생들 중 '제2의 이석기'가 나오지 않으리란 보장이 없다. 역사는 이긴 사람의 것이 아니라 기록하는 사람의 것이라고 한다. 우파 민족주의 세력이 현실의 勝者(승자)이지만 교과서를 이런 식으로 쓰도록 방치하면 역사의 敗者(패자)가 될지 모른다. 대한민국 교육부가 좌편향 교과서 파동의 主犯(주범)이다.

좌편향 교과서의 '李承晩 죽이기'와 '金九 띄우기'

5종의 좌편향 한국사 교과서들은 1946년 10월 발생한 대구 폭동을 다루지 않았다(교학사 교과서는 다름). 대구 폭동은 남로당이 본격적인 폭력투쟁 노선으로 전환한 계기이고, 공산주의자들에 의한 최초의 집단 학살이며, 美군정이 남로당을 단속하는 데 적극적으로 나서도록 만든 역사적 사건이다. 그만큼 교과서가 다루지 않으면 안 되는 큰 비중을 차지한다.

좌편향 교과서들이 남로당 주도의 제주 4·3 사건을 중점적으로 다루면서 그에 못지않은 역사성을 가진 남로당 주도의 대구 폭동을 뺀 것은 좌익에 불리한 사실들이 너무 많기 때문일 것이다. 反대한민국적 계급투쟁 史觀에 의하여 쓰진 교과서는 북한 정권과 공산주의에 불리한 사건은 은폐·축소하고 유리한 사건은 침소봉대하는 경향이 뚜렷하다. 대구 폭동은 민족반역의 同族(동족)학살일 뿐 아니라 소련의 자금지원과 지령을 받아 이뤄진 폭동임이 소련 측 자료에 드러나 있다.

채택률이 가장 높은 미래엔 교과서의 경우, 建國 과정을 설명하면서 자유민주주의 체제를 선택한 이승만과 한민당 세력의 역사적 업적을 묵살하고, 공산주의자들에게 이용당하여 건국을 반대한 金九(김구)-金奎植(김규식)의 좌우합작 노선을 높이 평가한다. 이 교과서가 이승만-한민당 세력을 폄하하는 것은 이들이 공산주의 노선에 반대하였기 때문이고, 김구-김규식 노선을 칭송한 것은 그들이 공산주의를 반대하지 않았기 때문일 것이다. 계급투쟁론에 입각하면 공산주의를 비판할 수가 없고, 자유민주노선을 걸어 성공한 대한민국을 높이 평가할 수가 없을 것이다.

미래엔 교과서는 '건국의 주인공'인 이승만의 역할을 고의적으로 축소하고 무시한다. 이승만을 비판할 때만 그의 이름을 明記(명기)한다. 공산당 반대, 신탁통치 반대, 美蘇(미소) 공동위원회 반대, 북한에서의 공산정권 출범에 대응한 남한 내의 정부 수립 제안, 좌우합작 반대, 남한 총선에 의한 건국 운동, 건국 문제의 유엔 회부 관철, 유엔의 남북한 총선 결의, 남북협상 반대, 5월 총선, 국회 구성과 자유민주주의 헌법제정, 건국 선포에 이르는 일련의 과정을 주도한 이는 이승만이고 그를 뒷받침한 것은 한민당이었다. 美군정도 한때 이승만 노선에 반대하였으나 트루먼 독트린 발표 이후 세계사의 흐름을 탄 그를 막을 수 없었다. 미래엔 교과서는, 대한민국 건국 과정을 설명하면서 이승만의 주도적 역할을 언급하지 않는다. 학생들이 누구의 노력에 의하여 대한민국이 세워졌는지를 알 수 없게 만든 것이다.

스탈린의 분단 책임 증거도 무시

　미래엔 교과서는 金九의 '삼천만 동포에게 읍고함(1948.2)'이란 글을 실었다. 〈미군정 아래에서 육성된 그들은 경찰을 시켜 선거를 독점하도록 배치하고 인민의 자유를 유린하고 있다〉면서 〈일신의 구차한 안일을 위하여 단독 정부를 세우는 데는 협력하지 않겠다〉는 글을 '38도선을 넘는 김구 일행' 사진과 함께 실었다. 김구의 이 글을 비판 없이 소개하면 학생들은 이승만을 미워하고 건국을 부정적으로 인식하게 될 것인데, 미래엔 교과서엔 아무런 비판이 없다.
　김구와 김규식의 汚點(오점)인 평양의 남북협상도 〈이 회의에서 김구와 김규식은 김일성, 김두봉 등과 함께 통일 국가 수립을 위해 남한 단독 선거에 반대한다는 공동 성명을 발표하였다〉고 설명한다. 북한 공산주의자들의 선전 문구를 연상시킨다. 교과서라면 이 공동성명을 비판적으로 소개해야 한다. 이미 정권을 세운 북한 공산집단이 주한미군 철수와 대한민국 건국의 방해를 위하여 짜낸 음모라는 점을 설명하여야 학생들이 속지 않는다.
　이승만 세력이 美군정 당국, 소련, 북한 정권, 남한의 좌익들 요구에 굴복, 좌우합작·남북협상 노선을 수용하였더라면 대한민국 건국은 불가능하였을 것이고, 한반도 전체가 공산화되었을 것이다. 체코 등 東歐(동구)의 공산화도 左右합작 과정을 거쳤다.
　소련의 스탈린은 1945년 9월, 이미 현지의 소련군 사령부(연해주 군관구 군사 위원회와 25군 사령부)에 북한에 공산정권을 세우라는 명령을 내려 남북 분단을 기정사실화하였다. 이 결정적 명령을 교과서에서 소개한 것은 교학사뿐이고 좌편향 5종은 일체 언급하지 않았다. 소련의 분단 책임을 덮기 위한 것이라고 볼 수밖에 없다. 남북 분단은 美蘇의 공동 책임이 아니라 북한에 공산정권을 수립하기로 한 스탈린의 책임이다. 양동안 교수는 《대한민국 건국사》에서 이런 요지의 설명을 했다.

〈스탈린의 명령에 따라 1946년 초에 '북조선 임시인민위원회'라는 이름의 '인민민주주의정권'을 구성, '민주개혁'이란 명칭하의 사회주의화 작업을 급속하게 실천해갔다. 1947년엔 프롤레타리아 독재 정권인 조선인민위원회를 구성하여 인민경제계획을 실천하면서 생산관계를 사회주의화하는 작업을 본격화했다. 사회주의 사상으로 무장된 인민집단군이라는 독자적 정규군까지 조직했다. 이러한 북한의 사회주의화는 유혈혁명이 수반되지 않고서는 이전 상태로 환원시킬 수 없는 것이었기 때문에, 그 시점부터 한반도는 사회주의 국가로 통일되지 않는 한 평화적인 수단으로는 통일될 수 없는 상태에 처하게 되었다. 북한에서는 이미 1947년 8월부터 김일성을 수반으로 하는 남북통일인민정권을 수립하자는 캠페인이 전개되고 있었다. 남한의 좌익 세력은 북한 주둔 소련군의 지휘를 받아 남한 사회를 혼란시키고, 미국으로 하여금 美蘇 共委(공위)에서 소련의 요구(남한의 우익 진영 배제 요구)를 받아들이도록 압력을 가하기 위해 폭동과 군중 투쟁을 지속적으로 전개하였다.〉

金九-金奎植의 건국 방해 행위에 대한 기술 없어

1948년 초의 상황을 보면, 북한엔 이미 소련이 세운 사회주의 정권이 들어섰고 이 세력은 남한의 좌익들을 선동, 남한에 反共자유민주주

미래엔 교과서는 '삼천만 동포에게 읍고함'이란
김구의 글을 싣고, 그의 사진도 게재했다(310페이지).
그는 대한민국 건국을 사실상 반대하고,
좌우합작노선을 주장했다.

의 국가가 수립되지 못하게 하는 데 전력투구하고 있었다. 김구-김규식이 내세운 '남한만의 단독 정부 수립 반대'는 '북한만의 단독 정권'이 현존하는 상황을 완전히 오판한 것이었다. 북한이 핵무장하였는데 한국은 절대로 핵무장도 방어망도 건설해선 안 된다고 주장하는 것과 비슷하다.

이승만의 건국 노선에 반대한 김구-김규식은 1948년 북한으로 올라가 김일성과 회담하고 4월30일 '남북정당사회단체지도자협의회의 공동성명서'를 발표했다. 이 성명서는 김구-김규식에 대한 역사적 평가에 있어 치명적인 내용을 담고 있다. 두 사람이 철저하게 김일성에게 이용당하여 대한민국 건국을 방해하려 했음이 드러나기 때문이다. 5종의 좌편향 교과서엔 이에 대한 비판이 없다.

성명서는 5월10일로 예정된 남한 단독선거를 반대하기 위해 회의가

미래엔 교과서는 1948년 김구와 함께 북한을 방문한 김규식의 사진도 실었다(311페이지). 김구-김규식은 함께 방북, 평양에서 남북협상을 가졌지만 북한 정권에 이용만 당했다.

열렸음을 분명히 한 뒤 '소련이 제의한 바와 같이 우리 강토에서 외국군대가 즉시 철거'할 것을 요구하였다. 소련은 북한과 接境(접경)하고 있어 군대를 철수하더라도 언제든지 개입할 수 있지만 미군은 한번 철수하면 한국이 남침을 당하더라도 제때 파병할 수 없다는 것은 불을 보듯이 명백한 일이었다. 6·25 남침 전쟁의 가장 큰 원인은 남침 1년 전의 주한미군 철수였다. 그럼에도 兩金(양김) 씨는 공산주의자들의 주한미군 철수론에 동조한 것이다. 이 성명서는 또 "남북정당사회단체지도자들은 우리 강토에서 외국군대가 철퇴한 후에 內戰(내전)이 발생할 수 없다는 것을 확인한다"라고 했다. 1949년 6월 주한미군이 철수한 1년 뒤 북한군의 南侵(남침)이 있었다. 주한미군 철수는 '南侵 초대장'이었다. 그럼에도 김구-김규식은 김일성의 말을 믿고 외국군대가 철수한 후에 전쟁이 없을 것이라고 확언함으로써 결과적으로 국민들을 속인 셈이다. 지도자가 속는 것은 결국 국민들을 속이는 행위이다.

梁東安 교수는 이를 "모든 일이 성명의 내용대로 진행되어서 공산당이 지배하는 정권이 수립되면 그 다음에 생길 통일정부가 소련이 원하는 공산정권이 될 것은 너무나도 自明(자명)한 것이었다. 요컨대 4·30 성명도 공산당의 한반도 지배를 위한 소련의 정책을 뒷받침해주는 결과를 초래할 문건이었다"고 평가했다.

4
북한정권 수립 과정과 주체사상 美化

두산동아 교과서의 악질적 왜곡:
'남북한 선거로 공화국 수립'

5종의 좌편향 교과서가 가장 주력한 것은 대한민국 건국의 정당성 부정이다. 이를 위하여 김일성을 조종한 스탈린의 역할을 은폐하고, 美군정을 蘇군정보다 더 부정적으로 기술한다. 특히 대한민국 건국 정당성의 뿌리인 1948년 5월10일 총선을 폄하하기 위하여 제주도에서 일어난 남로당 주도 무장 반란(제주 4·3 사건)도 美化했다. 반면 북한 정권의 수립을 위한 최고 인민 회의 대의원 선거가 찬반이 금지된 원천적 부정이었음을 설명하지 않았다. 두산동아 교과서는 한 걸음 더 나아가 이렇게 썼다.

〈최고 인민 회의 대의원을 뽑는 선거를 실시하였다. 북한과 남한에서 선거로 뽑힌 대의원들은 1948년 9월 최고인민회의를 열고 헌법을 만들고, 김일성을 수상으로 선출하였다. 9월9일에는 내각을 구성하고 조선민주주의인민공화국 수립을 선포하였다.〉

이 문장에 두 개의 거짓말이 들어 있다. 北의 헌법을 만들어 내려 보낸 이는 스탈린이었다. 남한에서도 북한의 대의원을 뽑는 선거가 실시되었다는 황당한 記述은 의도적이다.

이 교과서는 〈남한에서는 공개적으로 선출할 수 없었기 때문에 비밀리에 실시되었다〉고 덧붙였다. 이는 남로당원들끼리 자행한 地下(지하)선거를 이른 것인데, 이에 대한 설명이 없어 학생들은 대한민국은 남한만의 선거로, 북한은 남북한 선거로 성립되었다고 착각, 北에 정통성을 주려 할 것이다.

더구나 두산동아 교과서는 같은 페이지에서 〈국제연합 총회에서는 대한민국 정부를 선거가 가능하였던 한반도 내에서 유일한 합법 정부로 승인하였다〉고 날조하였다.

유엔은 38도선 남쪽에서 출범한 대한민국 정부가 한반도 전체의 유일한 합법 정부임을 명백히 했다. "선거가 가능하였던 한반도 내에서"란 표현엔 북한 정권도 포함되지만 북한의 선거는 공정한 선거가 아니었으므로 이 역시 북한 정권의 실체를 착각하게 만드는 왜곡적인 記述이다(교육부는 이 왜곡을 지적하지 않고 합격시켰다가 애국자들의 지적을 받자 수정시켰다).

두산동아의 273페이지는 역사를 날조, 敵(적)을 이롭게 하기 위하여 써진 문건으로 간주, 수사를 해야 할 정도이다. 이 출판사는 대기업 집단인 두산그룹 소속이었다.

실패한 北의 토지개혁 미화, 성공한 南의 농지개혁 폄하

좌편향 교과서들은 이상할 정도로 북한의 실패한 주체사상과 토지개혁을 美化, 선전하는 데 집착하였다. 이는 북한에 참상을 가져온 2大 원인이었으므로 오히려 더 집요하게 왜곡한 것 같다.

北의 토지개혁은 형식상 무상몰수·무상분배이나 매매·저당·상속 등 소유권 행사를 못하게 하였으므로 진정한 의미의 소유권을 준 적이 없다. 경작권을 주고 現物稅(현물세)를 받아갔으니 '무상분배'란 용어는 과장이다.

> 〈북한의 토지개혁은 모든 농민을 국가의 소작농으로 만들었다가 집단화하여 농업노동자로 만든 것에 불과하였다. 토지소유권을 농민에게 준 적이 없다.〉 (權熙英)

미래엔, 천재교육, 두산동아 교과서는 북한의 토지개혁이 매매·저당 등 소유권 행사를 못하게 하였다는 사실을 은폐하고 무상몰수·무상분배만 강조하였다.

이승만이 6·25 남침 전쟁 직전에 단행한 농지개혁이 세계적 성공사례임을 폄하하기 위하여 부작용을 과장하고 北의 토지개혁의 영향을 받아 실시한 것처럼 기술하기도 하였다.

북한의 1950년대 협동농장화 부작용이 1990년대의 대기근에 한 몫을 했다는 사실도 서술하지 않았다. 자유민주주의 체제에선 유상몰수·유상분배가 정상인데도 무상몰수·무상분배가 옳은 듯 기술한 것은 '無償(무상)'을 좋아하는 계급투쟁 史觀의 한 단면이라고 할 수 있다.

두산동아 교과서는 북한의 선전 문구 ('우리 식대로 살아 나가자')가 걸린 北 공장 사진을 그대로 게재했다(315페이지).

주체사상 선전 끈질기게 유지

분석팀은, 좌편향 교과서들이 북한을 생지옥으로 만든 가장 큰 원인인 주체사상을 北의 선전물에 근거하여 소개하고 이에 대한 교육부의 수정 권고나 명령을 교묘하게 無力化(무력화)시킨 점을 집중적으로 거론하였다.

《두산동아 315페이지) **우리식 사회주의를 강화하다:** … 이에 북한은 주체사상에 토대를 둔 '우리식 사회주의'를 강조하고 이를 뒷받침해 주는 근본적인 힘으로 '조선 민족 제일 주의'를 내세웠다. 이는 세계정세의 변화에 따라 일어날지 모를 사회 동요를 막고, 북한 내부의 단합을 강화하기 위한 것이었다.》

두산동아 교과서는 北의 선전·선동 문구인 '강성 대국 건설'이란 제목으로
북한의 대규모 군중사진을 그대로 실었다(315페이지).

    교육부는 〈'우리식 사회주의를 강화하다'라는 제목 표현은 북한의 선전용 문구를 그대로 인용한 것으로 학생들에게 잘못된 인식을 심어줄 수 있어 적절한 제목으로 수정 필요〉라고 수정을 권고하였다. 두산동아는 제목만 〈김정일, '우리식 사회주의'를 강화하다〉고 바꿨다. 이에 대하여 교육부는 다시 수정 명령을 내렸다.

    〈북한의 주장을 그대로 소개하고 있어 학생들이 잘못 이해할 수 있으므로 수정 필요〉라고 지적하고 〈예시 1(소주제명 수정): "김정일, '우리식 사회주의'를 강화하다"를 "김정일, '우리식 사회주의를 표방하다'"〉라고 고치도록 수정 명령을 내렸다.

    두산동아 교과서는 제목을 〈김정일, '우리식 사회주의'를 내세우다〉로 바꾸었다. '표방하다'보다는 '내세우다'가 긍정적 표현이다. 제목만 의미 없이 바뀌었을 뿐 본문 설명은 '북한의 주장' 그대로이다. 교육부는 그럼에도 이를 받아들여 추가 수정 명령을 내리지 않았다. 출판사와 필진에 농락당한 셈이다. 분석팀은 〈그들은 왜 이토록 끈질기게 주체사상을 북한 측 주장에 따라 학생들에게 교육하려고 했을까? 고교생들을 주사파로 만들려는 의도가 아니라고 변명할 수 있을까?〉라고 지적했다.

"북한의 체제 선전용 자료를 그대로 인용"

교육부는 2013년 10월21일, 8종 고교 한국사 교과서에 수정·보완 권고를 하는 과정에서 천재교육 교과서의 주체사상 관련 부분을 지적, 수정을 권고하였다.

〈▲(318페이지 관련) 본문에 주체사상에 대한 직접적 설명이 없으며, 자료 읽기에 제시된 자료는 북한의 체제 선전용 자료(《김일성 전집》)를 그대로 인용하고 있어 자칫 학생들에게 잘못된 이해와 판단을 하게 할 수 있는 소지가 있음. 학생들이 북한 체제에 대해 긍정적으로 오해할 수 있는 소지가 있기 때문에 수정 필요.
▲(329페이지 관련) 본문에 주체사상에 대한 직접적 설명이 없으며, 자료 읽기에 제시된 자료는 북한의 체제 선전용 자료(로동신문)를 그대로 인용하고 있어 자칫 학생들에게 잘못된 이해와 판단을 하게 할 수 있는 소지가 있음. 학생들이 북한 체제에 대해 정확히 이해할 수 있도록 주체사상에 대한 추가 설명 필요. 북한 체제를 정확히 이해할 수 있는 자료로 수정 필요.〉

이런 교과부의 통보에 대하여 출판사는 318페이지 기술에 대한 수정을 거부, '원문 유지' 입장을 밝혔다. 교육부는 11월 29일 천재교육에 '수정 명령'을 내렸다.

〈(318페이지 관련) 김일성이 주장하는 '주체'를 그대로 제시한 것으로 학생들이 잘못 이해할 수 있으므로 수정 필요. 예시: 도움글에 '주체'의 허구성과 주체 사상이 김일성 우상화에 정치적으로 이용되었음을 서술.〉

천재교육은 329페이지의 권고에 대하여는 이런 수정안을 제시하였다.

〈▲(본문 보완) 북한은 1967년 주체사상을 당의 이념으로 확정하고, 김일성을 수령으로 내세우는 유일체제를 표방하였다. 이로써 주체사상이란 이름으로 김일성의 권력 독점이 절대화하기 시작하였다.
▲(자료의 도움 글 보완) 자료의 '우리 당'이란 조선노동당을 말한다. 북한은 위의 논설을 계기로 소련의 수정주의와 중국의 교조주의를 모두 비판하여 공개적으로 자주노선을 지향하였다. 또 외세와 남한의 통일반대세력을 배격하고 민족 주체의 힘으로 통일을 달성하자는 주체사상을 제기하였다.〉

교육부는 출판사가 제시한 329페이지 수정안을 받아들이지 않고 재차 수정 명령을 내렸다. 천재교육이 수정 권고를 제대로 이행하지 않고 북한 측의 선전적 주장을 덧붙인 것을 삭제하도록 했다.

〈제시된 자료는 북한의 주장을 그대로 소개하고 있어 학생들이 잘못 이해할 수 있으므로 수정 필요. **예시:** 도움 글의 "또 외세와 … 주체사상을 제기하였다"를 삭제하고, 북한이 주장하는 자주노선이 정치적 수사에 불과하며, 대내 통합을 위한 체제유지 전략이었음을 서술.〉

교육부는 2013년 12월3일, 7개 발행사가 수정명령을 반영하여 제출한 '수정·보완 대조표'를 최종 수정·승인하였다고 발표하였다.

주체사상의 허구성 비판 없어

필자는 2014년 3월1일字 발행으로 적혀 있는 천재교육 교과서(전국 고등학교에 채택 심사용으로 배포한 최종본)를 구하여 확인했다. 318페이지 '자료 읽기' 〈'주체'의 강조와 김일성 우상화〉의 설명에서 마지막에 〈이는 김일성의 권력 독점과 우상화에 이용되었다〉라는 단 한 문장만이 들어간 것을 확인했다.

329페이지 '자료 읽기'에 수록되었던 〈또 외세와 남한의 통일반대세력을 배격하고 민족 주체의 힘으로 통일을 달성하자는 주체사상을 제기하였다〉를 삭제하고 〈그러나 북한이 주장하는 자주 노선은 정치적 수사에 불과하며, 대내 통합을 위한 체제 유지 전략이었다〉로 대체하였다. 여기서도 자주 노선의 비판만 있을 뿐, 주체사상의 허구성에 대한 비판은 없다.

329페이지 본문엔 〈북한은 1967년 주체사상을 당의 이념으로 확정하고, 김일성을 수령으로 내세우는 유일 체제를 표방하였다. 이로써 주체사상이란 이름으로 김일성의 권력 독점이 절대화되기 시작하였다〉고 기술한 뒤 '자료 읽기'를 붙여 교사들은 학생들에게 주체사상의 악마성을 가르칠 소재는 사실상 없었다.

　주체사상은 김일성을 신격화하고, 일체의 반대나 異見(이견)을 허용하지 않는, 세계 역사상 유례가 없는 전체주의 독재 이념이고 이로 인해 오늘의 북한이 지옥이 되었다고 가르쳐야 하는데 이 교과서로는 그게 불가능하다.

5

6·25 남침 전쟁 왜곡

국군과 미군의 기여를 무시하거나 부정적으로 표현

6·25 남침 전쟁과 관련해 국군과 미군의 기여를 무시·부정적으로 기술한 부분도 여러군데 발견되었다. 이를 요약하면 다음과 같다.

〈가. **남침 범죄 희석**: 금성, 두산동아, 미래엔, 지학사, 천재교육은 6·25 전쟁 직전 38선을 경계로 잦은 충돌이 일어났다는 점을 강조하여 전쟁의 원인이 남북한 모두에 있는 것처럼 서술. 이는 수정주의 서술의 전형으로 학술적으로는 이미 폐기된 것.

나. **미국, 특히 트루먼 대통령의 파병 결단 등 결정적 기여를 무시하고 미국의 역할을 의도적으로 은폐 축소 왜곡**: 천재교육은 전쟁의 전개를 설명하면서 한 번도 미국을 擧名(거명)하지 않고 '유엔군'이라고

만 설명했다. 유엔군의 主軸(주축)이 미군이었고, 5만 명 이상이 전사하였다는 사실도 쓰지 않았다. 천재교육은 "유엔군의 참전으로 전쟁은 국제전으로 확대되었으며"라고 하여 전쟁 확대의 책임을 유엔에 전가하였다.

다. **중국 침략 행위 비호**: 남침은 스탈린과 모택동의 지원 하에 이뤄졌으므로 처음부터 국제전의 성격을 띠고 있었다. 두산동아는 북진통일을 좌절시킨 중공군의 불법개입을 '중국군 참전'이라고 적어 '누가 우방이고 누가 적인지 구별 못하게' 하였다.

라. **대한민국이 전쟁 피해자란 점을 희석시키는 기술이 많음**: 북한 측의 학살·납치·국군포로 억류 행위를 축소·묵살했다. 두산동아는, "전쟁 중에 양측 군대에 의한 민간인 학살도 일어났다"고 적었다. '인민재판'이나 '납북' 같이 대한민국의 전쟁 피해를 나타내는 용어의 사용을 회피. '학살'이라는 용어는 누가 가해자이며 누가 피해자인지 알 수 없는 표현으로서, 남한이 전쟁피해자라는 사실을 희석시키기 위해 사용하고 있다.

학살을 설명할 때는 남북한을 같이 물고 들어가면서 국군의 예를 더 구체적으로 설명하는 경우도 있었다. 미래엔은 북한군의 학살을 여덟 자로 설명하고 미군과 국군에 의한 사건을 여섯 줄로 길게 사진까지 붙여서 記述하였다.

마. **미국을 공격자로, 중국을 방어자로 왜곡**: 두산동아는 〈미국은 6·25 전쟁을 계기로 소련을 비롯한 공산 세력을 막는다는 명목을 내세워 북대서양 조약 기구를 강화하고 국방 예산을 대폭 늘렸다. 중국은 침략자로 몰려 국제적으로 고립되었지만, 미국의 공격을 막아냈다는 사실로 공산권에서 발언이 강화되었다〉고 썼다. '미국의

참전'은 유엔의 결의에 따른 것이고, 남침한 북한군에 대한 합법적 응징이었는데 '공격'이라고 하여 가해자로 몰았다. 좌편향 교과서의 공통된 反美·親中·親蘇 서술의 한 예이다.

바. 6·25 전쟁의 부작용을 설명하면서 전쟁범죄자 김일성과 피해자 이승만을 兩非論으로 다룸: 미래엔 교과서 352페이지의 "남북의 두 지도자 이승만과 김일성은 적개심과 공포심을 부추겨 자신들의 장기 독재 체제를 강화하였다"란 기술이 대표적이다. 좌편향 교과서의 공통점 중 하나는 북한 정권에 불리한 기술을 할 때는 대한민국을 끌고 들어가 양비론을 취하는 점이다.

사. 한미상호방위조약의 역사적 의미 무시: 이승만의 위대한 외교 업적이고 대한민국 안전과 번영의 생명줄 역할을 한 韓美동맹 탄생의 과정(반공포로 석방 등)과 의미를 축소하거나 묵살하였다.

아. 對韓원조 트집 잡기, 中蘇의 對北지원 미화하기: 두산동아 교과서 284페이지엔 "미국은 농산물 원조로 자국의 농산물 가격이 폭락하는 것을 막으려 하였다. 필요 이상으로 들어온 농산물로 국내 곡물 가격이 하락하여 농촌 경제는 어려움에 빠졌다. 또한, 이승만 정부는 원조 자금으로 권력 기반을 강화하였고, 정경유착이라는 문제점을 남겼다"고 서술되어 있다.

이 교과서 286페이지엔 "북한의 戰後 복구는 북한 주민의 적극적 참여와 함께 소련과 동유럽 국가들 및 중국의 원조에 큰 도움을 받았다"고 써 있으며, 천재교육 교과서 319페이지엔 '동무는 천리마를 탔는가?'라는 구호가 적힌 北의 선전물까지 실렸다.〉

'인민군은 남침을 감행하였다'

아래는 금성출판사 교과서에 실린 건국 및 전쟁 과정에 대한 설명이다.

〈▲"마침내 1948년 4월 남로당 제주도당을 중심으로 한 좌익 세력과 일부 주민들은 남한 단독 선거 반대, 미군 철수 등을 요구하며 무장 봉기하였다." (369페이지)
▲"국군 14연대 소속 군인들 가운데 좌익 세력은 제주도 출동 명령을 거부하고 통일 정부 수립 등을 요구하며 무장 봉기를 주도하였다." (369)
▲"대한민국 정부의 수립을 국내외에 선포하였다." (370)
▲"조선민주주의인민공화국의 수립을 선포하였다." (371)
▲"인민군은 1950년 6월25일 남침을 감행하였다." (378)
▲"중국은 … 북한 정권을 돕기 위하여 대규모로 군대를 파병하였다." (379)
▲"이승만 정부가 2만 5000여 명에 이르는 반공 포로를 일방적으로 석방하여 휴전 회담 자체가 결렬 위기를 맞기도 했다." (380)〉

'무장 봉기', '조선민주주의인민 공화국 수립', '감행', '파병' 등의 용어는 공산주의자들에게 우호적인 표현이다. '무장 봉기'의 '蜂起(봉기)'는 '正義(정의)로운 궐기'를 뜻한다. 무장 반란을 '무장 봉기'라고 썼으니 이 교과서는 국군 편이 아니라 공산 반란세력 편이란 이야기이다. 헌법상 反국가단체인 북한 정권의 국호를 그대로 써주면서 '수립', 즉 건국이라고 표현한 것은 헌법정신 위반이다. '남침을 감행했다'는 말은 남침에 대한 지지 혹은 好評(호평)이다. '敢行(감행)'은 '용감하고 과단성 있게 행동한다'는 뜻이다. '감행'과 '봉기'라는 용어 선택 안에 이미 敵과 惡에 대한 호의적 태도가 스며들어 있다. 중공군이 압록강을 넘어 대한민국 영토인 한반도로 들어온 것은 침략이다. 유엔도 중공을 침략자로 규정하였다. 이를 '파병'이라고 표현한 것은 국제적 침략범죄를 은폐해주려는 노력이다.

李承晩(이승만) 대통령의 반공포로 석방은 인도주의적 결단일 뿐 아니라 한국을 젖혀놓고 한반도의 운명을 결정하려는 미국을 압박, 韓美동맹을 만들어낸 위대한 외교적 승리였다. 이런 역사성을 묵살하고 李 대통령이 '일방적'으로 일을 저질러 휴전협상을 깨려 하였다고 쓴 교과서는 事大(사대)주의자의 넋두리일망정 대한민국 교과서가 아니다. 좌익들의 주장은 거짓 선동이라도 '남한 단독 선거 반대', '미군 철수 등을 요구하며'라는 식으로 친절하게 대변해준 교과서가, 李 대통령이 왜 반공포로를 석방하였는지에 대하여는 한 字(자)도 적지 않았다. 진실과 거짓을 혼동시켜 국가와 국군을 모독하고 가해자를 옹호하는 책은 교과서가 될 수 없다. 불온문서이고 선전물이다.

미국이 원조 너무 많이 했다고 일제히 비방

계급투쟁 史觀에 입각한 가치관으로 대한민국의 역사를 記述하면, 북한 정권과 공산국가(소련 및 중국)에 우호적이고, 대한민국과 동맹국(미국)에 敵對的(적대적)이며, 자유민주주의에 비판적, 공산주의엔 덜 비판적이거나 우호적으로 쓸 수밖에 없어진다. 자연히 건국-반공-산업화의 영웅들을 무시하고, 反체제운동을 美化한다. 1990년대 말 북한의

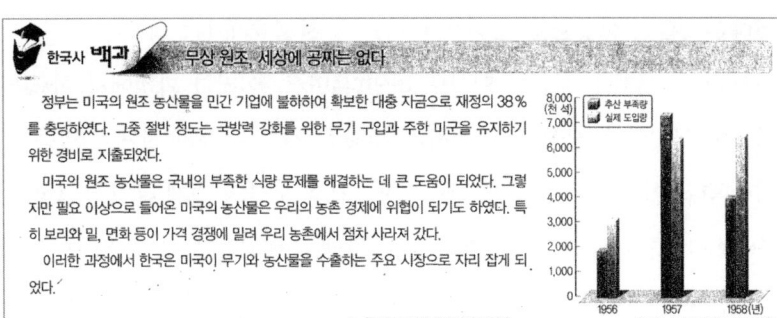

미래엔 교과서는 '한국사 백과'라는 코너에
'미국의 농산물이 우리 농촌 경제에 위협이 되었다'며
미국의 對韓(대한)원조를 부정적으로 서술했다(321페이지).

對南공작 부서는 남한의 동조자나 간첩들에게, 북한정권의 실패와 국제 공산주의의 붕괴 때문에 북한 정권을 비판하지 않을 수 없을 경우에도 '지도자, 주체사상, 세습, 사회주의, 인권문제를 비판해선 안 된다'는 지침을 내려 보냈다고 한다(부여간첩사건 때 체포되었던 김동식 씨의 증언). 5종의 좌편향 교과서도 '주체사상', '세습', '사회주의', '인권탄압'에 대한 비판이 없거나 형식적이다.

  5종의 교과서를 읽어보면 같은 필자가 기술한 듯 용어, 논리 전개, 사례가 비슷하다. 이는 反대한민국 史觀을 공유한 필연적 결과일 것이다. 채택률이 가장 높은 미래엔 교과서는 6·25 남침 전쟁 戰後(전후)의 복구 과정을 설명하면서 미국의 對韓(대한)원조엔 비판적, 중국과 소련의 對北(대북)원조엔 무비판적으로 썼다.

  미래엔 교과서 321페이지의 '한국사 백과/무상원조, 세상에 공짜는 없다'는 〈필요 이상으로 들어온 미국의 농산물은 (가격 경쟁에 밀린) 우리의 농촌 경제에 위협이 되기도 하였다〉면서 〈이러한 과정에서 한국은 미국이 무기와 농산물을 수출하는 주요 시장으로 자리 잡게 되었다〉고 비판했다. 이 교과서는 같은 페이지에 〈전후 북한의 경제 복구는 소련과 중국을 비롯한 사회주의 국가의 원조 아래 진행되었다〉고 쓴 뒤 〈이로써 북한은 사유 재산 제도를 부정하는 사회주의 경제 체제를 확립하게 되었다〉고 기술하였다. '확립'이란 용어는 대체로 호의적 평가를 위하여 사용된다. 이런 편향된 記述을 토대로 배운 학생들은 미국에 대한 비판의식, 소련과 중국엔 호감을 갖게 될지 모른다. 역사를 가르치는 교사가 좌경 성향을 지녔을 경우엔 그럴 가능성이 더 커진다. 이는 反共 자유민주주의를 신념화한 애국적 시민을 양성해야 하는 대한민국 교육의 목표와 맞지 않는다. 계급투쟁 史觀은 反국가적일 뿐 아니라 反교육적이다.

많이 해도 비판, 적게 해도 불평

두산동아 286페이지의 기술도 미래엔과 거의 비슷하다. 이 교과서는 〈미국은 농산물 원조로 자국의 농산물 가격이 폭락하는 것을 막으려 하였다〉는 선동적인 표현으로 反美감정을 자극한 뒤 〈필요 이상으로 들어온 농산물로 국내 곡물 가격이 하락하여 농촌경제는 어려움에 빠졌다〉고 썼다. 이승만 정부가 원조자금으로 권력 기반을 강화하고 정경유착이란 문제점을 남겼다는 비판이 이어졌다. 반면 〈북한의 전후 복구는 북한 주민의 적극적 참여와 함께 소련과 동유럽 국가들 및 중국의 원조에 큰 도움을 받아 이루어졌다〉고 높게 평가하였다.

금성출판사 교과서도 비슷한 논리로 미국 원조의 부작용을 강조한 반면, 소련 등 공산주의 국가들의 對北원조는 긍정적으로 썼다. 비상교육은 〈미국에서 대량의 농산물이 들어오면서 식량 문제는 다소 해결되었지만 국내 농산물 가격이 폭락하여 실업이 증가하는 등 농업 기반이 약화되었다〉고 쓴 뒤, 1950년 말(注: 1950년대 말의 誤記인 듯)부터 원조가 감소하면서 〈우리나라의 경제가 어려워졌다〉고 기술하였다. 원조를 많이 하면 부작용을 강조하고, 적게 하면 불평하는 듯한 서술이다.

延 180만 명을 파병, 자국민 5만 4000명을 죽게 했고, 戰後 복구를 도운 나라를 비판하고, 배후에서 전쟁을 사주하고 불법개입으로 北進(북진)통일을 막은 소련과 중국에 대하여는 호감을 갖도록 하는 교과서는, 학생들에게 도움을 받더라도 고마워하지 말라는 배은망덕과 가해자에게 굴종하는 노예근성을 동시에 가르치는 셈이다. 이게 계급투쟁 史觀의 목표일 것이다. 교육부는 이런 패륜적 기술에 수정 권고를 하지 않았다.

6

李承晩·朴正熙를 主敵으로, 金大中은 우상화

교과서의 이승만 好評은 막고 김대중 우상화는 방치한 교육부

8종의 고등학교 한국사 교과서 중 좌편향으로 분류되는 5종(금성출판·두산동아·미래엔·비상교육·천재교육)은 이승만, 박정희를 惡人(악인)에 가깝게 취급하면서 김대중을 거의 우상화한다. 김대중과 對北정책의 부작용에 대한 비판도 거의 없다.

교육부는 교학사가 독립투쟁기의 이승만에 대하여 〈당시에 한국인들이 가장 존경하고 신뢰하는 지도자였다. 그는 … 광복 후 국민적 영웅이 될 수 있었다〉고 쓴 데 대하여 〈이승만의 활동에 대한 과도한 해석으로 교과서 서술에 적합한 용어 및 문장 구성 필요. 다른 독립운동가와 비교하여 많은 분량을 차지하여 균형 잡힌 구성이 필요〉라고 지적, 수정 권고를 내렸고 교학사는 이에 따랐다. 교육부는 그런 '균형 잡힌 구성'을 김대중 부분에는 요구하지 않았다.

천재교육 교과서의 경우 李承晩(이승만), 朴正熙(박정희)의 부정적인 면을 집중적으로 부각시키면서 김대중에 대해서는 긍정적인 면만 기술하였다. 박정희 정부가 한 일에 대해서는 아무리 성공한 업적이라도 뒤에는 '그러나'로 시작되는 비판적인 논평이 달렸다. 베트남 파병으로 전쟁 特需(특수)를 누리고, 운송업과 건설업이 성장하였으며, 미국 시장에 상품을 수출하는 데 유리한 혜택을 누렸다고 기술한 다음엔 〈그러나 전쟁과정에서 5000여 명의 한국군이 희생되었으며, 지금도 부상과 고엽제 후유증 등으로 고통 받는 사람들이 많다. 이밖에도 베트남 민간인 학살, 라이따이한 등 여전히 많은 문제들이 남아 있다〉고 했다. 공식으로 확인된 적이 없는 '민간인 학살'(나중에 '희생'으로 수정)까지 사실인 것처럼 적은 것은 그만큼 박정희 정부의 업적을 깎아내리고 싶었기 때문일 것이다.

오늘의 한국인들을 먹여 살리고 있고, 한국을 세계 유수의 공업大國(대국)으로 만든 박정희의 위대한 유산인 중화학공업 건설에 대해서도 〈그러나 정부 주도의 성장 정책과 대규모 자본이 들어가는 중화학공업의 특성상 재벌에 각종 특혜가 주어졌으며, 이로 인해 정경유착의 문제가 발생하였다〉란 비판적 설명을 달았다.

심지어 세계가 평가하는 새마을운동에 대해서도 〈그러나 한편으로는 농민의 실질적인 소득 수준을 높이기보다는 농촌의 생활환경을 바꾸는 데 치중하였으며, 정권의 지지 기반으로 이용되었다는 비판도 받고 있다〉고 트집을 잡았다. 박정희 대통령이 새마을운동의 최종 목표를 '소득 증대'로 잡았다는 사실을 무시한 억지 주장이다. 약점이 없으면 만들어서까지 비방하는 식이다.

이런 비판의식이 김대중에 관해서는 실종된다. 예컨대 김대중의 대북 정책에 대하여는 칭찬 일변도이다. 김대중 정부 때 서해에서 두 차례 해전이 있었다. 햇볕정책에 취한 한국의 軍 지휘부는 북한군이 기습할 것이란 정보를 입수하고도 이를 묵살, 참수리호를 격침되도록 방조, 6명의 우리 해군이 戰死(전사)하였다. 이 기간 북한 정권은 제네바 합의를 깨고, 우라늄 농축에 의한 핵개발을 계속하였다. 김대중 정권은 김정일과 회담하기 위하여 현대그룹을 앞세워 4억 5000만 달러의 불법자금을 조성, 국정원을 시켜 해외의 김정일 계좌 등으로 송금하도록 하였다. 이 자금은 핵무기 개발이나 對南(대남)공작에 쓰였을 가능성이 높다. 對北 퍼주기로 북한 주민보다는 북한 정권을 강화해주었다. 교과서는 이런 부정적 사실을 깡그리 무시하고 '교류와 협력을 빠른 속도로 확대하였다'고 美化했다. 핵무기 개발을 사실상 지원한 것이 교류이고, 反헌법적 통일방안을 수용한 건 협력인가?

게재 사진도 김대중 4회, 박정희 1회이다. 천재교육 교과서의 記述 내용으로 공부한 학생들은 이승만, 박정희를 惡人(악인), 김대중을 거의 聖人(성인) 수준으로 평가하게 될 것이다.

朴正熙를 김일성보다 더 비방한 미래엔

미래엔 교과서에 수록된 박정희 대통령의 유신체제에 대한 설명과 북한 독재 체제에 대한 설명이다.

〈▲"유신 체제는 박정희의 종신 집권을 위해 민주주의를 기만한 독재 체제였다." (328)

▲"남한에서 유신체제가 성립될 무렵, 북한에서도 사회주의 헌법이 제정되어 독재 체제가 강화되었다(1972). 새 헌법에 따라 국가 주석제가 신설되고, 주체사상이 통치 이념으로 공식화되었다." (350)》

 미래엔 교과서를 분석한 權熙英 교수는 "김일성이 박정희보다 더 합헌적인 것으로 묘사한 것"이라고 평했다. 유신체제 기간 朴 대통령은 國力(국력)을 조직화하고 능률을 극대하여 중화학공업을 건설하고 새마을운동을 일으켜 농촌을 발전시켰으며, 중산층이 강해지고, 두 차례 석유파동을 극복하였다. 이 시기에 건설된 한국 경제의 토대가 1980년대의 무역흑자와 서울올림픽, 민주화를 뒷받침했다. 김일성은 독재를 강화, 수령지배 체제로 나아가면서 광신 집단으로 변질되고 주민생활은 파탄나고 말았다.
 미래엔 교과서는, 대한민국 발전의 획기적인 계기를 만든 유신과, 김일성의 독재체제를 同格(동격)으로 두어선 안 됨에도 그렇게 서술했다.

사진 게재의 편향성

 비상교육 교과서의 경우, 한국 현대 지도자의 사진에 있어서 이승만 사진(350)은 단독정부를 지향해 통일정부를 좌절시켰다는 취지의 글 전개에만 나타났고 박정희 사진(364)은 5·16을 설명할 때 작은 군복 모습으로만 게재되었다. 노벨상 수상 및 김정일과의 회담 장면을 게재한 김대중 사진들(372, 390)이나 김정일과의 회담 장면인 노무현(390)과 확연한 차이를 보이고 있다. 김구(350, 350), 윤보선과 장면(363), 여운형(347), 김규식(349), 조봉암(359) 등에 대한 긍정적 서술과 사진에 비교

해도 이승만과 박정희에 대한 푸대접이 심하다.

천재교육의 한국사 교과서도 마찬가지이다. 박정희는 1961년 5월16일 군사혁명 때의 군복 입은 사진 한 장이다. 이 박정희 소장의 얼굴에 원을 그려 표적이나 수배자처럼 보이게 하였다. 惡意(악의)가 느껴지는 사진 손질이다.

김대중 사진은 네 번 나온다. '호찌민 묘소에 헌화하는 김대중 대통령', '민주화추진협의회'(김대중과 김영삼이 손을 잡은 사진), '제15대 대통령 취임식', '6·15 남북공동선언'(김대중-김정일). 부인 이희호 씨는 '명동사건 구속자 가족의 시위' 사진으로 등장한다.

이 교과서엔 박정희 대통령에 대한 비판은 전면적이고 집중적이지만 김대중의 失政(실정)에 대한 비판은 없다. 김대중 시절에 있었던 親좌파적-反헌법적 조치나 친인척 부패, 이른바 햇볕정책의 부작용, 對北불법

천재교육 교과서는
김대중 사진을 4개,
박정희 사진을 1개 수록했다.
김대중 관련 사진은
우호적이고 밝지만(左),
박정희 사진은
상대적으로 어둡고
부정적인 느낌을 준다.

송금 사건, 利敵(이적)행위의 결과인 참수리호 격침 등에 대한 언급이 없다. 이 교과서로 배운 학생들은 김대중을 聖人, 박정희를 惡人으로 인식하게 될 것이다.

   천재교육 교과서엔 김일성 사진이 2회, 김정일 사진이 3회, 김정은 사진이 1회(김정일과 함께) 실렸다. 이 교과서는 이승만, 박정희에겐 가혹하고 김대중에겐 우호적이고 김일성 一家(일가)엔 동정적인 서술이 主를 이뤘다. 사진 역시 그런 편집 방향을 반영하는 듯 편향성이 두드러진다.

7

저항 중심 서술에 치중, 민주주의 발전 설명 부족

계급투쟁 史觀에 충실한 비상교육 교과서

비상교육 교과서를 분석한 金光東 나라정책연구원장의 비판은 다른 좌편향 교과서에도 그대로 적용된다.

〈민주주의의 정착과 성숙과정에 대한 서술 없이 '독재체제'와 '민주화운동'이라는 두 세력의 투쟁으로만 한국 현대정치를 설명하고 있다. 대한민국 정치를 (a)이승만 정부의 독재와 4·19혁명 (b)유신체제의 성립과 붕괴 (c)1980년 5·18 및 1987년 6·10 민주화 운동이라는 오직 3가지 사건에만 집중적으로 할애 서술함으로써 전체적으로 한국 정치사를 독재 및 反독재간의 정치투쟁사 중심으로만 보게 만들고 있다. 결과적으로 모든 나라에서 근대 민주공화제가 정착되는 과정에서 있었던 헌법질서의 시작과 의회민주주의 출범이나 선거의 도입과 정착, 그리고 근대 정당제의 도입과 경쟁체제, 3權 분립에 따른 입법부 및 사법부 활동 등의 정치사적 발전과정 등을 알 수 없게 만들고 있다. 나아가 민주시민 의식이나 기본권 보장의 역사, 지방자치 제도의 정착 등 국민기본권 확립과정 및 제반 민주주의 발전과정을 총체적으로 이해할 수 있는 길을 봉쇄하고 있다.

모든 나라의 정치발전과 민주주의 성숙은 오랜 경험과 시행착오를 거쳐 다양한 제도의 도입, 적용 및 내면화라는 과정을 거쳐 발전하는 것임에도 마치 1948년 시작부터 완벽하게 정치적 선진국처럼 할 수 있었는데 한국은 그렇지 못했다고 비판적으로 기술한다. 그리고 그것은 오직 한국 지도자의 권력욕과 독재 때문이었다는 전제 하에 역사서술을 전개하고 있다. 당시 한국이란, 봉건체제와 식민체제를 이어받은 나라이자 공산체제의 침략과 도전에 직면했던 나라였다. 이 교과서는, 극히 어려운 조건과 상황에도 불구하고 가장 빠르고 성숙하게 민주주의가 발전된 나라로 갈 수 있었던 과정을 전혀 이해할 수 없게 만든다. 민주주의의 도입·정착 대신 '전후 독재체제가 강화되다'(p358, 이하 페이지 표시 'p' 생략), '반공 체제와 독재의 강화'(358)처럼 민주공화적 헌정질서 도입 및 자유민주질서 출범의 역사적 의의 등 한반도에서 펼쳐진 혁명적인, 민주주의의 시작과 성숙 과정에 대한 서술을 배제시키고 있다. … 제6장의 63페이지에 무려 17개의 시위장면을 반복 게재하고 있어 한국 현대역사를 시위가 점철된 역사로 오도하게 만들고 저항과 시위에 의해 대한민국이 발전했고 현대 세계로의 변화에 적응한 것으로 만들고 있다.〉

공산주의의 도전을 없었던 일처럼 기술, 反共을 폄하

〈1917년 공산 전체주의의 등장과 1945년을 전후한 중국 및 한반도로의 공산체제 확산을 설명하고 공산주의의 도전과 도발 및 이에 대한 정당한 대응과정을 서술, 이해시켰어야 함에도 일체 그런 내용을 담고 있지 않다. 그러면서 공산주의를 거부한 대한민국이 잘못한 것처럼 기술한다. "이승만 정부는 반공을 앞세워 정권 연장에 힘썼다"(358)거나 "반공을 강조하며 정권을 유지하던 박정희 정부"(366)라는 식으로, 국민과 체제를 위한 것이 아닌 정권유지를 위한 반공을 한 것으로 오도하고 있다. 대한민국이 공산주의로부터 침략당하고 위협받으며 살아남기 위한 절박한 상황에 대한 이해를 할 수 있게 하기는커녕 전체주의 공산체제에 대한 반공이 잘못된 것으로 몰아가고 있다. 또한 "국가보안법 위반 등을 내세워 평화통일론을 주장한 조봉암을 비롯한 진보당 간부들을 탄압하였다"(359)고 서술하거나, 장면 정부는 "민간 차원의 통일운동에 반대하여 국민의 불만을 샀다"(364)는 식으로 실제 있었던 사실과는 전혀 다른 내용과 의미로 해석하며 서술하고 있다.

실패한 전체주의로서의 공산주의 체제의 형성과 해체과정에 대한 기본 인식을 함양하지 않는 것은 물론 마치 북한의 침략과 도발이 없었는데도 반공을 강조했고 그 반공은 오직 정권유지 및 독재를 위한 도구로서 작용했다는 논리로 점철되어 있다. 그에 따라 북한 공산체제가 저지른 각종 사건인 아웅산테러, 대한항공기 폭파, 천안함 폭침, 1·21 사태나 울진·삼척 사태 등에 대한 일체의 서술을 배제하거나 공산 전체주의로부터 커다란 위협과 도발없이 지내

온 평범한 나라인 것처럼 서술하고 있다. 또한 북한에서 진행되었던 공산 전체주의자들의 각종 만행과 학살·탄압 등 자유와 인권의 유린에 눈감는다. 북한에서 있었던 신의주 반공학생 의거, 함흥 및 원산의 반공의거를 포함하여 민족지도자인 조만식이나 황해도 구월산에서의 반공투쟁 등의 각종 반공·반소 의거와 수백만 월남민의 생활 등에 대한 서술이 일체 기록되지 않고 있다.〉

기업인 무시

계급투쟁 史觀에 입각, 저항운동 중심으로 현대사를 쓰다보니 학생들에게 대한민국의 발전을 제대로 설명하지 못한다. 대한민국의 발전을 도운 미국, 이승만, 박정희, 국군, 기업인, 과학 기술자의 역할을 무시하거나 부정하니 왜 대한민국이 세계 5위의 공업국, 7위의 수출국, 세계 12위의 경제대국, 13위의 삶의 질, 미국과 일본을 앞지른 세계 20위의 민주주의 성숙도(《이코노미스트》 '인텔리전스 유닛'. 2013년 조사)를 이룩하였는지 좌편향 교과서로는 이해할 수가 없다. 金光東 박사는 비상교육 교과서를 예로 들어 이렇게 분석하였다.

〈경제발전 및 사회문화적 변화와 성숙에 대한 비중은 불과 12페이지이고 국제적 위상 향상 부문은 4페이지뿐이어서, 정치투쟁사 및 운동적 저항사에 할애된 34페이지와는 커다란 격차를 보인다. 그 결과 지난 70년 가까운 기간에 펼쳐진 대한민국 건국 이후의 사회 및 문화적 변화 및 삶의 질과 생활상의 변화, 나아가 경제변화와 성장에 대한 역사적 과정을 전혀 알 수 없도록 만들고 있다.〉

12페이지에 불과한 경제, 사회, 문화 등에 관한 영역에서도 3페이지만 '산업화와 경제발전'을 설명하고 있을 뿐이다. 그 외에는 경제성장 과정의 문제점(377), 노동문제와 노동운동(380), 언론의 탄압과 규제(382)를 다루고, 초기 산업발전 과정에서 나타난 현상을, 사회주의적 시각에 의해 '독점 자본'(359)으로 규정짓고, 政經(정경)유착과 독점 대기업으로서 재벌 문제를 거론하였다.

공산주의 계획경제와 맞서야 했던 한국의 자유시장 경제 제도에 대한 기본 인식을 설명하지 않는 것은 물론이고 기업과 기업인의 역할에 대한 서술을 일체 배제하고 있다. 경제발전을 보여주는 단락에서도 전태일 사건(380)은 사진과 탐구 자료를 통해 설명하면서도 기업과 기업인 등은 단 한 번도 거론하지 않았다. 농민운동(379), 농산물 수입반대(376), 동일방직 사건(380) 등으로 배열 설명하고 있을 뿐 어떤 과정을 거쳐 성장과 발전이 있었는지를 알 수 없게 만들고 있다.

8

국군: "이런 교과서는 안 된다"

용어 뒤집기와 묵살

가장 큰 역사 왜곡은 누락이다. 1980년대의 주사파 등장 이후 한국의 가장 큰 갈등요인이 된 종북세력의 득세와 이념갈등을 언급한 교과서는 하나도 없었다.

좌편향 교과서들은 북한 인권 문제에 대한 구체적 기술이 빠졌다. 北의 對南 도발이 거의 빠졌다. 北의 핵개발과 핵실험도 스쳐지나가는 정도이다. 도발의 주체를 애매하게 하는 경우가 많다. 건국-호국-산업화의 영웅을 철저히 묵살하였다. 6·25 남침 전쟁 때 한국을 도운 이들에 대한 기록이 全無하다.

조국을 자랑하고, 조국을 발전시킨 사람들에게 고마워하고, 조국을 해친 인물들을 기억하도록 가르치는 것이 교과서인데 그런 眞僞(진위)

분별, 善惡(선악) 구분, 彼我(피아) 식별 능력을 마비시키려는 게 이들 좌편향 교과서이다.

가장 큰 왜곡은 용어 뒤집기이다. 북한 정권을 '북한 정부' 및 '조선민주주의인민공화국'으로 格上(격상)시키고 대한민국을 '대한민국 정부'로 格下(격하)했다. 제주도와 여수·순천에서 있었던 공산주의자들의 무장 반란을 '무장 봉기'라 美化하고 국군을 '토벌대'라고 격하하였다.

천재교육의 경우 역대 이승만-박정희-전두환 정부에 대하여 '탄압'이란 말을 10회 사용한 반면, 김일성 3대에 대하여는 한 번도 쓰지 않았다. 꼭 써야 할 경우엔 '숙청', '축출'이란 호의적 용어를 썼다.

〈참고〉 북한 주요 도발에 대한 교과서별 언급 여부 (이종철 작성)

북한 도발	교과서별 언급 여부							
	교학사	금성	두산동아	리베르스쿨	미래엔	비상교육	지학사	천재교육
1·21청와대 침투 사건	×	×	×	○	?	?	○	×
푸에블로호 사건	×	×	×	×	?	?	○	×
삼척·울진무장간첩 침투사건	×	×	×	○	?	?	○	×
육영수 여사 시해 사건	×	×	×	×	×	×	×	×
아웅산 테러 사건	○	×	×	×	×	×	×	×
대한항공기 폭파 사건	○	×	×	×	×	×	×	×
강릉 무장공비 침투 사건	×	×	×	×	×	×	×	×
제2 연평해전	○	×	×	×	×	×	×	×
천안함 폭침 사건	○	×	○	×	×	×	○	×
연평도 포격 도발	×	×	○	×	○	○	○	○

미래엔은 1970년대 "무장 공비 남파 등 군사적 도발을 일으켜 위기 상황을 고조시켰다"고만 표현하였다. 1960년대에 북한이 저지른 1·21 청와대 침투사건, 삼척·울진 무장침투사건 등에 대해서도 구체적으로 소개하지 않았다. 비상교육은 "1960년~1970년대 수차례 무장 게릴라 침투 사건, 판문점 도끼 만행 사건 등"으로 묶어서 표현했다.

"이젠 군대가 나서야"

2014년 3월5일 '좌편향 교과서 분석 보고회'에 참석자들은 결의문에서 "우리는 교육부에 그 책임을 묻지 않을 수 없다"고 했다. 이들은 〈교육부의 역사 교과서 집필 기준부터 잘못되었다. 史觀의 중립성을 요구한 나머지 대한민국의 정통성을 분명히 하지 않았다〉고 했다. 좌편향 교과서에 대한 교육부의 수정 권고 및 수정 명령도 잘못되었다고 지적했다. 결의문은, 교육부가 좌파진영의 교학사 교과서 죽이기를 방치했다고 비판했다. 같은 해 1월8일 교육부는 교학사 교과서를 채택한 20개 고교 특별조사 후 "일부 학교가 시민단체의 일방적 매도로 교과서 선정을 변경, 취소한 것이 확인됐다"고 밝혔음에도 이에 대한 후속조치를 전혀 취하지 않았다는 것이다.

결의문은 검찰에 〈검찰은 주체사상을 비판 없이 소개한 著者와 이를 검인정 과정에서 통과시킨 교육공무원에 대해 국가보안법 위반 혐의가 있지 않은지를 조사해야 한다〉고 주문하였다. 감사원엔 역사 교과서가 좌편향성을 보이도록 방치한 교육부와 國史편찬위원회의 업무태만, 관리 소홀에 대해 감사해야 한다고 했다. 좌편향 5종 교과서엔 국군의 역사적 역할에 대한 폄하가 많고, 利敵(이적)표현이 많고, 彼我(피아)식별을 혼동시킬 위험성이 있으므로 국방부가 나서서 이 역사 교과서의 사용금지를 요구해야 한다고 덧붙였다.

국군의 교과서 비판

2011년 한국사 교과서의 편향성이 문제가 되었을 때 국방부는 자체적으로 교과서를 분석한 뒤 〈고교 韓國史 교과서(현대사 분야) 왜곡·편향 기술 문제 바로잡기 제안〉을 발표하였다(2011년 8월23일). 2014년부터 쓰는 8종의 교과서 중 5종의 교과서에서 국방부의 건의는 제대로 반영되지 않았다. 건의문 全文은 다음과 같다.

〈고교 韓國史 교과서(현대사 분야) 왜곡·편향 기술 문제 바로잡기 제안〉
잘못된 역사교육으로 인해 軍의 정신전력과 안보태세가 약화될 수 있다는 심각한 위기의식에서 교과서 왜곡·편향 기술 문제를 바로잡기 위함임.
1. 軍은 '지켜야 할 대상과 싸워야 할 대상'을 명확히 인식해야 하며, 이를 위해서는 올바른 역사의식이 전제되어야 하기 때문이다.
○ 現 역사 교과서는 우리 장병들이 '무엇을 지켜야 하며, 지키기 위해 누구와 싸워야 하는지'를 혼동케 하고 있다. 이 시대, 우리 軍은 현존하는 가장 큰 위협인 북한으로부터 대한민국을 지키기 위해 존재하고 있다. 그러나, 現 고교 한국사 교과서는 입대 전 우리 젊은이들에게 대한민국에 대한 냉소적 시각과 북한에 대한 환상을 심어주고 있다.
아울러, 국군을 '호국의 간성'이 아니라 국가발전을 저해하고 국민을 탄압해온 집단으로 매도하고 있다. 이와 같이 잘못된 역사교육을 받고 입대한 장병들에게 어떻게 애국심과 군인으로서의 사명감·자부심을 기대할 수 있겠는가?

○ 입대 전 학교교육을 통해 올바른 역사의식이 형성되어야 한다. 학교에서의 역사교육은 장병의 정신전력과 직결된다. 학교교육을 통해 올바른 국가관·안보관의 기초가 형성되어야 軍에서는 이를 바탕으로 對敵觀(대적관)과 군인정신을 함양하여 전투력으로 승화시킬 수 있는 것이다. 청소년들이 학교교육을 통해 국가와 軍에 대해 부정적인 인식을 갖게 될 경우, 입대 후 장병 정신무장에 심대한 지장을 초래하며 이는 결국 전력 저하는 물론 국가안보태세의 약화로 귀결된다.

2. 왜곡된 역사 교과서를 시정하기 위해서는 軍뿐만 아니라 국민 모두의 관심과 동참이 요구되기 때문이다.

○ 현대사는 역사학자들의 전유물이 아니라, 이 시대를 더불어 살아온 국민 모두의 몫이다. 역사에 대한 평가는 일정한 시간이 지난 시점에서 후세들에 의해 평가되는 것이 합당하다. 특히 현대사는 역사학자뿐만 아니라 이 시대를 몸으로 겪고 살아온 국민들의 몫이다.

그러나 現 고교 교과서는 일부 편향된 시각을 지닌 역사학자들의 주관적 평가에 치우친 내용을 담고 있어 그 폐해가 심각하다. 따라서, 소수 역사학자에 의한 '평가'가 아닌 안보·경제·문화·종교·학술 분야 등 각계 전문가가 참가하여 국민 모두가 공감할 수 있는 종합적이고 객관적인 '사실' 위주로 기술되어야 한다.

○ 역사 교과서는 자녀들에게 전해주는 우리와 우리 부모 세대에

대한 평가서이며, 미래를 위한 길잡이다. 現 교과서는 동서고금을 통해 가장 위대한 성취를 이룬 대한민국의 성장과 발전을 부끄러운 역사로 전락시키고, 반면에 역사상 전례 없는 '불량국가' 이자 국제적으로 낙인찍힌 '실패한 체제'인 북한을 두둔하고 있다.

즉, 이 시대의 대한민국은 '부자이지만 나쁜 아빠'로 폄하하고, 북한은 '가난하지만 좋은 아빠'로 미화하고 있다. 우리와 우리 부모 세대가 '온갖 나쁜 짓을 다하면서 돈만 모아 놓은 파렴치한 세대'로 경멸받는 것이 과연 옳은가? 주민을 굶주리게 하고 추악한 집단으로 지탄을 받는 북한을 칭송하는 것이 옳은가?

우리의 자녀들이 북한식 방법을 옳은 것으로 판단하고 그 길을 선택한다면 과연 우리 자녀들이 만들어 갈 대한민국의 미래는 어떻게 될 것인가?

우리 국민 모두가 교과서 문제의 심각성을 깊이 인식하고 이를 바로잡기 위해 적극 나서야 할 때이다.〉

2 chapter

이것은
대한민국 교과서가 아니다

1. 금성출판사 한국사 교과서 분석   李鍾喆
2. 두산동아 한국사 교과서 분석   丁慶姬
3. 미래엔 한국사 교과서 분석   權熙英
4. 비상교육 한국사 교과서 분석   金光東
5. 천재교육 한국사 교과서 분석   趙甲濟

1

금성출판사 한국사 교과서 분석(대한민국의 발전과 현대 세계의 변화)

대한항공기 폭파 등 北의 9大 對南 도발, 한 건도 안 실어

李鍾喆(스토리 K 대표)

자본주의 對 공산주의

 제2차 세계대전 후 세계 체제를 자유주의와 공산주의 혹은 전체주의 간의 대립 및 대치 관계로 접근하는 것은 매우 중요한 문제이다. 그러나 교과서는 자본주의와 공산주의 대립으로 보고 있다. 이 같은 인식은 자본주의에서 사회주의(공산주의)로 발전해 간다는 마르크스의 '역사발전 5단계설'에 따른 것이다. 금성 교과서도 마찬가지다.

> (미국은 …) 그러나 중국 국공 내전에서 공산당이 승리할 가능성이 높아지자, 중국 대신 일본을 동아시아의 방공 거점으로 삼고자 하였다. 이를 위해 미국은 일본을 민주적으로 개혁하기보다는 경제를 부흥시켜 반공 국가로 만드는 데 주력하였다.(363페이지)

미소의 한반도 분할 점령

한반도에서 소련군이 예상보다 빠른 속도로 남하하자, 미국은 이를 견제하기 위해 38도선 분할 점령안을 소련에 제안하였다. 소련은 미국과 갈등을 빚을 필요가 없다고 판단하여 분할 점령안에 동의하였다. 이로써 한반도에 38도선이 설정되었다.

- 본문에서 38도선 이남은 '미국의 직접 통치' 등 부정적 표현으로 서술하면서 38도선 이북은 '인민 위원회', '소련의 간접 통치' 등으로 표현, 비교적 주체적이고 자주적으로 진행된 듯한 느낌을 준다.

"더 알아보기"/미 군정청의 현상 유지 정책

미국은 38도선 이남 지역의 유일한 합법정부는 미 군정청이라고 포고한 뒤 직접 통치를 실시하였다. 또한, 행정 편의를 위해 조선 총독부 등 각급 기관의 관리들을 그대로 고용하였는데, 이들 중에서는 친일파가 상당수 포함되어 있었다.(이상 364)

〈참고〉 제2차 세계대전 후 세계 체제에 대한 교과서별 시각

교과서	대결 구도
교학사	자유민주주의 : 공산주의
금성	자본주의 : 공산주의
두산동아	자본주의 : 공산주의
리베르스쿨	자유주의 진영 : 공산주의 진영
미래엔	자본주의 진영 : 공산주의 진영
비상교육	자유주의 진영 : 공산주의 진영
지학사	자유진영 : 공산진영
천재교육	자본주의 : 사회주의

美蘇의 한반도 분할 점령과 38선 획정

미소의 한반도 분할 점령 및 38선 획정과 관련 일본군의 무장해제와 소련의 한반도 진입에 대한 미국의 대응 측면을 제시할 필요가 있다. 그러나 교과서들은 차이를 보였다. 이는 대체로 다섯 가지 형태로 나타난다.

〈참고〉 미소 한반도 분할 점령과 38선 획정에 관한 교과서별 시각

미소 한반도 분할 점령과 38선 획정 시각	교과서
미군과 소련군의 주둔 자체를 부정적으로 서술 (미소 연합군 주둔을 "구실"이라 표현)	천재교육
미소 분할 점령을 미국의 소련군 한반도 단독 점령 우려 때문으로 서술	금성, 미래엔, 비상교육
미소 군대의 주둔을 일본군 무장해제를 위한 것이었다고 서술	리베르스쿨
소련의 진격과 분할점령 및 소련의 '영향력 강화' 의도 서술	두산동아
일본군 무장해제 및 소련의 한반도 점령 서술	교학사

한반도에서 소련군이 예상보다 빠른 속도로 남하하자, 미국은 이를 견제하기 위해 38도선 분할 점령안을 소련에 제안하였다. 소련은 미국과 갈등을 빚을 필요가 없다고 판단하여 분할 점령안에 동의하였다. 이로써 한반도에 38도선이 설정되었다.(364)

美 軍政을 부정적으로 蘇 군정은 긍정적으로 평가

많은 교과서들은 미·소 군정에 대해 '직접통치' 대 '간접통치'를 비교

하는 형식으로 기술하고 있다. 미국의 직접 통치는 부정적인 것으로 소련의 간접 통치는 긍정적인 것으로 묘사하고 있다. 금성 교과서 역시 직접통치 對 간접통치 방식의 서술을 하고 있다.

〈참고〉 미·소 군정 평가

교과서	통치 방식 대비
교학사	통치 방식 직접 대비 없음
금성	직접통치 : 간접통치
두산동아	직접통치 : 간접통치
리베르스쿨	통치 방식 직접 대비 없음
미래엔	직접통치 : 간접통치
비상교육	직접통치:간접통치
지학사	미 군정만 소개
천재교육	직접통치 : 간접통치

단독정부 수립 부정적 서술

단독 정부 수립과 통일 정부 수립을 대비해 기술함으로써 이승만에게 단독 정부 수립의 책임을 지운다든지 통일 정부 수립 운동만이 옳다는 듯한 기술을 하고 있다.

> 좌우 대립과 미소 공동 위원회의 결렬
> … 그러나 좌익과 우익 모두 중도 세력이 주도한 좌우 합작 운동을 외면하였다. 반면, 이승만은 이른바 '정읍 발언'을 통해 공개적으로 남한 단독 정부 수립을 주장하여 큰 파문을 일으켰다(1946).(367)

- 실질적 정부 수립을 위한 북한의 동향을 배제한 채 남한 동향과 이승만의 정읍발언을 소개함으로써 이승만에게 상당한 분단의 책임이 있음을 암묵적으로 드러내고 있다.

우측 사료에서 "이승만의 정읍 발언(1946.6)"을 별도로 싣고 있다.

임시 정부 수립을 위한 제1차 미·소 공동 위원회가 결렬되다
이러한 상황에서 미군정은 남한만이라도 단독 정부를 수립하자는 이승만의 정읍발언(1946.6)에 주목하게 되었다. 미소 공동 위원회의 휴회 때문에 임시 정부 구성이 어려움에 부닥친 상황에서 제기된 단독 정부 수립 주장으로 남북 분단의 가능성은 더욱 커지게 되었다.(335~336)

정부 수립을 둘러싼 갈등
남한 단독 선거를 둘러싼 갈등이 가장 치열하게 전개된 곳은 제주도였다. 1947년 삼일절 기념 대회에서 경찰의 발포로 제주도민 여러 명이 사망하는 사건이 일어났다. 이에 제주도민들이 크게 반발하였는데, 미 군정청과 서북청년단 등 우익단체는 오히려 강압적으로 대응하여 사태가 더욱 악화되었다.(369)

1946년 2월에 수립된 북조선 임시 인민 위원회는 친일파 처단, 토지개혁, 중요 산업 국유화 조치 등 각종 개혁 작업을 추진하였다. 이러한 정책들은 이후 북한 정부 수립의 중요한 밑거름이 되었다. 유엔이 남북한 단독 선거를 결정하자 북한은 이를 강하게 비판하며 통일정부 수립을 내세웠으나, 내부적으로는 정부 수립을 준비하고 있었다.(371)

- 북한의 친일파 처단 등 일련의 활동을 '개혁 작업'과 '정부 수립의 중요한 밑거름'으로 정리함으로써 미비점이나 비판점을 우회해 모호하게 처리, 긍정적이고 성공적인 측면으로만 이해될 소지가 있다. 북한이 유엔의 인구 비례 총선거를 거부한 부분이 분명하게 먼저 설명될 필요가 있다.

"더 알아보기"/북한 초기 정권의 성격
8·15 광복 직후 국내외에서 사회주의 활동을 하였던 인사들 가운데 상당수는 북한으로 집결하였다. …북한 정권은 이러한 정치 세력이 연합한 일종의 연립 정권의 성격을 띠었으며, 김일성은 내각을 이끄는 수상의 역할을 하였다.

- 김일성이 초기부터 상당 부분 독점적 권력을 지녔던 사실에 대한 오해를 줄 수 있으며, 남한이 정치 세력 간 대립이 심하고 정치적으로 혼란했던 데 비해 북한은 다양한 정치 세력이 평화적으로 연합하였다는 듯한 인식을 줄 수 있음

북한 토지 개혁 미화

농지개혁과 관련 북한에서의 농지개혁에 대한 정확한 기술이 이루어지지 못하고 있다. 북한에서 농민에게 분배된 것은 경작권을 중심으로 한 제한된 소유권이었다. 또한 결국 협동농장화 하면서 농민들이 직접 토지를 갖지 못하고 국가 소유로 전환되었다. 이 같은 점에 대해서는 언급이 없어 북한의 농지개혁이 농민들의 요구에 맞게 성공적으로

이루어졌다는 인식만을 주고 있다. 특히 금성 교과서는 북한의 농지개혁에 마지못해 남한에서도 농지개혁을 하게 되었다는 식으로 서술하고 있다.

교육부의 수정 권고에 따라, '무상분배'라는 별도 꼭지 설명을 통해 "농민에게 부상으로 분배된 토지는 법적으로 매매, 소작, 저당이 금지되었다"는 부분이 추가되었을 뿐이다.

농지개혁

한편, 북한에서는 북조선 임시 인민 위원회가 1946년 3월에 토지 개혁을 실시했다. 임시 인민 위원회는 일본인과 친일파 소유지, 지주 소유지 등을 몰수하여 농민에게 무상으로 나누어 주는 '무상 몰수, 무상 분배'의 방식으로 토지 개혁을 실시하였다. 토지 개혁은 사회주의 세력이 북한 주민의 지지를 얻는 데 도움이 되었으며, 남한에서는 농지 개혁이 실시되는 데에도 큰 영향을 미쳤다.(373)

친일파 청산: 북한은 했나?

친일파 청산과 관련, 이승만 정부 하에서 친일파 청산이 제대로 이루어지 않은 점을 부각하고 있는데 북한에서의 친일파 청산의 미비나 친일파 등용 등에 대해서는 전혀 다루지 않고 있다. 북한에서는 친일파 청산이 매우 잘 이루어진 것처럼 직접 표현하기도 하였다.

북한에서도 김일성의 동생 김영주가 일본군 헌병 출신이지만 오히려 고위 관료로 등용되는 등 친일파 청산은 이중적 행태로 이루어졌다. 북한 정권 초기 친일파 고위 관료로는 김영주(일본군 헌병, 김일성의 동생), 장헌근 사법부장(중추원 참의), 강양욱 인민위원회 위원장(도의원), 조일명 문화선전부 부상(대화숙 출신), 정국은 문화선전상 부부상(일제 밀정), 김정제 민족보위상 부상(일본 관료) 등이 있다.

  8종 교과서는 이 같은 부분은 전혀 취급함이 없이 남한 정부의 친일파 청산이 좌절된 부분만 지적하고 있다. 특히 두산동아, 미래엔, 비상교육, 천재교육은 남한에서의 친일파 청산은 좌절되었지만 북한에서는 대중적 지지 속에서 잘 이루어졌다는 인식을 주고 있다. 어떤 경우(금성)에는 남한에서의 친일파 청산이 이루어지지 못한 이유를 미국의 군정 직접 통치와 연결시켜 책임을 지우기도 한다.

    반민족 행위자 처벌을 위한 노력
    … 그러나 광복 직후 어수선환 사회 분위기 속에서 친일파 청산은 체계적으로 진행되기 어려웠다. 여기에는 미 군정청이 조선 총독부 행정 체제를 유지하면서 일제 강점기 관리들을 그대로 기용한 것도 한 원인이 되었다.
    … 반민 특위 활동이 이처럼 미미하였던 것은 이승만 정부의 비판적인 태도가 큰 원인이었다. 이승만 정부는 친일파 청산보다는 반공이 우선이라는 주장을 펴며 반민 특위 활동을 공개적으로 반대하였다.(372)

- 친일파 청산이 이루어지지 못한 이유로 미국에게 책임을 지우고 있다.
- 북한에서의 친일파 청산의 미비점과 문제점에 대해서는, 이 부분은 물론 다른 어디에도 언급이 없다.

"더 알아보기"/프랑스의 과거사 청산

제2차 세계대전 중 프랑스는 …

- 남과 북이 분단되고 좌와 우가 대립하던 정치적 상황에 대한 이해 없이, 그 같은 정치적 상황이 없었던 프랑스의 과거사 청산을 단순 비교하는 것은 적절한 것이 아니다.
- "반민족 행위자 처벌을 위한 노력" 단원은 전체적으로, 결국 미국과 이승만 정부 때문에 친일파 청산이 제대로 이뤄지지 못했다는 점을 일면적으로 부각시키는 데 주된 방점이 놓이고 있다.

6·25 전쟁: 유엔군 참전으로 국제전?

6·25 전쟁의 발발 및 책임에 대해 김일성이 주도하고 책임이 있다는 것을 분명하게 할 필요가 있을 것이다. 6·25 전쟁을 '내전'의 연장에서 이해하는 수정주의적 인식에 기초한 서술이 여전히 이루어지고 있는 것을 볼 수 있다. 금성 교과서 역시 이 같은 관점을 견지하고 있다. 특히 금성 교과서는 6·25 전쟁이 유엔군의 참전으로 국제전으로 확대된 것처럼 서술해 김일성 주도로 소련과 중국이 협력해 기도한 전쟁의 전모를 희석하고 전쟁 책임을 분산하고 있다.

6·25 전쟁이 국내외 정세에 미친 영향

남한과 북한의 집권세력은 전쟁을 거치면서 권력 기반을 더욱 확대해 나갔다. 이승만 정부는 반공주의를 내세워 정치적 반대 세력을 억압하거나 정권의 부패와 무능함에 대한 정당한 비판을 탄압하였다. 북한에서는 김일성의 권력이 더욱 강화되었다. 김일성은 전쟁 책임을 물어 박헌영 등을 간첩 혐의로 체포하였는데, 이러한 조치들은 김일성 유일 지배 체제가 자리 잡는 데 큰 영향을 미쳤다.(380)

- 김일성의 의지에 따라 전쟁이 발발한 것을 양측의 책임으로 돌리는 듯한 인식을 주고 있다. 또한 양측의 서술이 이승만 정부에 대해서는 총체적이고 구체적인 서술로 부정적 인식을 강화하고 있으나 북한 김일성에 대해서는 박헌영 체포 사실을 기술하는 정도로 그치고 '유일 지배 체제'라는 개념적 표현으로 갈음하였다.

이승만에 의한 자유민주주의 체제 출범의 정치적 意義 무시

이승만 정부의 정치적 성격 및 평가와 관련하여 8종 교과서들은 이승만 정부의 독재 정치를 강조하고 있다. 이승만 정부에 의한 자유민주주의 정치 체제 출범 및 수호의 의의나 긍정적 서술은 보이지 않는다.

〈참고〉 이승만 정부의 정치를 다룬 교과서별 단원 소제목

교학사	
이승만 정부 서술	자유민주주의의 훼손
북한 김일성 체제 서술	숙청을 통한 독재 체제의 확립
금성	
이승만 정부 서술	이승만 정부의 독재 정치
북한 김일성 체제 서술	김일성 유일 지배 체제의 성립
두산동아	
이승만 정부 서술	이승만 정부, 장기 집권을 꾀하다

북한 김일성 체제 서술	김일성 독재 체제를 구축해 가다	
리베르스쿨		
이승만 정부 서술	발췌개헌과 사사오입 개헌이 이루어지다	
북한 김일성 체제 서술	북한 정부가 수립되고 김일성 1인 체제가 완성되다	
리베르스쿨		
이승만 정부 서술	발췌개헌과 사사오입 개헌이 이루어지다	
북한 김일성 체제 서술	북한 정부가 수립되고 김일성 1인 체제가 완성되다	
미래엔		
이승만 정부 서술	이승만, 장기 독재 체제를 추구하다	
북한 김일성 체제 서술	북한, 1인 독재와 사회주의 경제 체제를 형성하다	
비상교육		
이승만 정부 서술	반공 체제와 독재의 강화	
북한 김일성 체제 서술	김일성 독재 체제의 강화	
지학사		
이승만 정부 서술	발췌개헌이 이루어지다 사사오입 개헌으로 헌정 질서가 유린되다 비판의 목소리가 정부에 억압받다	
북한 김일성 체제 서술	김일성 독재 체제를 구축하다	
천재교육		
이승만 정부 서술	개헌과 이승만의 장기 집권	
북한 김일성 체제 서술	김일성 1인 체제의 형성	

주체사상을 북한 식으로 소개

1960년대 북한은 김일성 독재 권력을 완성하고 주체사상을 제시한다. 당시 주체사상의 이론적 철학적 바탕은 황장엽에 의해 만들어지고 제시되었다. 그러나 황장엽의 주체사상은 추후 김일성의 절대권력 및 김정일의 수령우상화를 정당화하는 이론적 도구로 변질된다.

금성교과서는 "높이 170m의 거대한 크기"란 설명을 붙인 주체사상탑 사진을 게재했다(407페이지). 북한 체제의 선전 도구를 무비판적으로 소개했다.

이 같은 주체사상의 이론적 탄생과 변질에 대해 8종 교과서는 정확하게 고찰하고 있지 못하다. 황장엽은 북한의 주체사상이 자신이 창안한 것이며, 김일성·김정일에 의해 '수령절대주의 이데올로기'로 변질되었다고 술회한 바 있다. 이 같은 점을 전혀 반영하지 않고 있으며, 오히려 주체사상의 긍정적인 골간만이 주되게 인용, 그대로 기술되고 있다.

교육부의 수정 권고에 따라 일부 단서 조항이 추가되는 등의 수정이 이루어졌다.

6-5 북한사회의 변화와 통일을 위한 노력
1: 북한, 세습 체제를 구축하다
"더 알아보기"/주체사상의 성립과 그 역할
… 주체사상은 김일성이 창시하고 김정일이 이론적으로 발전시켰다

는 혁명사상으로, 북한의 통치 이념이며 모든 정책 결정과 활동의 기초이다. 북한 학계의 주장에 따르면, 주체사상은 '사람 중심의 세계관'이고 인민 대중의 자주성을 실현하기 위한 혁명사상으로 '인간 중심의 새로운 철학 사상'이라고 한다. 주체사상은 사상에서의 주체, 경제에서의 자립, 국방에서의 자위, 외교에서의 자주를 제창하면서 이론적으로 체계화되었다. 1970년대 주체사상은 '김일성주의'로 천명되면서 김일성 유일 지배 체제의 사상적 바탕이 되었다.(407)

- 위 인용 부분은 교육부의 수정 권고에 따라 아래와 같이 수정되었다. 일부 단서 조항이 추가되는 등의 수정이 이루어졌다.

… 주체사상은 김일성이 창시하고 김정일이 이론적으로 발전시켰다는 혁명사상으로, 북한의 통치 이념이며 모든 정책 결정과 활동의 기초이다. 북한 학계에서는 주체사상을 '사람 중심의 세계관'이고 '인민 대중의 자주성을 실현하기 위한 혁명사상'이라고 주장하고 있다. 이러한 주체사상은 사상에서의 주체, 경제에서의 자립, 국방에서의 자위, 외교에서의 자주를 제창하면서 이론적으로 체계화되었다. 그러나 주체사상은 '김일성 주의'로 천명되면서 반대파를 숙청하는 구실 및 북한 주민을 통제하고 동원하는 수단으로 이용되었다.

실었어야 할 유일사상 10대 원칙

교과서는 김정일에 의해 주도된 "유일사상 10대 원칙"에 대해 전혀 설명하지 않고 있다. 1967년 당의 핵심 부서인 조직지도부 과장으로 권력에 다가선 김정일은 자신의 삼촌이자 김일성의 동생인 김영주와 권력투쟁을 벌였고 그 과정에서 '김일성 우상화'를 주도한다. 김정일은 이를 통해 김일성의 신임을 얻었으며 1974년 당정치위원회 정치위원이 되면서 후계자로 공식화 된다.

1974년 4월14일 김일성의 62회 생일 전날 김정일은 "전당과 온 사회에 유일사상체계를 더욱 튼튼히 세우자"라는 문헌을 통해 "당의 유일사상체계 확립의 10대 원칙"을 공포했다. 유일사상체계 확립의 10대 원칙의 1항은 "위대한 수령 김일성 동지의 혁명사상으로 온 사회를 일색화하기 위하여 몸바쳐 투쟁하여야 한다"이며 2항은 "위대한 수령 김일성 동지를 충성으로 높이 우러러 모셔야 한다"이다.

이처럼 유일사상체계 확립의 10대 원칙은 북한의 독재체제가 '1인 우상화 절대 독재체제'로 변질되어 간 전형을 보여주는 사례이자 김정일의 권력 획득 과정의 부정적 단면을 보여준다. 유일사상체계 확립을 위한 10대 원칙의 항목들을 보면 북한의 독재체제가 얼마나 심각한 우상화 독재체제인지 여실히 알 수 있다. 이로써 북한은 사회주의 독재체제의 최소한의 형식으로부터도 완전 탈피하여 "1인 우상화"를 중심으로 한 절대 독재체제로 나아간 것이다. 이처럼 북한 정치체제 변화의 가장 중요한 사항에 대한 설명이나 소개를 교과서가 모두 누락하고 있는 것은 문제가 있는 대목이다.

미국의 원조도 비판

좌편향 교과서들은 6·25 戰後(전후) 미국의 원조가 가져 온 폐해로 한국의 농업이 크게 타격을 받았다는 식으로 기술을 하고 있는데 이 같은 서술이 굳이 필요한 부분인지 의문이며, 실제 원조로 인한 폐해 혹은 타격인 것으로 학술적 증명이 된 부분인지 의문이다.

남한과 북한의 전후 복구
… 그 과정에서 한국 경제의 미국에 대한 의존도는 더욱 심화되었으며, 밀과 면화 등 일부 품목의 국내 생산은 큰 타격을 입기도 하였다.(382)

박정희의 권위주의 통치에 대한 과장된 비판

박정희 정부의 권위주의 통치에 대해 불확실하고 부정확한 서술을 하고 있다.

박정희 정부의 성립과 3선 개헌
… 박정희 정부는 여기에 그치지 않고 경제 발전과 국가 안정을 명분으로 내세워 1969년에 대통령의 3선을 허용하는 개헌안을 국회에서 편법으로 통과시켰다(3선 개헌).(388)

- '편법'이라 할 수 있는 부분이 어떤 점인지 부정확하다.

유신체제의 성립
… 등 줄기차게 민주화 운동을 전개하였다. 그 과정에서 수많은 사람이 감옥에 갇히거나 심지어 목숨을 잃기도 하였다.(389)

- 박정희 정부 당시 공안 사건으로 사형에 처해진 경우는 '인혁당 재

건위' 사건의 8명이다. '인혁당 재건위'를 민주화 운동의 일환으로 보더라도 "수많은 사람이 … 목숨을 잃기도 하였다"는 인식을 줄 수 있어 보다 명확한 구분 서술이 필요하다.

기업 및 기업인 역할 부정적으로 서술

경제성장 과정에서 기업 및 기업인의 역할에 대해 부정적 서술이 전반적으로 더 큰 비중을 차지하고 있거나 부정적 이미지의 단정적 표현들이 활용되고 있다.

> … 정경 유착을 비롯한 여러 가지 폐단(399)

5·18과 反美를 무리하게 연결

5·18 민주화 운동 이후 반미운동이 전개된 것과 관련 불확실한 서술을 하고 있다. 미국이 작전통제권을 가지고 있기에 미국이 승인하여 광주로의 공수부대 투입이 가능했다는 식의 논리이다.

이는 인과관계와 진위 여부가 밝혀진 것도 아니며 당시의 역사적 상황에 비추어 어불성설에 가까운 이야기다. 특히 이는 북한의 주장이고 NL 주사파의 논리인데 이것을 교과서에서 그대로 옮기고 있다는 데서 문제가 심각하다.

> 5·18 민주화 운동은 신군부 세력의 폭력성과 비민주성을 드러내는 사건이었으며, 1980년대 이후 민주화 운동의 확산에 큰 영향을 미

쳤다. 또한, 당시 국군 작전 통제권이 사실상 미국에게 있었기 때문에, 신군부 세력의 계엄군 투입과 관련하여 미국의 책임 문제가 제시되기도 하였다.(391)

북한 도발 축소 은폐

남북 관계를 설명함에 있어 북한의 주요 도발에 대한 언급이 제대로 이루지지 않고 있다.

- 미래엔은 1970년대 "무장 공비 남파 등 군사적 도발을 일으켜 위기 상황을 고조시켰다"고만 표현하였다. 1960년대 남북 대립과 관련 한국의 정치 상황에 대해서는 부정적으로 기술하면서 북한의 도발에 대해서는 구체적으로 언급하지 않는 편향과 불균형을 보여준다. "4·19 혁명으로 반공에 기반한 이승만 독재 정권이 무너지자 민간 차원의 평화적 통일 운동이 분출되었다. 대학생들은 '가자 북으로, 오라 남으로', 이남 전기, 이북 쌀'과 같은 구호를 내세우며 남북 학생 회담을 하자고 주장하였다. 하지만 반공을 명분으로 내세운 5·16 군사 정변으로 민간 차원의 평화 통일 운동은 자취를 감추었다. 박정희 정부는 승공통일을 강조하면서 강경한 대북정책을 추진하였다. 북한에서도 남조선 혁명론을 주장하며, 무장 공비 남파 등 군사적 도발을 일으켜 위기 상황을 고조시켰다." 라고 기술하며, 당시 북한이 저지른 1968년 1·21 청와대 습격기도, 삼척·울진 무장침투사건 등에 대해서는 구체적으로 소개하지 않고 있다.

- 비상교육은 "1960년~1970년대 북한은 수차례 무장 게릴라 침투 사건, 판문점 도끼 만행 사건 등을 일으켰고, 그 결과 남북의 긴장과 갈등은 크게 고조되었다"며 "수차례 무장 게릴라 침투 사건"으로 묶어서 표현했다.

〈참고〉 북한 주요 도발에 대한 교과서별 언급 여부

북한 도발	교과서별 언급 여부							
	교학사	금성	두산동아	리베르스쿨	미래엔	비상교육	지학사	천재교육
1·21 청와대 침투 사건	×	×	×	○	?	?	○	×
푸에블로호 사건	×	×	×	×	?	?	○	×
삼척·울진 무장간첩 침투 사건	×	×	×	○	?	?	○	×
육영수 여사 시해 사건	×	×	×	×	×	×	×	×
아웅산 테러 사건	○	×	×	×	×	×	×	×
대한항공기 폭파 사건	○	×	×	×	×	×	×	×
강릉 무장공비 침투 사건	×	×	×	×	×	×	×	×
제2 연평해전	○	×	×	×	×	×	×	×
천안함 폭침 사건	○	×	○	×	×	×	○	×
연평도 포격 도발	×	×	○	×	○	○	○	○

- 미래엔은 1970년대 "무장 공비 남파 등 군사적 도발을 일으켜 위기 상황을 고조시켰다"고만 표현하였다. 1960년대에 북한이 저지른 1·21 청와대 침투사건, 삼척·울진 무장침투사건 등에 대해서도 구체적으로 소개하지 않았다. 비상교육은 "1960~1970년대 수차례 무장 게릴라 침투 사건, 판문점 도끼 만행 사건 등"으로 묶어서 표현했다.

北核과 미사일에 대한 부정확한 서술

북한의 핵 개발과 미사일 발사 실험의 본질을 정확하게 서술하고 있지 못하다.

북한의 핵 개발과 인권 문제
1990년대 초반에 북한은 경제적 어려움과 국제 정세의 급격한 변화로 인한 체제위기를 핵 개발을 통해 극복하려 하였다. 핵을 이용한 군사적 안전 보장을 통해 군사비를 줄이고 에너지를 확보하려는 의도였다. 그러나 2000년대 들어와 북한이 체제 보장과 경제적 지원을 동시에 얻어내고자 다시 핵 개발에 나서면서 북한과 국제 사회의 긴장은 한층 고조되었다. …(411)

- 북한 핵 개발의 원인으로, 북한의 주장대로 '에너지 확보 의도'를 기술하는 것이 적합하다 할 수 있을지 의문이다. 북한 핵 개발의 기본 의도는 '핵 보유를 통한 체제 유지의 안전 장치 확보 및 외부 위협'이라고 봄이 타당할 것이다. 이를 제대로 기술하지 않고 이를 희석하는 북한의 주장을 주된 원인으로 기술하는 것은 수정이 필요하다.
- 2000년대 들어와 북한이 핵 개발에 다시 나선 것이 아니라 북한은 그 전부터 우라늄 농축 방식에 의한 핵 개발을 불법적으로 비밀리에 해 온 것으로 봐야 하며, 2002년 10월 그것이 외부로 알려진 것이다. '체제 보장'이라는 표현은 북한의 주장으로, 현재 북한 체제는 외부에서 보장해 주고 말고 할 문제가 아닌 바 '체제 유지' 혹은 '독재 체제 유지'라고 기술함이 적합하다.

김대중·노무현의 對北정책 칭송, 이명박의 원칙적 對北정책 비판

교과서는 김대중 정부와 노무현 정부의 對北정책은 설명하지만 이명박 정부의 對北정책은 취급하지 않거나 부정적으로 기술하고 있다. 특히 김대중·노무현 정부의 유화적인 對北정책은 무조건 긍정적이며 이명박 정부의 원칙적인 對北정책 혹은 강경한 對北정책은 잘못된 것이라는 고정되고 편향된 시각을 줄 소지가 다분한 기술 방식이다.

금성교과서는 특히 '다 알아보기' 꼭지를 통해 "남북 교류 협력 사업의 물꼬를 튼 '햇볕정책'이라며 햇볕정책의 의의를 부각해 설명하고 있다.

"더 알아보기'/남북 교류 협력 사업의 물꼬를 튼 '햇볕정책'(415)

- 햇볕정책의 긍정적인 면만 전적으로 부각시키고 있다. 북한 독재정권 유지에 이용된 측면은 전혀 언급이 없다.

〈참고〉 김대중 · 노무현 · 이명박 정부 대북정책에 대한 교과서별 언급 여부

정부	교과서별 언급 여부							
	교학사	금성	두산동아	리베르스쿨	미래엔	비상교육	지학사	천재교육
김대중 정부 6·15 공동선언	○	○	○	○	○	×	×	×
노무현 정부 10·4 선언	○	○	○	○	○	×	×	×
이명박 정부 비핵개방 3000 등 대북정책	×	×	△	×	△	×	△	×

금강산 관광 중단 원인 덮어

금강산 관광 중단 원인 및 책임은 북한에 있는데 이를 분명하게 하지 않고 있다. 특히 금강산 관광 중단의 이유로 민간인(박왕자) 피살 사건을 언급한 교과서는 교학사 교과서가 유일했다.

남북 교류 협력의 상징이라는 '금강산 관광' 도중 민간인이 총에 맞아 피살되는 사건을 가벼이 취급, 철저히 도외시한 교과서 집필진들의 이해와 인식을 보여 준다.

北의 인권 탄압 변호 논리 소개

금성 교과서는 북한 인권 문제에 대해 언급은 하지만 북한의 변호 논리를 그대로 싣고 있다.

- 금성은 "북한은 인권 문제로도 국제 사회의 비판을 받고 있다. … 이에 대해 북한은 '우리식 인권'을 내세우며 개인의 자유보다는 전체 조직을 위한 공민의 의무를 강조하고, 물질적 보장이 인권의 가치로서 더 중요하다고 주장하였다"라고 서술하고 있다.

북한 인권 문제와 관련 북한의 방어 논리를 그대로 옮기고 있는데 굳이 그와 같이 인용해 줄 필요가 있는지 의문이다. 이 같은 북한의 변명은 객관적으로 의미없는 이야기라는 것이 판명된 것 아닌가. 어떤 부가적인 평가 설명도 없이 북한의 주장을 그대로 인용해줄 필요는 없을 것이다.

〈참고〉 북한 인권 문제에 대한 교과서별 언급 여부

교과서	북한 인권 문제 언급	교과서	북한 인권 문제 언급
교학사	O	금성	△
두산동아	X	리베르스쿨	O
미래엔	O	비상교육	X
지학사	O	천재교육	X

금성 교과서 수정·보완 대차대조표

대한민국 현대사 사진 자료	
교육부 수정·보완 권고	(360) 사진 자료 역사적으로 대표적인 사건 중심으로 균형적인 선정 필요
수정 후	여운형 사진이 빠지고 광복 만세 사진 삽입
미·소 한반도 분할 점령	
교육부 수정·보완 권고	(364) 미·소의 한반도 분할 점령 미군의 포고령에 대해서는 추가 설명이 있으나, 소련의 포고문에 대한 추가 설명이 없으므로 오해 소지가 있음
수정 후	소련 포고문을 삭제함
한반도에 두 개의 정부	
교육부 수정·보완 권고	(368~371) 한반도에 두 개의 정부가 들어서다 북한 정권 수립 움직임이 먼저 있었음에 유의하여(북조선 인민위원회 출범, 1946. 2) 남북 분단의 책임이 남한에 있다는 오해 없도록 수정
비고	수정하지 않음. 전개의 흐름이나 내용에서 수정을 하도록 하였으나, 흐름과 내용 모두 바뀌지 않음
한반도에 두 개의 정부	
교육부 수정·보완 권고	(386) 한반도에 두 개의 정부가 들어서다 단원 제목에 남북한을 동격으로 서술함으로써 대한민국 정부 수립의 의미를 약화시킬 수 있음
수정 전	한반도에 두 개의 정부가 수립되다

수정 후	대한민국 정부가 수립되다
비고	3단원 제목 바뀜

북한 토지 개혁

교육부 수정·보완 권고	(373) 농지개혁 북한의 토지 개혁은 농민들에게 실질적으로 토지를 지급한 것이 아닌 경작권만 지급한 사실에 유의. 북한의 토지 개혁에 대한 정확한 사실 이해를 위해 분배 방식 등에 대한 추가 설명 필요
수정 후	*무상 분배 농민에게 무상으로 분배된 토지는 법적으로 매매, 소작, 저당이 금지되었다.
비고	무상 분배에 대한 꼭지 설명 추가

박정희 정부 경제 개발 정책

교육부 수정·보완 권고	(399) 박정희 정부 시기 경제 개발 정책의 특징 1997년 외환위기 원인에 대해서는 여러 가지 다양한 원인들이 존재하고 있음에 유의
수정 전	… 1997년 말 외환 위기가 일어나는 원인 되었다.
수정 후	안정적인 기업 운영에도 어려움을 초래하였다.

주체사상

교육부 수정·보완 권고	(407) 더 알아보기/주체사상의 성립과 그 역할 북한 자료 인용시 체제 선전용 자료나 북한 내부 규정을 그대로 인용하는 것은 자칫 학생들에게 잘못된 판단을 하게 할 수 있는 소지가 있음
수정 후	"주체사상은 '김일성주의'로 천명되면서 반대파를 숙청하는 구실 및 북한 주민을 통제하고 동원하는 수단으로 이용되었다" 추가
비고	주체사상을 소개하는 다른 내용들이 대부분 그대로 있으면서 단서 조항이 추가됨

김정일

교육부 수정·보완 권고	(408) 김정일 후계 체제의 등장과 3대 세습 6단원 전체 사진 중에 김정일 사진이 3컷 활용되는 등 북한 관련 사진 활용 시 균형있는 사용에 유의
수정 후	김정일과 김정은이 함께 있는 사진 빠짐

2

두산동아 한국사 교과서의 문제점

대한민국의 건국과 발전은 폄하하면서 북한정권은 감싸고도는 좌파 교과서

丁慶姬(前 탐라대 교수)

 2013년에 검정을 거친 한국사 교과서 8종 가운데 교학사 교과서를 제외한 나머지 7종은 상당수가 ▲대한민국의 건국을 정부 수립으로 格下(격하)하고 ▲북한 체제에 무비판적으로 접근하며 ▲대한민국의 경제성장을 비롯한 발전과 번영은 외면하는 등, 논란이 될 만한 서술을 하고 있다.

 특히 그 가운데 5종(금성, 두산동아, 비상교육, 천재교육, 미래엔)에는 기존의 '좌편향' 문제점, 즉 2002년에 검정을 거친 한국 근·현대사 교과서 6종 및 2010년에 검정을 거친 한국사 교과서 6종에서 드러났던 문제점들이 거의 그대로 남아 있다.

 이들 교과서는 한 마디로 말해서 대한민국의 건국과 발전은 폄하하면서 북한정권은 감싸고도는 좌파 교과서로, 두산동아 한국사 교과서는 이 가운데 하나이다.

 두산동아 교과서는 2014년 1월10일을 기준으로 전국의 고등학교

1714교 중 69개교에서 채택되어, 현재로서는 7종 중 채택 학교 수가 가장 적다. 이 교과서는 2013년 10월21일 교육부가 발표한 수정·보완 권고 사항에서 '단순 사실 오류'가 아닌, '의도적인 기술'로 7종 가운데 가장 많은 지적을 받았다(조선일보 2013년 10월22일자 분석). 이것이 두산동아 교과서에 주목해야 하는 까닭이다.

두산동아 교과서의 특징은 다음의 몇 가지로 요약할 수 있다.

1. 노동자·농민의 폭력 투쟁만을 강조한다

이 교과서는 **노동자·농민**이 역사발전의 動力(동력)이라는 전제 아래 서술되어, 오로지 '폭력투쟁'만을 강조하는 경향이 있다. 아래 서술을 보자.

> "일제가 탄압을 강화하자 농민과 노동자들은 사회주의 세력과 연대하고 혁명적 농민 조합과 혁명적 노동조합을 만들어 일제히 저항하였다. 이들은 '토지를 농민에게!', '노동자·농민의 정부를 수립하자!' 등의 급진적 구호를 내세우며 **폭력투쟁**을 불사하였다."(238)

일제시기부터 이미 이처럼 급진적 구호를 내세운 농민과 노동자들의 폭력투쟁이 있었다고 강조하는 이 교과서는, 3·1 운동도 마찬가지로 농민과 노동자들의 폭력투쟁이었다고 서술하고 있다.

> "처음에는 학생과 종교인들이 시위를 주도하였으나 점차 **노동자와 농민들이 주축**이 되었다. … 이에 따라 **비폭력** 평화적 시위는 헌병 주재소 습격, 친일파 공격 등 **적극적인 폭력투쟁**으로 바뀌었다."(222)

- 유관순 烈士(열사)를 교과서에서 삭제

여태껏 학생과 종교인들이 주도한 평화적 시위로 해석하던 3·1 운동을 이 교과서는 노동자·농민이 주축이 된 폭력투쟁이라고 해석한다. 그리고 이러한 해석에 따라서 노동자·농민도 아니요 적극적인 폭력투쟁을 한 것도 아닌 유관순을 교과서에서 빼버렸다.

참고로 3·1 운동에 대한 이러한 해석은 북한 역사서와 매우 흡사하다. 階級鬪爭(계급투쟁) 史觀(사관)으로 점철된 북한 역사책에도 유관순은 나오지 않는다.

- 유관순 열사 대신 강주룡을 넣었다

이 교과서는 유관순 열사는 빼버리면서 無名(무명)의 여성노동자 강주룡은 크게 다루고 있다. 평양의 고무 공장 노동자 강주룡을 '역사 속 인물'이라는 항목에서 별도의 박스 기사로 소개하고 있는 것이다. 그 내용을 보면, 1931년 다른 여성 노동자들과 함께 아사동맹을 조직하고 파업을 벌이다 체포되어 옥중에서 단식 투쟁을 벌였던 강주룡을 "한국 최초의 여성 노동 운동가"로 평가하고, 사진까지 수록하고 있다(238).

강주룡에 대한 서술을 보면 이 교과서가 유관순 열사를 빼버린 이유가 분명해진다. 저들이 보기에 유관순 열사는 노동자도 아니요, 폭력투쟁도 하지 않았기 때문이다.

- '기억 공동체'인 국민을 解體(해체)시키는 교과서

이 교과서로 배운 학생들은 유관순 열사가 누구인지 모르게 될 것이다. 3·1 운동 하면 유관순 열사를 떠올리는 우리 세대와 달리, 우리 아이들은 일제 시기의 주요 인물로 강주룡을 떠올리게 될 것이다. 세대

차이뿐 아니라 역사 인식의 차이까지 생겨나게 된 것이다. 이는 오로지 계급투쟁만을 강조하는 좌편향 교과서가 어버이 세대와 자식 세대 간에 역사적 기억을 共有(공유)하지 못하도록 만들고 있기 때문이다. 지금껏 역사 교과서를 통해서 同一(동일)한 역사적 기억을 공유해 온 국민, 즉 '기억 공동체'로서의 국민은 이제 해체될 위기에 처해 있다.

2. 좌파 세력을 비호하는 친북 교과서

- 항일운동, 건국 등에서 공산주의 또는 사회주의 세력에 초점을 맞추어 기술하고 있다.

- 6·25 전쟁 관련 전쟁 책임, 민간인 희생, 전쟁 결과 등에 대해 친북 서술을 하고 있다.

전쟁 책임에 대한 서술을 예로 들면, 이 교과서는 6·25 전쟁 직전 38선을 경계로 잦은 충돌이 일어났다는 점을 강조해 전쟁의 원인이 남북한 모두에 있는 것처럼 서술하고 있다. 이는 修正主義(수정주의·revisionist) 서술의 전형으로서 학술적으로는 이미 폐기된 것이나 다름없다. 그런데도 이 교과서는 북한의 南侵(남침) 사실을 희석시키기 위해서 이러한 서술을 하고 있다.

- 거의 모든 항목에서 북한을 감싸고돌지만 두드러진 예를 들면 다음과 같다.
  1) 보천보 전투 강조
  : 북한이 '김일성의 역사적인 항일 무장 전투'라고 과대 선전하는 보

천보 전투를 강조하는 서술을 해서 교육부로부터 삭제 권고를 받았으나, 삭제하지 않았다.

2) 북한의 토지 개혁 방식(무상몰수·무상분배)에 대한 그릇된 서술

: 북한의 토지 개혁에 대해 서술하면서 농민들에게 실질적으로 토지를 지급한 것이 아니라 경작권만 지급한 사실을 설명하지 않아 교육부로부터 수정 권고를 받았다. 그러나 두산동아 집필진은 수정·보완을 거부해 교육부로부터 다시 수정 명령을 받았다.

3) 북한 천리마 운동에 대한 무비판적 서술

: 천리마 운동에 대해 서술하면서, "천리마 운동으로 제1차 5개년 계획은 1년 앞당겨 목표를 달성하였다"(286)는 등, 무비판적으로 서술했다. 교육부가 천리마 운동의 한계에 대한 서술이 필요하다며 수정을 권고했으나, 이를 거부했다. 교육부가 다시 수정 명령을 내려서야 비로소 수정했다.

4) 북한의 3대 세습 / 독재체제에 대한 서술 없음(집필기준 위반)

: 이 교과서는 북한 3대 세습 체제에 대한 직접적 언급이 없는데, 이는 북한의 세습 체제를 서술하라는 집필기준을 어긴 것이다. 교육부는 북한 정치체제에 대한 정확한 이해를 위해 3대 세습 체제에 대한 직접 표현이 필요하다고 수정을 권고했다. 집필진은 "김정은이 권력을 이어받았다"를 "김정은이 3대째 권력을 이어받았다"로 고치긴 했으나, '세습'이라는 용어는 끝까지 쓰지 않았다.

5) 북한의 핵실험 사실 누락

: 이 교과서에는 북한이 실제로 핵실험을 했다는 내용이 없어, 교육부가 '핵무기의 실험' 혹은 '핵실험'으로 표기하도록 수정을 권고했다. 그러나 수정 후에도 북한이 실제로 핵실험을 했다는 내용은

여전히 없다. 교육부의 수정 권고를 제대로 수용하지 않은 것이다.

6) 북한의 군사도발 감싸기

: 이 교과서의 집필진은 북한이 한 도발에 대해서는 그 주체를 숨기는 서술을 하고 있다. "게다가 금강산 사업 중단, 천안함 사건, 연평도 포격 사건 등이 일어나 남북 관계는 경색되었다"(320)는 서술이 좋은 예이다. 교육부는 천안함 등 도발 주체를 구체적으로 명시하라고 수정을 권고했으나 집필진은 이를 거부했다. 결국 교육부로부터 수정 명령을 받고서야 북한이 도발 주체임을 표기했다.

7) 북한 주체사상에 대한 무비판적 서술

: 두산동아 교과서는 북한 주민을 노예화하는 데 쓰인 주체사상을 설명하며 북한의 주장을 그대로 받아들일 수 있도록 서술하여 교육부로부터 수정 권고를 받은 교과서 4종(금성, 두산동아, 비상, 천재) 가운데 하나다.

: 그런데 두산동아 교과서는 교육부의 수정 권고를 제대로 이행하지 않아 수정 명령을 받았으며, 결과적으로는 그 수정 명령조차 무시했다.(상세한 내용은 122쪽 《두산동아 한국사 교과서의 구체적인 서술내용 및 문제점》 표 참조)

: 금성출판사 한국사의 경우 "주체사상은 '사람 중심의 세계관이고 인민 대중의 자주성을 실현하기 위한 혁명 사상'"(407)이라는, 북한체제 선전용 자료에 나올 법한 내용이 그대로 교과서에 실려 있는데도 버젓이 검정을 통과했다.

8) 북한 주민의 인권 문제 누락(집필기준 위반)

: 북한 주민의 인권 문제에 관한 서술이 누락되어 있어 교육부는 한국사 교과서 집필기준에 따른 인권 문제 추가 서술을 권고했다.

• **북한을 감싸고도는 교과서**

여기서 주목할 것은, 두산동아 교과서가 교육부의 수정 권고를 거부했다가 결국 교육부로부터 수정 명령을 받은 5건 가운데 4건이 북한과 관련된 서술이라는 점이다. 북한의 토지개혁(무상몰수·무상분배), 천리마 운동, 천안함 폭침 사건, 주체사상이 바로 그것이다. 이는 이 교과서가 교육부의 수정 권고를 거부하면서까지 북한을 감싸고도는 교과서임을 단적으로 보여준다.

• **두산동아 교과서의 대표적 친북·反대한민국 서술**

이상의 친북 서술 외에도 교육부의 수정 권고 사항에서는 빠졌으나, 문제가 되는 서술은 여럿 있다. 그 가운데 가장 대표적인 서술은 다음과 같다.

> "… 분단 체제가 고착화됨으로서 군대와 더불어 **경찰**, 정보 사찰 기관도 그 역할과 기구가 더욱 확대·강화되어 **남북한 시민의 인권과 민주주의를 억압하는 요인이 되었다.**"(282)

戰後(전후) 군비경쟁 강화 등이 남북한의 인권과 민주주의를 억압하는 요인이 되었다는 두산동아의 이 서술은 남북한이 전혀 다른 정치적 경로를 밟은 역사적 사실을 도외시한 그릇된 서술이다.

- 먼저 북한에 대해서 살펴보면, 최악의 전체주의 정권으로 평가 받는 북한 정권 아래에서 민주주의와 인권을 云謂(운위)한다는 것 자체가 語不成說(어불성설)이다. 마치 북한 체제가 민주주의 체제

인 것처럼 서술하고 있다는 점에서 이 서술은 怪異(괴이)하기까지 하다.
- 남한에 대해서 살펴보면, 인권과 민주주의의 보루인 군대와 경찰을 거꾸로 인권과 민주주의 억압 요인으로 규정하고 있다는 점에서 反체제적이요, 反국가적인 서술이라고 볼 수 있다.

3. 대한민국의 정통성을 폄훼하고 이승만, 박정희 정부를 비난한다

대한민국을 폄훼하고 역대 정부를 비난하는 서술로는 대한민국 정부 수립(정읍발언 등), 유엔총회의 대한민국 승인, 북한 정권 수립, 베트남 파병, 새마을 운동에 대한 서술 등이 대표적이다. 그 가운데 대한민국의 정통성을 폄훼하는 서술 사례를 두 가지만 들어보면 다음과 같다.

> **사례 1**
>
> "… 북한은 남한에서 총선거가 실시되자 곧바로 정부 수립에 나섰다. 8월 25일에는 **남북 인구 비례에 따라 *최고 인민 회의 대의원을 뽑는 선거를 실시하였다.** 북한과 남한에서 선거로 뽑힌 대의원들은 1948년 9월 최고 인민 회의를 열어 헌법을 만들고, 김일성을 수상으로 선출하였다. 9월 9일에는 내각을 구성하고, 조선 민주주의 인민 공화국 수립을 선포하였다.
>
> *남한에서의 최고 인민 회의 대의원 선거 남한에서는 공개적으로 선출할 수 없었기 때문에 비밀리에 실시되었다."(273)

사례 2

"국제연합총회에서는 대한민국 정부를 선거가 가능하였던 한반도 내에서 유일한 합법정부로 승인하였다."(273)

특히 사례 1의 경우, 대한민국의 제헌의회 의원을 선출하기 위해 실시된 5·10 총선거는 **"남한만의 총선거"**라고 두 차례나 폄하(269, 270)하면서, 북한의 최고 인민 회의 대의원 선거는 **남북한 전체에서 이루어진 선거**로 서술하고 있다. 이는 남한보다 북한에 우리 민족 국가의 정통성이 있다고 해석될 소지가 있다. 대한민국의 정통성을 부정하는 것으로 해석될 수 있는 서술인 것이다.

4. 反美·親蘇·親中 서술로 일관한다

38선 획정에 대한 서술, 미군정에 대한 평가, 한반도 문제의 유엔 이관, 6·25 전쟁 후 국제사회의 변화, 5·18과 反美(반미)운동에 대한 서술 등이 대표적이다. 6·25 전쟁 후 국제사회의 변화에 대한 서술을 예로 들어보자.

"… 중국은 침략자로 몰려 국제적으로 고립되었지만, **미국의 공격을 막아냈다는 사실로 공산권에서 발언이 강화되었다.**"(282)

미국이 유엔군의 일원으로 6·25 전쟁에 참전한 것을 두고, "미국의 공격"이라고 표현했다. 또한 중국이 이를 막아내 공산권 내에서 위상이 높아졌다고 쓰고 있으니, 이는 反美 서술인 동시에 親中 서술이라고 할 수 있다.

《두산동아 한국사 교과서의 구체적인 서술내용 및 문제점》

※ '수정' 항목은 최종 출판본의 수정 내용

안중근	
서술 내용	• 1909년 10월 안중근은 만주 하얼빈에서 한국 침략의 원흉인 이토 히로부미를 사살하였다.(187)
서술의 문제점	• 안중근 의사를 단순히 '안중근'으로 호칭
유관순 삭제	
서술 내용	• 처음에는 학생과 종교인들이 시위를 주도하였으나 점차 노동자와 농민들이 주축이 되었다. … 이에 따라 비폭력 평화적 시위는 헌병 주재소 습격, 친일파 공격 등 적극적인 폭력투쟁으로 바뀌었다.(222)
서술의 문제점	• 3·1 운동에서 유관순이 사라지고 없다. 이는 의도적으로 빼버린 것 • 3·1 운동을 노동자·농민이 주축이 되어 일으킨 운동인 동시에 폭력투쟁으로 해석하기 위한 것
비고	• 금성, 두산동아, 미래엔, 천재교육
항일 유격 전쟁	
서술 내용	• '항일 유격 전쟁을 벌이다', '민족 연합 전선을 추진하다'(247~248)
서술의 문제점	• 사회주의 계열의 독립운동만을 강조하는 서술 • 항일 유격대 및 동북항일 연군(16줄)과 한국광복군(4줄) 서술 분량의 현격한 불균형
보천보 전투	
서술 내용	• 북한이 '김일성의 역사적인 항일 무장 전투'라고 과대 선전하는 1937년의 보천보 전투를 두 차례 기술함 1. 조국 광복회는 국내의 민족주의자 및 공산주의자들과 손을 잡고 함경도 일대에도 조직을 확대하고, 보천보 전투 등 국내 진공 작전을 여러 차례 단행하였다.(247) 2. 보천보 전투를 별도 박스로 돋보이게 배치한 뒤 "보천보 전투는 당시 국내 신문에도 크게 보도되었고, 이 작전을 성공시킨 김일성의 이름도 국내에 알려지게 되었다"고 서술(247)
서술의 문제점	• 김일성과 관련이 있는 것으로 주장되는 조국광복회와 보천보 습격의 두 항목은 대한민국 교과서에 실릴 필요가 없는 것들임. 이른바 조국 광복회의 실체에 대해서는 논란이 있고, 보천보 습격은 크게 과장되어 있음

비고	• 김일성 우상화 등에 사용된 보천보 전투를 서술했기에 삭제 권고를 받음 [금성, 두산, 미래엔, 비상, 천재교육] • 금성, 미래엔, 천재교육은 거부
수정	1. 조국 광복회는 국내의 민족주의자 및 공산주의자들과 손을 잡고 함경도 일대에도 조직을 확대하고, 보천보 전투 등 국내 진공 작전을 여러 차례 단행하였다.(247) 2. 보천보 전투를 별도 박스로 돋보이게 배치한 뒤 "보천보 전투는 당시 국내 신문에도 크게 보도되었고, 이 작전을 성공시킨 김일성의 이름도 국내에 알려지게 되었다. … *한편, 북한은 이 사건을 김일성 우상화에 이용하였다*"고 서술(247)
수정의 문제점	• 보천보 전투를 서술했기에 삭제 권고를 받았으나, 삭제하지 않고 "한편, 북한은 이 사건을 김일성 우상화에 이용하였다"는 한 문장만 추가함
오바마 대통령 취임연도	
서술 내용	• [연표] 2006 미국, 오바마 대통령 취임(261)
서술의 문제점	• 연도표기 오류
비고	• 2009년으로 수정할 것
수정	• *2009* 미국, 오바마 대통령 취임
수정의 문제점	• 단순교정
38선 획정	
서술 내용	• 예상보다 훨씬 빨리 한반도 북부로 들어온 소련군은 38도선에서 진격을 멈추었다. 미국이 제안한 한반도 분할 점령에 동의하였기 때문이다. 소련은 일본과 동유럽 지역에 대한 영향력 강화를 노리고 이를 받아들였다.(264)
비고	• 분단의 궁극적 책임은 공산주의자들의 적화 야욕 때문인데, 나머지 7종 교과서는 이를 정확하게 서술하지 않고 있음
서술의 문제점	• 소련의 태평양 전쟁 참전은 처음부터 한반도와 만주에서 소련의 권리를 확보하기 위한 것 • 두산동아 교과서는 소련의 제국주의적 의도를 단순히 "영향력 강화"를 노린 것이라고 완화시켜 표현함
신탁통치	
서술 내용	• … 모스크바 3국 외상 회의 결과가 한국에 처음 알려졌을 때, 이러한 전체적인 내용이 아니라 '신탁 통치 결정'만 부각되었다.

	• 우익은 이를 이용하여 신탁 통치 반대 운동을 반소·반공 운동으로 몰아가며 세력을 확대하였다. • 좌익은 임시 정부 수립이 중요하다고 주장하면서 모스크바 3국 외상 회의 결정을 총체적으로 지지하였다.(268)
서술의 문제점	• '반탁 : 찬탁'으로 설명하지 않음('신탁 통치 반대 : 모스크바 3국 외상 회의 결정 총체적 지지') • 우익에 대한 비난조 서술 • 좌익이 소련의 지령을 받고 하루아침에 찬탁으로 돌아선 사실을 기술하지 않음 → 친 좌파 서술의 대표적 사례
정부 수립 과정	
서술 내용	• 1946년 미국과 소련은 미·소 공동 위원회를 개최하였다.(269)
서술의 문제점	• 광복 이후 정부 수립 과정을 미소공동위원회 개최→이승만의 정읍 발언→(김구·김규식의) 남북협상 추진→5·10 총선거 순으로 배치하여 남북 분단의 책임이 남한에 있는 것으로 서술
비고	• 7종 모두 자체수정안에서 교육부 권고대로 수정함
수정	• *1946년 2월 북한에서 북조선 임시 인민 위원회가 수립된 뒤 3월에 미·소 공동 위원회가 열렸다.*(269)
수정의 문제점	• 교육부 권고대로 수정
한반도 문제의 유엔 이관	
서술 내용	• 1947년 제2차 미·소 공동 위원회마저 결렬되자 미국은 한반도 문제를 국제연합에 넘겼다. 미국은 자신들의 영향력 아래 있는 국제 연합을 통해 한국 문제를 유리하게 해결하려 하였다. 소련은 이에 맞서 미·소 양군의 철수와 한국민이 스스로 해결해야 한다고 주장하였다.(269)
서술의 문제점	• 미소공위가 소련의 억지 주장으로 결렬된 사실을 제대로 서술하지 않음 • 당시 유엔이 미국의 영향력 아래 있었다는 근거 없는 서술을 함 → 친소·반미 서술
5·10 선거 폄하	
서술 내용	• '남한만의 총선거'(269, 270)
서술의 문제점	• 5·10 선거를 '남한만의 총선거'로 두 차례 폄하
유엔 총회의 대한민국 승인	
서술 내용	• 대한민국 정부가 출범하다

	같은 해 12월12일 국제 연합 총회에서는 대한민국 정부를 선거가 가능하였던 한반도 내에서 유일한 합법 정부로 승인하였다.(273)
서술의 문제점	• '선거가 가능하였던 한반도 내에서 유일한 합법 정부'라는 표현은 대한민국의 정통성을 훼손하는 서술
비고	• 1948년 12월의 유엔 총회가 대한민국을 '한반도의 유일한 합법 정부'로 승인했다는 사실을 유의하라는 '고등학교 역사 교과서 집필 기준' 위배 • 자체수정안에서 교육부 권고대로 수정함
수정	• 같은 해 12월12일 국제 연합 총회에서는 대한민국 정부를 *유엔 감시 아래 실시된 선거로* 한반도 내에서 유일한 합법 정부로 승인하였다.(273)
수정의 문제점	• 문제가 된 '선거가 가능하였던'이라는 구절은 뺐으나, 대신에 '유엔 감시 아래 실시된 선거로'라는 구절을 새로 넣었음. 그 결과, 수정된 내용도 대한민국이 국제적으로 승인된 정통성을 지녔음을 설명하는 데 여전히 인색함

북한 정부 수립

서술 내용	• **북한, 정부를 수립하다** … 북한은 남한에서 총선거가 실시되자 곧바로 정부 수립에 나섰다. 8월25일에는 남북 인구 비례에 따라 최고 인민 회의 대의원을 뽑는 선거를 실시하였다. 북한과 남한에서 선거로 뽑힌 대의원들은 1948년 9월 최고 인민 회의를 열어 헌법을 만들고, 김일성을 수상으로 선출하였다. 9월9일에는 내각을 구성하고, 조선 민주주의 인민 공화국 수립을 선포하였다.(273)
서술의 문제점	• 이 교과서만 보면 마치 북한이 남북한 인구비례에 따른 정상적인 선거를 통해 합법적으로 수립된 국가인 것처럼 서술. 그러나 그것이 이른바 '흑백 투표함'에 의한 찬반 공개 투표이고, 남한 지역 투표에서 과장과 날조가 많았다는 사실은 전혀 언급하지 않고 있다. • 대한민국의 정통성을 훼손하는 서술

북한의 토지개혁/친일파 처벌

서술 내용	• **북한, 정부를 수립하다** 1946년 2월에 북한에서는 … 북조선 임시 인민 위원회가 수립되었다. 이 위원회는 사실상 정부 구실을 하여 무상몰수·무상분배의 토지 개혁을 단행하고, 친일파를 처벌하면서 대중적 지지를 얻었다.(273)
서술의 문제점	• 북한의 토지 개혁에 대해 서술하면서 농민들에게 실질적으로 토지를 지급한 것이 아니라 경작권만 지급한 사실을 설명하지 않음 • 북한 지도부에 친일 인사가 다수 포함됐다는 사실을 외면하고 있음 • 전체적으로 북조선 임시인민위원회를 긍정적으로 서술하여 북한 사회에 대

비고	해 긍정적으로 인식하게 할 수 있는 오해의 소지가 있음 • 금성, 두산, 리베르, 미래엔, 비상, 천재는 토지 개혁에 대한 교육부의 수정 권고를 받음 • 북한의 토지개혁을 무상몰수·무상분배로 설명한 것에 대한 수정·보완을 거부해 수정 명령을 받은 출판사는 금성·두산동아·비상교육·천재교육 4곳. 수정심의회는 이들 출판사에 북한의 토지개혁 당시 농민이 분배받은 토지의 소유권에 제한이 따랐다는 것을 설명할 필요가 있다며 다시 수정을 명령함
수정	• 1946년 2월에 북한에서는 … 북조선 임시 인민 위원회가 수립되었다. 이 위원회*에서*는 사실상 정부 구실을 하여 무상 몰수·무상 분배의 *토지 개혁을 단행하고, *산업을 국유화하였으며* 친일파를 처벌하였다. ****북한의 토지 개혁*** 북한의 토지 개혁의 경우, 분배된 토지에 대해서는 매매·소작·저당이 금지되었으며, 1958년에는 집단 농장화가 이루어졌다.
수정의 문제점	• 북한의 토지 개혁 당시 농민이 분배받은 토지의 소유권에 제한이 있었음을 서술할 필요가 있다는 교육부의 수정 명령에 해당되는 두 건(273, 276) 가운데, 273페이지는 본문에서가 아니라 본문 옆의 주석 형식으로 처리함

이승만 소속 표기 않음

서술 내용	• '자료로 보는 역사' 초대 내각, 거국 내각을 구성하다(273)
서술의 문제점	• 내각명단에서 이승만 대통령의 소속만 기재하지 않고 비워 둠 • 고의적 누락인 듯
수정	• 소속란에 *대한 독립 촉성 국민회* 기재

미군정 평가

서술 내용	• 미군정도 경제 운영을 효과적으로 하지 못하였다. … 조선 총독부와 미군정이 지나치게 많은 화폐를 발행하고, 물자 부족이 겹치면서 물가는 크게 치솟았다.(275)
서술의 문제점	• 미군정에 대한 지나친 부정적 평가 • 광복 직후 남한 경제의 어려움이 오롯이 미군정의 탓인 양 서술함

농지 개혁

서술 내용	• **농지 개혁을 실시하다** 광복 당시 대다수 농민들은 농사를 짓는 사람들이 땅을 소유하는 원칙이 실현되기를 바라고 있었다. 1946년 3월 북한은 무상몰수, 무상분배 방식으로 토지 개혁을 단행하였다. 이에 자극을 받은 농민들은 북한과 같은 토지 개혁을 요구하였다. 미군정도 더 이상 토지 개혁 요구를 외면할 수 없게 되

	었다. … 마침내 1949년 제헌국회는 '경자유전'을 원칙으로 하는 농지 개혁법을 공포하였다. 농지 개혁 방식은 북한과 달리 '유상매수, 유상분배'였다.(276)
서술의 문제점	• 두산동아 교과서는 북한의 토지 개혁이 무상몰수·무상분배 방식이었다는 것을 본문에서 두 차례(273, 276), 탐구활동에서 한 차례(277), 총 세 차례 기술하고 있음 • 북한은 무상몰수·무상분배 방식이었고, 남한은 유상매수·유상분배였다고 기술하여 남북한의 차이를 최대한 극명하게 드러내려 함 • 농지 개혁을 주도한 이승만 대통령에 대한 언급이 없다. 오히려 북한의 토지 개혁에 자극 받은 농민들의 요구로 남한에서 어쩔 수 없이 농지 개혁이 이루어진 것으로 서술하고 있음
수정	• 광복 당시 대다수 농민들은 농사를 짓는 사람들이 땅을 소유하는 원칙이 실현되기를 바라고 있었다. 1946년 3월 북한은 무상몰수, 무상분배 방식으로 토지 개혁을 단행하였다. *분배된 토지는 법령에 따라 매매나 소작 또는 저당을 금지하였다.* 이에 자극을 받은 농민은 *[북한과 같은→삭제됨]* 토지 개혁을 요구하였다. 미군정도 더 이상 토지 개혁 요구를 외면할 수 없게 되었다. … 마침내 1949년 제헌국회는 '경자유전'을 원칙으로 하는 농지 개혁법을 공포하였다. 농지 개혁 방식은 북한과 달리 '유상매수, 유상분배'였다.
수정의 문제점	• 북한의 토지 개혁 당시 농민이 분배받은 토지의 소유권에 제한이 있었음을 서술할 필요가 있다는 교육부의 수정 명령이 해당되는 두 건(273, 276) 가운데, 276페이지만 본문에서 이행함
남한 농지개혁법	
서술 내용	• '생각하는 탐구활동' 남한의 농지개혁법(1950) (277)
서술의 문제점	• 연도표기 오류
비고	• 1949로 수정할 것
수정	• 남한의 농지 개혁법*(1949)*
수정의 문제점	• 단순교정
6·25 전쟁– 전쟁 책임	
서술 내용	• 전쟁의 기운이 감돌다 … 38도선 일대에서는 하루가 멀다 하고 크고 작은 군사적 충돌이 일어났다. 남한에서는 남조선 노동당의 투쟁이 확대되고, 각지에서 빨치산 활동이 전개되고 있었다.(278)

	• '자료로 보는 역사' **38도선을 경계로 잦은 충돌이 일어나다** [38선 침범 횟수를 나타낸 그림 수록] 38도선이 그어지고 6·25 전쟁이 일어나기 이전 남북한 간에 많은 충돌이 있었다. … 옹진 지역에서만 이미 전사자가 6,000여 명을 넘었다. 이러한 상황에서 남북한은 서로 통일을 주장하였다.(278) • 1950년 6월25일 새벽 북한군은 38도선 전역에서 전면적인 공격을 시작하였다. … 국제연합은 북한의 불법적인 남침을 침략행위로 규정하고 한국에 군사 지원을 결의하였다.(279)
서술의 문제점	• 6·25 전쟁 직전 38선을 경계로 잦은 충돌이 일어났다는 점을 강조해 전쟁의 원인이 남북한 모두에 있는 것처럼 서술. 이는 북한의 남침 사실을 희석시키기 위한 것 • 이러한 서술은 수정주의 서술의 전형으로 학술적으로는 이미 폐기된 것 • 뒤이어 "국제 연합은 북한의 불법적인 남침을 침략행위로 규정하고 한국에 군사 지원을 결의하였다."고 서술하기는 했으나 이는 6·25 전쟁의 개전에 있어서 북한의 불법남침을 명확히 밝히라는 집필기준을 준수하는 것처럼 보이기 위해 마련된 장치일 뿐이다.
비고	• 금성, 두산동아, 미래엔, 지학사, 천재교육

중국군의 개입

서술 내용	• 중국군의 참전(279, 281)
서술의 문제점	• 중국군의 '개입'을 '참전'으로 서술
	• 누가 우방이고 누가 적인지 구별 못하게 하려는 서술임

6·25 전쟁 – '학살'

서술 내용	• 전쟁 중에 양측 군대에 의한 민간인 학살도 일어났다.(282)
서술의 문제점	• '인민재판'이나 '납북' 같이 대한민국의 전쟁 피해를 나타내는 용어의 사용을 회피함 • 대신에 6·25 전쟁의 민간인 희생에 대해 '민간인 학살'이라는 용어를 사용하고 있음 • '학살'이라는 용어는 누가 가해자이며 누가 피해자인지 알 수 없는 표현으로써, 남한이 전쟁 피해자라는 사실을 희석시키기 위해 사용되고 있음

6·25 전쟁 후 국제사회 변화

서술 내용	• 미국은 6·25 전쟁을 계기로 소련을 비롯한 공산 세력을 막는다는 명목을 내세워 북대서양 조약 기구를 강화하고 국방 예산을 대폭 늘렸다. … 중국

	은 침략자로 몰려 국제적으로 고립되었지만, 미국의 공격을 막아냈다는 사실로 공산권에서 발언이 강화되었다.(282)
서술의 문제점	• 미국이 유엔군의 일원으로 6·25 전쟁에 참전한 것을 두고, 이를 "미국의 공격"으로 표현함 • 반면에 중국은 이를 막아내 공산권 내에서 위상이 높아졌다고 서술하고 있음 → 反美(반미) 親中(친중) 서술
6·25 전쟁의 결과 – 인권, 민주주의 억압	
서술 내용	• 6·25 전쟁이 끝난 후 … 남북한은 군사적 경쟁을 벌이며 상대의 위협을 자신들의 권력을 강화하는 수단으로 삼았다. … 분단 체제가 고착화됨으로써 군대와 더불어 경찰, 정보 사찰 기관도 그 역할과 기구가 더욱 확대·강화되어 남북한 시민의 인권과 민주주의를 억압하는 요인이 되었다.(282)
서술의 문제점	• 전후 군비경쟁 강화 등이 남북한의 인권과 민주주의를 억압하는 요인이 되었다는 서술은 남북한이 전혀 다른 정치적 경로를 밟은 역사적 사실을 도외시한 그릇된 서술임. 특히 북한과 같은 최악의 전체주의 정권 아래에서 민주주의와 인권을 云謂(운위)한다는 것은 語不成說(어불성설) → 대표적인 친북·反대한민국 서술
6·25 전쟁 – 학도병의 편지	
서술 내용	• '생각하는 탐구활동' • 이우근 학도병의 편지, 매일신문(2009.8.11) (283)
서술의 문제점	• 매일신문의 원문과 다름
수정	• 이우근 학도병의 편지, 매일신문*(2007.6.4)*
수정의 문제점	• 단순교정
미국 원조에 대한 평가	
서술 내용	• 미국은 농산물 원조로 자국의 농산물 가격이 폭락하는 것을 막으려 하였다. … 필요 이상으로 들어온 농산물로 국내 곡물 가격이 하락하여 농촌 경제는 어려움에 빠졌다. 또한, 이승만 정부는 원조 자금으로 권력 기반을 강화하였고, 정경유착이라는 문제점을 남겼다.(284) • 북한의 전후 복구는 북한 주민의 적극적 참여와 함께 소련과 동유럽 국가들 및 중국의 원조에 큰 도움을 받아 이루어졌다.(286)
서술의 문제점	• 미국의 농산물 원조에 대한 근거 없는 악의적 왜곡 • 반면 공산국가들의 북한원조에 대해서는 아무런 평가 없이 서술하고 있음 → 반미 서술

천리마 운동	
서술 내용	• **북한, 사회주의 경제를 건설하다** 북한은 1957년부터는 새롭게 5개년 경제 계획을 실시하였다. 경제 재건을 사상 사업과 연결한 천리마 운동으로 제1차 5개년 계획은 1년 앞당겨 목표를 달성하였다.(286)
서술의 문제점	• 천리마 운동 서술과정에서 천리마 운동의 주민 생활 향상 실패, 산업 불균형 초래 등 그 한계점에 대한 서술을 하지 않았음
비고	• 천리마 운동의 한계에 대한 서술이 필요하다는 교육부의 수정 권고를 거부하자 교육부는 다시 천리마 운동의 문제점을 제시할 필요가 있다는 수정 명령을 내렸음
수정	• **북한, 사회주의 경제를 건설하다** 북한은 1957년부터는 새롭게 5개년 경제 계획을 실시하였다. 경제 재건을 사상 사업과 연결한 천리마 운동으로 제1차 5개년 계획은 1년 앞당겨 목표를 달성하였다. *그러나 천리마 운동은 사상 의식에 호소하여 강제적으로 동원하였고, 주민 생활 향상에 기여하지 못하였다.*(286)
수정의 문제점	• 천리마 운동의 문제점을 제시할 필요가 있다는 교육부의 수정 명령을 받고서야 비로소 수정함
베트남 파병	
서술 내용	• "박정희 정부는 … 자유 민주주의를 수호한다는 명분으로 베트남에 군대를 보냈다." • "… 베트남에 민간인 학살 등 많은 상처를 남기기도 하였다."(295)
서술의 문제점	• 베트남전 파병 한국군이 베트남 민간인을 학살했다거나 베트남인들에게 피해를 줬다는 불확실한 사실 서술 • 이는 박정희 정부에 대한 악의적 왜곡이자 폄하
비고	• 교육부는 양국의 미래 지향적 우호 협력 관계 등을 고려하여 '민간인 학살' 대신 '민간인 피해' 등과 같은 적절한 용어 사용을 권장 • 천재교육, 두산동아, 금성
수정	• "박정희 정부는 … 자유 민주주의를 수호한다는 명분으로 베트남에 군대를 보냈다." • "… 베트남에 *민간인 희생* 등 많은 상처를 남기기도 하였다."
수정의 문제점	• 베트남 '민간인 학살'을 '민간인 희생'으로 바꿈
자유민주주의	
서술 내용	• Ⅵ단원 8장

	자유 민주주의가 발전하다(300~303)
서술의 문제점	• 제목뿐, 본문 내용에서는 '자유민주주의'에 대한 언급이 전혀 없음 • "민주주의를 짓밟고 부활한 군사 독재에 맞서서" 민주화를 이루어냈다는 내용만 서술하고 있음

5·18과 반미운동 연계

서술 내용	• 신군부는 5·18 민주화 운동을 진압하고 … 신군부의 병력 동원에 미국이 방조했다는 판단에서 반미운동이 일어나는 계기가 되기도 하였다.(300)
서술의 문제점	• 이는 자유민주주의 파괴세력인 주사파가 주도한 1980년대의 반미운동을 5·18과 연계시켜 정당화하는 서술임
비고	천재교육, 미래엔, 두산동아, 금성

대기업의 부정적 측면 부각

서술 내용	• 하지만 그 과정에서 정부와 대기업의 유착 관계는 심화되었다. • 저리 융자에 의존하여 기업을 확장하는 경영 방식은 한국 경제의 팽창을 촉진하였지만, 1997년 외환위기의 원인이 되기도 하였다.(305) • 그러나 급격한 자율화와 경제 개방은 무분별한 외화 도입, 대기업의 문어발식 확장 등 문제점을 드러내어 1997년 외환위기를 맞기도 하였다.(306)
서술의 문제점	• 대기업을 정경유착, 외환위기를 가져온 장본인으로 지목한 부정적 서술이 대부분. 긍정적 측면 부족

새마을 운동에 대한 부정적 서술

서술 내용	• **농촌 사회, 어려움을 겪다** 1970년부터 근면·자조·협동 정신을 강조한 새마을 운동을 벌여 … 정부가 앞장서서 벌였기 때문에 근대화 물결에 희생되는 농민들의 권익에 대해서는 적극적인 해결책을 제시하지 못하였다.(309)
서술의 문제점	• 농촌 소득증대 기여, 국민의식개혁 운동, 농촌 근대화의 기여, 다른 개발도상국들에 미친 영향 등, 새마을 운동의 긍정적 영향에 대한 서술 누락. 새마을 운동의 성과 및 영향과 문제점에 대한 균형적 서술 필요

농촌의 경제적 어려움 강조

서술 내용	• 새마을 운동이 진행되는 중에도 농촌의 어려움은 계속되었다. 이는 1970년대에 이농현상이 계속되고 소작농이 크게 늘어난 것을 통해 짐작할 수 있다.(309) • 1990년대 이후 농촌은 농촌 인구 감소와 노령화 문제는 물론 우루과이 라운드와 자유무역협정(FTA)의 타결로 농축산물 수입이 개방되어 어려운 상황에 처해 있다.(309)

	• '농민이 가난해질 수밖에 없는 이유를 써 보자'는 탐구활동 문제(313)
서술의 문제점	• 농촌의 경제적 어려움만을 되풀이해서 강조함
연도표기 오류	
서술 내용	• 대중가요의 변천 소녀시대의 '소원을 말해봐'(2010) (311)
서술의 문제점	• 연도표기 오류(2009년 발매)
수정	• 소녀시대의 '소원을 말해봐'*(2009)*
수정의 문제점	• 단순교정
3대 '세습' '독재 체제' 용어 누락	
서술 내용	• 우리식 사회주의를 강화하다 1980년에 북한은 김일성의 아들인 김정일 후계 체제를 공식화하였다. … 이러한 어려움 속에서 핵무기 개발 등 군사력강화에 온 힘을 쏟던 김정일이 2011년 12월 사망하고 아들 김정은이 권력을 이어받았다.(315)
서술의 문제점	• 북한 3대 세습 체제에 대한 직접적 언급 없음. '후계 체제', '권력을 이어받았다'로 표현 • 이는 북한의 세습 체제를 서술하라는 집필기준을 어긴 것 • '독재 체제'도 마찬가지. 절의 제목만 '김정일, 독재 체제를 구축해 가다'로 마지못해 쓰고 있을 뿐, 본문에서는 북한 체제를 '김일성 중심의 유일사상 체계', '수령 중심의 강력한 통치 체제'로 서술함(314)
비고	• 북한 정치 체제에 대한 정확한 이해를 위해 3대 세습 체제에 대한 직접 표현이 필요하다는 교육부의 수정 권고를 받음
수정	• **김정일, '우리식 사회주의'를 내세우다** 1980년에 북한은 김일성의 아들인 김정일 후계 체제를 공식화하였다. … 이러한 어려움 속에서 핵무기 개발 등 군사력강화에 온 힘을 쏟던 김정일이 2011년 12월 사망하고 아들 김정은이 *3대째* 권력을 이어받았다.
수정의 문제점	• "김정은이 권력을 이어받았다"를 "김정은이 3대째 권력을 이어받았다"로 고침 • 결과적으로 '세습'이라는 용어를 사용하지 않음
주체사상	
서술 내용	• 우리식 사회주의를 강화하다 … 이에 북한은 주체사상에 토대를 둔 '우리식 사회주의'를 강조하고 이를 뒷받침해주는 근본적인 힘으로 '조선 민족 제일 주의'를 내세웠다. 이는 세

	계정세의 변화에 따라 일어날지 모를 사회 동요를 막고, 북한 내부의 단합을 강화하기 위한 것이었다.(315)
서술의 문제점	• 북한 주민을 노예화하는 데 쓰인 주체사상을 설명하며 북한의 주장을 그대로 받아들일 수 있도록 서술함 • '우리식 사회주의를 강화하다'라는 제목 표현은 북한의 선전용 문구를 그대로 인용한 것으로 학생들에게 잘못된 인식을 심어줄 수 있어 적절한 제목으로 수정할 필요가 있음(민족주의 측면에서 북한과 주체사상을 이해할 소지가 있음)
비고	• 금성, 두산, 비상, 천재 • 금성출판사의 경우 "주체사상은 '사람 중심의 세계관이고 인민 대중의 자주성을 실현하기 위한 혁명 사상'"(407)이라는 북한 학계의 자료를 그대로 인용
수정	• *김정일, '우리식 사회주의'를 내세우다* … 이에 북한은 주체사상에 토대를 둔 '우리식 사회주의'를 강조하고 이를 뒷받침해주는 근본적인 힘으로 '조선 민족 제일 주의'를 내세웠다. 이는 세계정세의 변화에 따라 일어날지 모를 사회 동요를 막고, 북한 내부의 단합을 강화하기 위한 것이었다.(315)
수정의 문제점	• "우리식 사회주의를 강화하다"라는 제목을 적절한 제목으로 수정하라는 교육부의 수정 권고를 받고서도 제목을 "김정일, '우리식 사회주의'를 강화하다"로 바꾸는 데 그침 • 이에 교육부는 다시 수정 명령을 내리면서 제목을 "김정일, '우리식 사회주의'를 표방하다"로 수정하도록 예시함 • 그러나 최종본에서도 "김정일, '우리식 사회주의'를 내세우다"로 바꾸는 데 그침
비고	• 교육부의 수정 명령을 제대로 이행하지 않음
북한 주민의 인권/핵무기 실험	
서술 내용	• 북한의 핵개발 시도, 장거리 미사일의 개발, 북한 내부의 인권 문제 등이 국제 사회의 쟁점이 되었다.(316) • 그러나 북한이 체제 유지를 위해 핵무기 개발을 추진하고 …(319)
서술의 문제점	• 북한주민의 인권 문제에 관한 서술 누락 • 북한의 핵실험 누락: "북한이 체제 유지를 위해 핵무기 개발을 추진하고"라고만 썼을 뿐 실제로 핵실험을 했다는 내용이 없음 • 북한의 핵무기 개발이 '체제 유지를 위한' 것이라는 서술도 북한의 변명 그대로를 옮겨놓은 데 불과함

비고	• 교육부는 한국사 교과서 집필기준에 따른 인권문제 추가 서술 권고(두산, 비상, 천재) • 교육부는 '핵무기의 실험' 혹은 '핵실험'으로 표기하도록 수정 권고함
수정	• *사상 통제, 정치범 수용소, 공개 처형 등 인권 문제로 국제 사회로부터 많은 비판을 받고 있다. 핵과 장거리 미사일 개발 등도 국제 사회의 쟁점이 되고 있다.*(316) • 그러나 북한이 체제 유지를 위해 핵무기 개발을 추진하고 …(319)
수정의 문제점	• 인권 문제를 일부 보충 • 북한이 실제로 핵실험을 했다는 내용이 여전히 없음('핵무기의 실험', '핵실험' 등으로 표기하라는 교육부의 수정 권고를 제대로 수용하지 않음) • 북한의 핵무기 개발이 '체제 유지를 위한' 것이라는 서술도 수정 않음

북한의 도발(천안함 폭침 등)

서술 내용	• **남북 정상 회담이 개최되다** 게다가 금강산 사업 중단, 천안함 사건, 연평도 포격 사건 등이 일어나 남북 관계는 경색되었다.(320)
서술의 문제점	• 두산동아 교과서는 북한이 한 도발에 대해서는 그 주체를 숨기는 서술을 하고 있음 • 이는 6·25 전쟁의 '학살'에 대한 서술과 마찬가지로 일부러 도발의 주체를 숨기는 서술 • 남북관계 경색의 책임이 북한의 일방적 도발에 있음에도 불구, 북한에 책임을 조금이라도 덜 지우기 위한 것으로 보임
비고	• 두산동아, 지학사 • 교육부는 천안함 폭침 사건을 누락시킨 다른 5종(금성, 리베르, 미래엔, 비상, 천재)에 대해 아무런 조치도 하지 않음 • 두산동아 교과서는 천안함 등 도발 주체를 구체적으로 명시라는 교육부의 권고를 거부함
수정	• 게다가 *북한에 의해* 금강산 사업 중단, 천안함 *피격* 사건, 연평도 포격 사건 등이 일어나 남북 관계는 경색되었다.
수정의 문제점	• '천안함 사건'을 '천안함 피격 사건'으로 수정 • 북한이 도발의 주체임을 명시함
비고	• 결국 교육부로부터 수정 명령을 받고서야 북한이 도발 주체임을 표기함 • 그러나 수동태를 사용하여 약하게 표현함

〈집필진〉 – 전교조·전역모 출신 등

두산동아 교과서는 집필진 7명 가운데 2명이 대학교수이고, 5명이 고등학교 교사이다. 교사 5명은 모두 2013학년도까지 사용된 한국사 교과서 6종 가운데 하나인 삼화출판사 한국사 교과서의 집필자이다. 이들 교사 5명 가운데 4명은 전교조나 전교조 연대 단체인 전국역사교사모임(전역모) 출신이다. 이인석은 극심한 좌편향 서술로 문제가 되었던 금성출판사 한국 근·현대사 교과서 집필에도 참여했다.

집필자	직위	가입단체	활동
왕현종	연세대 역사문화학과 교수		
이인석	(전) 문정고등학교 교사	전역모	7차 금성출판사 한국 근·현대사 집필 2010검정 삼화출판사 한국사 집필
정행렬	도봉고등학교 교사	전교조	2010검정 삼화출판사 한국사 집필
박중현	잠일고등학교 교사	전교조·전역모	2010검정 삼화출판사 한국사 집필
박범희	중앙고등학교 교사	전교조·전역모	2010검정 삼화출판사 한국사 집필
이형우	인천대 역사교육과 교수		
임행만	서울세종고등학교 교사		2010검정 삼화출판사 한국사 집필

〈사진〉 – 김대중이 最多

김대중 4회, 김정일 3회, 김일성 1회, 주체사상탑 1회, 스탈린 1회, 호찌민 1회, 김구 1회로, 김대중 대통령의 사진이 가장 여러 차례 수록되었다.
이 교과서는 북한의 김정일, 김일성 사진은 물론이고 주체사상탑 사진까지 수록하면서 대한민국의 대통령은 김대중 대통령을 제외하고는 제대로 된 사진 한 장을 수록하지 않고 있다. 예를 들어 수록된 대통령 사진 가운데 이승만(임시정부 대통령 환영 사진), 박정희(대통령후보 선거 포스터 사진), 전두환·노태우(수의 입은 사진)의 사진은 대통령으로서의 공식 사진이 아니다.

특히 이 교과서의 6단원 '대한민국의 발전과 현대사회의 변화'를 보면, 대한민국의 발전에 관한 사진은 얼마 없고 무수한 시위 사진으로 채워져 있다. 5·18 민주화 운동, 서울역 민주화 시위, 명동성당 시위, 피 흘리는 이한열 사진, 광주대단지 주민 시위, 농축산물 수입개방 반대 시위, 울산노동자 시위 사진 등이 그것이다.

3

미래엔 교과서 VI단원(1945~2012, 현대사) 분석
박정희를 김일성보다 가혹하게 서술

權熙英(한국학 중앙 연구원 교수)

( )안 숫자는 해당 페이지

1. 냉전의 성격

내용	자본주의 진영과 공산주의 진영의 경제 및 군사 대립(307)
문제점	유물사관으로 역사를 해석. 사회주의, 공산주의의 체제 우월성을 전제로 함

2. 건준의 성격

내용	조건건국준비위원회 강령. "민주정권의 수립"(308)
문제점	조선건국준비위원회를 민주세력으로 포장하려 함 사실은 조선공산당의 통일전선 조직이었음
참고사항	1945년 8월28일 작성한 선언. 강령의 선언에서 진정한 민주주의(즉 공산주의), 통일전선, 인민위원회 구성독려(매일신보 1945.09.03)

3. 미소의 통치

내용	소련은 간접통치. 미국은 직접통치(308)
문제점	소련이 인민위원회를 내세워 통치했다고 하여 소련군 옹호. 북한의 주장임
참고사항	『북조선 민주건설사업에서 위대한 쏘련이 북조선인민들에게 준 정치 경제 문화상 방조』(北문화선전성, 1948)

4. 단독정부 수립

내용	정읍발언. "남한만이라도 정부를 수립"(310)
문제점	이것을 감추고 이승만이 먼저 단독정부 주장한 것으로 왜곡
참고사항	소련의 스탈린이 이미 1945년 9월 단독정부 수립 지시를 내리고 슈킨이 보고서를 통해 북한단독 정부를 세우려고 했다는 것이 밝혀짐

5. 대한민국 정부 정통성

내용	"선거가 가능했던 한반도 내에서 대한민국 정부가 유일한 합법 정부임"(313)
문제점	좌편향 교과서는 한반도의 유일한 합법정부라는 것을 부정하고 남한에서만 유일한 합법정부라고 주장
참고사항	1) 유엔 결의안 왜곡·부정 2) 대한민국 헌법 부정 3) 집필기준 거부 4) 검정 탈락 및 검정합격 취소 사유가 됨 *수정명령으로 "선거가 가능했던"을 삭제하였지만 그 진의는 의심* *왜? 소송 제기 때문*

6. 제주 3·1절 시위

내용	"3·1절 기념 행진 … 주민들은 항의 시위"(312)
문제점	남로당이 민주주의민족전선을 통하여 조직한 좌익들만의 행사인데 이를 감추고 주민들 시위인 것처럼 왜곡

7. 4·3 무장봉기

내용	"제주도의 좌익세력은 5·10 총선거를 앞두고 … 무장봉기하였다"(312)
문제점	남로당을 좌익세력으로 애매하게 표현함
참고사항	좌편향 교과서들은 남로당이 무장봉기 주역이라는 것을 감추어 주려 함

8. 여순반란

내용	"부대 내의 좌익 세력은 … 무장봉기하여"(312)
문제점	여순반란의 주역이 남로당이라는 것을 은폐함

9. 여순반란

내용	"정부군은 … 신속하게 반군을 진압하고"(312)
문제점	반군의 잔당이 빨치산 활동으로 계속 대한민국 정부에 대항하고 남로당이 북한과 관계되었다는 것을 기술 않음

10. 국군이 학살?	
내용	"여수·순천 10·19 사건을 진압하는 과정에서 대규모 민간인 학살도 일어났다"(312)
문제점	남로당 계의 반란군이 우익과 경찰을 학살하였음에도 불구하고 국군이 민간인을 학살했다고 왜곡하여 서술함
참고사항	이 사항만으로도 미래엔 교과서는 검정 취소 사유가 됨

11. 농지개혁	
내용	농지개혁-유상매수·유상분배 "유상 분배에 따른 부담으로 농민이 농지를 되팔고 다시 소작농이 되는 경우도 있었고"(314)
문제점	좌편향 교과서들은 북한의 토지개혁은 칭찬하면서 대한민국의 농지개혁을 폄하해왔다. 그러나 북한의 토지개혁은 모든 농민을 국가의 소작농으로 만들었다가 집단화하여 농업노동자로 만든 것에 불과하였다. 토지소유권을 농민에게 준 적이 없다.
참고사항	*북한은 무상몰수는 하였지만 무상분배는 한 적이 없다. 분배는 경작권에 국한된 것이었다. 경작권은 매매, 소작, 저당, 상속권이 없는 것이었다.*

12. 전쟁원인	
내용	"옹진반도를 비롯한 38선 부근에서 잦은 무력 충돌을 빚고 있었다"(316)
문제점	좌편향 교과서들은 6·25에 남북한이 공히 책임이 있는 것처럼 남북충돌에서 전쟁이 시작되었다는 서술을 함
참고사항	이 같은 서술은 《해방전후사의 인식》(최장집, 정해구, "해방 8년사의 총체적 인식", 서울: 한길사, 1989)을 따르고 있는 것이다. 이미 국제학계에서 폐기된 수정주의적 해석이다.

13. 월남자와 월북자?	
내용	"남의 장단에 놀아서 … 동기로 본다면 인민공화국이나 대한민국이나 조금도 다를 바 없을 것"(김성칠, "역사 앞에서". 317)
문제점	남북한이 같은 종류의 국가라고 서술. 북한의 책임을 희석시킴
참고사항	좌편향 교과서의 내용은 북한 공산주의의 악랄함을 감추어주고 대한민국을 북한과 같은 수준으로 놓으려는 북한 선전 수준의 내용임 *수정된 교과서는 이 부분을 삭제했으나 북한군의 전투명령 1호를 제시하여 오히려 개악. 어느 나라 교과서인가?*

14. 북한군 학살	
내용	"전쟁 중 북한군은 물론 국군에 의한 민간인 학살이 발생하였다"(318)

문제점	좌편향 교과서는 북한군에 의한 학살은 그 사례를 일체 언급하지 않았다. 미래엔은 오히려 국군에 의한 학살의 예라고 하여 "거창양민 학살사건"을 지목하였다.
참고사항	6·25에서 북한군의 만행은 감추어주고 국군의 잘못을 들춰내 실으려 함

15. 미군 주둔

내용	"미군이 한국에 계속 주둔하였다. 그 결과 한국과 동북아시아에서 미국의 영향력은 한층 강화되었다"(318)
문제점	미군의 한국 주둔과 영향력 확대를 부정적으로 묘사함. 반미의식을 은연중 고취시킬 수 있는 서술임
참고사항	좌편향 교과서 서술은 미국의 참전과 희생을 폄하하여 국가안보를 저해함

16. 한미상호방위조약

내용	"전쟁이 끝난 후 한미 상호 방위 조약이 체결되어(1953. 10) 미군이 한국에 계속 주둔하였다"(318)
문제점	대한민국의 안보를 지켜준 미군의 주둔이 못마땅한 듯. 한미동맹의 한국 발전에 대한 결정적 역할 누락

17. 미국 원조

내용	"무상원조, 세상에 공짜는 없다: 정부는 미국의 원조 농산물을 민간기업에 불하하여 확보한 대충자금으로 재정의 38%를 충당하였다. 그중 절반 정도는 국방력 강화를 위한 무기 구입과 주한미군을 유지하기 위한 경비로 지출되었다"(321)
문제점	미국의 원조에 의해 살 수밖에 없던 조건에서 그 고마움을 기록하기는커녕 오히려 피해를 입었다는 식의 서술을 하여 반미의식을 고취시키고 있음
참고사항	미국의 對韓(대한) 원조를 폄훼하고 국가안보를 저해하는 서술임

18. 미국 원조

내용	"전후 북한의 경제 복구는 소련과 중국을 비롯한 사회주의 국가의 원조 아래 진행되었다"(321)
문제점	미국의 원조에 대해서는 잘못되었다는 것만 강조하던 교과서들이 소련 원조에 대해서는 긍정적 무비판적으로 서술

19. 사회주의 칭송?

내용	"농지는 협동조합 소유로 전환되고 모든 농민은 조합원이 되었으며, 소규모 개인 상공업도 생산 협동조합으로 바뀌었다. 이로써 북한은 사유재산 제도를 부정하는 사회주의 경제 체제를 확립하게 되었다"(321)

문제점	사회주의 경제가 바람직한 것이었다는 전제를 가지고 북한의 사회주의화를 긍정적으로 묘사
참고사항	좌편향 교과서를 통해 반시장적, 反개방적 의식이 확산될 수 있음

20. 1·21 사태

내용	서술없음
참고사항	좌편향 교과서로서는 북한 도발에 대해 알 수 없음

21. 삼척·울진 무장공비사건

내용	서술없음

22. 문세광 사건

내용	서술없음

23. 판문점 도끼만행 사건

내용	서술없음
문제점	1970년대의 북한 도발. 중요 도발을 누락시킴

24. 아웅산 묘역 테러

내용	서술없음
문제점	북한이 저지른 국제적 테러 사건을 누락

25. 대한항공기 폭파

내용	서술없음
문제점	북한이 저지른 국제적 테러 사건을 누락

26. 김대중 정권 하 北도발(연평해전 등)

내용	서술없음
문제점	김대중 정권 하 햇볕정책의 부정적인 면을 누락시킴

27. 천안함 폭침

내용	서술없음
참고사항	北에 불리한 사건 서술은 최소화

28. 북한 핵과 미사일

내용	"핵 개발과 미사일 시험 등 도발행위 …"(351)
문제점	세 차례 핵실험했다는 내용이 없다. 전후 맥락 없이 서술

참고사항	좌편향 교과서로서는 북한 핵과 미사일 개발의 심각성을 알 수 없음
29. 북한 인권	
내용	"국제사회에서 바라본 북한의 중대한 인권 침해 사례는 개인의 자유와 권리 제약을 비롯하여 공개 처형, 정치범 수용소 운영, 종교의 자유에 대한 탄압, 거주·여행의 자유에 대한 제한, 성분 분류에 의한 인민의 차별 대우 등이다. 그러나 무엇보다 심각한 인권문제는 굶주림에 시달리는 사람들과 생존을 위한 북한 이탈 주민 문제이다. 북한 이탈 주민이 늘어나자, 중국 정부는 이들을 체포하여 북한으로 강제 송환하고 있다"(351)
문제점	인권문제의 본질이 주체사상과 세습독재에 있음을 설명 않음
30. 북한 인권법	
내용	서술없음
31. 중국의 문화대혁명	
내용	서술없음
문제점	문화대혁명을 찬양하던 한국의 좌파들은 문화대혁명의 대학살과 참상이 드러나자 이를 의도적으로 교과서에서 누락시키거나 극소화하여 서술
32. 폴포트 학살	
내용	서술없음
문제점	공산주의자들에 의한 인종학살인 캄보디아 사태를 누락시켜 공산주의의 범죄를 은폐하려 함
33. 베트남 공산화	
내용	"북베트남은 남베트남의 반정부 세력인 베트콩(베트남 민족 해방 전선)을 지원하여 내전을 일으켰다(1960). 미국은 직접 군대를 파견하였으나(1965), 북베트남이 승리하여 통일을 달성하였다(1975)"(319)
문제점	1960~1970년대의 한반도 안보위기와 한국에 주는 베트남 공산화의 교훈을 누락시킴
34. 국군이 학살?	
내용	"한국군에 의해 많은 베트남 양민이 희생"(327)
문제점	베트콩의 비정규전에 의해 한국군이 많이 희생된 것은 감추고 한국군이 베트남 양민을 학살하거나 희생시킨 것으로 왜곡 서술함
참고사항	베트남 양민 학살은 근거가 없음. 정부의 입장과 반대되는 것임

35. 박정희를 김일성보다 더 비방

내용	"유신 체제는 박정희의 종신 집권을 위해 민주주의를 기만한 독재 체제"(328) "남한에서 유신 체제가 성립될 무렵, 북한에서도 사회주의 헌법이 제정되어 독재 체제가 강화되었다"(350)
문제점	김일성이 박정희 대통령보다 더 합헌적인 것으로 묘사

36. 문익환 등의 3·1 민주구국선언을 소개하여 경제성장 정책 비난

내용	"함석헌, 김대중, 윤보선 등의 인사들이 유신 체제와 경제 발전 논리를 정면으로 비판하는 3·1 민주구국선언을 발표하였다(1976)"(328) "노동자·농민을 차관 기업과 외국 자본의 착취에 내맡긴 경제 입국 논리는 처음부터 국민을 위한 것이 아니었다"(3·1 민주구국선언문. 329)
문제점	경제발전을 통한 민생 해결이 절박했던 시대적 조건을 이해하지 못하고 민중사관에 입각하여 민중주의적 경제관을 가르치려는 의도가 엿보이는 서술

37. 중화학공업 비난

내용	"중화학공업에 대한 과잉 투자로 국가 재정이 어려워지고 기업 부담이 늘어나자, 국민 생활도 힘들어졌다. 이러한 경제적 고통이 가중되고 유신 체제에 대한 국민의 불만이 높아지는 가운데 부마 민주항쟁이 일어나 박정희 정권이 무너졌다"(339)
문제점	중화학공업을 부정적으로 묘사한다. 反재벌적 묘사와 함께 경제성장을 정치적인 내용으로 비판하고 있다. 1970년대에 꾸준히 성장이 이루어지고 임금도 상승하여 삶의 질이 향상된 것을 완전히 무시하고 있다.

38. 김정일의 권력 세습

내용	"김정일은 아버지 김일성이 사망하면서 북한의 최고 권력자가 되었다(1994). 김정일은 주석 자리를 비워놓은 채, 국방위원장의 직함으로 군대가 사회를 이끈다는 '선군(先軍)정치'를 내세웠다"(350)
문제점	김정일의 권력 세습을 당연하다는 듯, 그리고 김정일이 효자라도 되는 것처럼 북한 논리를 그대로 따르고 있다.

39. 1970년대 남북대화 중단

내용	"남한이 인구비례에 의한 남북한 자유 총선거를 주장한 반면, 북한은 남북 연방제 통일을 주장하며 대립하던 중 일방적으로 대화를 중단했기 때문이다"(352)
문제점	남북대화 중단의 원인이 대한민국에 있는 것처럼 모략하거나 원인 제공자가 어디인지 모르게 모호하게 서술

참고사항	북한 관점에서의 서술임

40. 5·18 이후의 반미 운동

내용	"5·18 민주화 운동은 일부 대학생을 중심으로 부산 미국 문화원 방화와 서울 미국 문화원 점거 등 반미 운동이 시작되는 계기가 되었다"(331)
문제점	反美 노선의 정당성을 5·18과 연계시킴

41. 경제에 대한 이해가 부족한 서술

내용	"고도성장의 혜택은 국민에게 골고루 돌아가지 않았다. 정부는 강력한 저임금 정책을 실시하고 헌법에 보장된 노동 운동을 탄압하였다. 그 결과 기업은 초고속으로 성장했지만, 노동자들은 열악한 노동 환경과 생활고에 시달려야만 했다"(340)
문제점	짧은 기간에 고도 성장이 이루어져서 농촌 빈곤이 해결되고 임금도 상승한 것을 외면하고 경제 원리를 무시하면서 노동자를 위해 고임금 정책을 써야 한다고 주장하는 잘못된 논리

42. 기업인 폄하

내용	"특혜 속에서 한국을 대표하는 세계적 기업이 성장할 수 있었다. 그러나 대표적인 기업인들은 각종 혜택을 악용하여 횡령과 비자금 조성을 일삼고, 세금을 포탈하거나 수출 대금을 해외로 빼돌렸다. 구속되어 실형을 받은 이들 기업인 대부분은 경제 발전에 기여했다는 명분으로 특별사면되었다"(340)
문제점	좌편향 교과서들은 기업인 죽이기에 열심이다. 황금알을 낳은 닭을 죽이지 못해 안달이다. 기업이 죽으면 노동자와 그 가족들이 먼저 죽는다.
참고사항	교학사 교과서만 기업을 긍정적으로 서술

43. 시민사회 성장

내용	서술없음
문제점	시민사회의 성장과 발전에 대한 설명 부족. 정치적인 관점에서만 사회를 보려 함

44. 자유주의 무역정책

내용	"신자유주의 이념을 바탕으로 설립된 WTO는 우리나라 및 후진국을 포함한 150여 회원국을 대상으로 '국가 간 자유 무역 협정(FTA)'의 체결을 강요하며 시장 개방 압력을 가하고 있다"(342)
문제점	반미, 反세계화, 反개방을 주장하는 것이 대한민국 교과서로 적절한가?
참고사항	교학사 교과서만 대한민국의 방향에 맞게 세계화 긍정

45. 방위비 분담	
내용	"남한은 '평화 비용 3조 9800억 원'을 지출한 반면, 155조 9800억 원의 '분단 비용'을 절약해 결과적으로 약 152조 원의 이익을 얻었다"("통일경제" 인용. 353)
문제점	은근히 한미동맹관계를 부담으로 인식시키고, 북한 지원이 큰 이익이 된다고 근거도 없이 환상적인 '이익'을 제시
46. 국가 보안법	
내용	"문익환 목사와 대학생 임수경 등이 북한을 방문했지만, 노태우 정부는 국가 보안법을 적용하여 구속하였다"(353)
문제점	국가 보안법이 잘못이라고 교과서가 가르쳐야 하는가? 不法 방문임을 은폐
47. 이승만과 김일성이 같은 대접을 받아야?	
내용	"남북의 두 지도자 이승만과 김일성은 적개심과 공포심을 부추겨 자신들의 장기 독재 체제를 강화하였다"(352)
문제점	건국 대통령 이승만과 학살자·전쟁범죄자 김일성을 같은 차원으로 놓아 대한민국을 모욕
48. 그리스 상황 왜곡	
내용	"독일에서 해방된 동유럽이 공산화되고 그리스가 내전으로 공산화될 상황에 이르자"(306)
문제점	동유럽의 공산화가 소련의 점령으로 인한 것임을 감추고 왜곡함. 또한 그리스에서 내전이 일어난 것은 사실이지만 공산화될 정도는 결코 아니었으며 정부군이 우세를 유지했음. 마치 자발적인 공산화가 미국 때문에 저지된 것처럼 묘사하여 반미 감정을 부추기는 고의적 왜곡
참고사항	역사 왜곡
49. 일본 항복 왜곡	
내용	"일본과 전쟁을 미루던 소련도 일본에 선전 포고를 하고 만주와 한반도로 진격하였다. 이에 전의를 상실한 일본은 1945년 8월5일 무조건 항복하였다"(307)
문제점	일본의 戰意(전의) 상실은 주로 미국의 원폭 때문이지 소련의 만주와 한반도 진격 때문이 아니었다. 더구나 소련군의 한반도 진격(1945.8.18) 이전에 일본의 항복 결정이 이루어졌다. 일본 항복의 공로를 소련에게 돌리는 역사 왜곡
참고사항	역사 왜곡
50. 건준 찬양하면서 반대자를 반민족으로 매도	
내용	"건준의 활동에 비판적이었던 반민족 친일 경력자들과"(308)

문제점	공산주의자들이 주도한 건준에 비판적이었다고 하여 반민족 친일로 매도함. 공산주의 옹호 서술
참고사항	親공산주의적 서술

51. 남한이 단독정부 수립하려 하고 북한은 통일정부 수립하려 한 것처럼 왜곡

내용	"김구 '삼천만 동포에게 읍고함'"(1948.2) "남한만의 정부 수립이 구체화되어 가는 상황에서 김구가 발표한 글이다"(310)
문제점	북한은 이미 북한만의 북조선 인민위원회를 구성했고(1946.2), 1947년 6월에는 조선민주주의 인민공화국을 수립하겠다고 천명함
참고사항	사실 왜곡하여 단독정부를 남한이 먼저 하려한 것처럼 함

52. 좌익 세력의 행태 누락

내용	"남북협상파와 좌익 세력은 단독 선거를 반대하며 선거에 참여하지 않았다"(313)
문제점	좌익 세력은 5·10 선거에 참여하지 않았을 뿐만 아니라 북한 선거에 참여하여, 노골적으로 대한민국에 반대하고 북한 정권 수립에 참여함
참고사항	좌익 세력의 죄악 누락

53. 이승만 폄하 김일성 찬양

내용	"국회의 간접선거를 통해 이승만이 대통령에 당선되었다"(313) "최고인민회의는 헌법을 제정하고 김일성을 초대 수상으로 선출하여"(315)
문제점	이승만은 간접 선거, 김일성은 선출로 표현하여 김일성이 더 합법적인 것처럼 서술
참고사항	김일성 찬양, 이승만 폄하

54. 남한은 정부수립, 북한은 건국

내용	"대한민국 정부 수립을 국내외에 선포하였다"(313) "조선 민주주의 인민 공화국을 수립하였다"(315)
문제점	대한민국 정부 수립, 북한은 국가 수립
참고사항	교육부는 북한 건국은 그대로 두고 대한민국 건국은 삭제하게 함

4

비상교육 《한국사》 분석 결과

좌파단체의 선동선전용 자료에 가깝다

金光東(나라정책연구원장)

I. 대한민국 정당성 및 건국과정에 대한 훼손

'독재 對 反독재' 구도

비상교육 교과서는 한국정치사에 가장 중요했던 민주주의의 정착과 성숙과정에 대한 서술없이 '독재체제'와 '민주화운동'이라는 두 세력의 투쟁으로만 한국 현대정치를 설명하고 있다. 대한민국 정치를 (a)이승만 정부의 독재와 4·19혁명 (b)유신체제의 성립과 붕괴 (c)1980년 5·18 및 1987년 6·10 민주화 운동이라는 오직 세 가지 사건에만 집중적으로 할애 서술함으로써 전체적으로 한국 정치사를 독재 및 反독재간의 정치투쟁사 중심으로만 보게 만들고 있다. 결과적으로 모든 나라에서 근대 민주공화제가 정착되는 과정에서 있었던 헌법질서의 시작과 의회민주주의 출범이나 선거의 도입과 정착, 그리고 근대 정당제의 도입과 경쟁체제,

3權 분립에 따른 입법부 및 사법부 활동 등의 정치사적 발전과정 등을 알 수 없게 만들고 있다. 나아가 민주시민 의식이나 기본권 보장의 역사, 지방자치 제도의 정착 등 국민기본권 확립과정 및 제반 민주주의 발전과정을 총체적으로 이해할 수 있는 길을 봉쇄하고 있다.

모든 나라의 정치발전과 민주주의 성숙은 오랜 경험과 시행착오를 거쳐 다양한 제도의 도입, 적용 및 내면화라는 과정을 거쳐 발전하는 것임에도 마치 1948년 시작부터 완벽하게 정치적 선진국처럼 할 수 있었는데 한국은 그렇지 못했다고 비판적으로 기술한다. 그리고 그것은 오직 한국 지도자의 권력욕과 독재 때문이었다는 전제 하에 역사서술을 전개하고 있다. 당시 한국이란, 봉건체제와 식민체제를 이어받은 나라이자 공산체제의 침략과 도전에 직면했던 나라였다.

이 교과서는, 극히 어려운 조건과 상황에도 불구하고 가장 빠르고 성숙하게 민주주의가 발전된 나라로 갈 수 있었던 과정을 전혀 이해할 수 없게 만든다. 민주주의의 도입·정착 대신 '전후 독재체제가 강화되다'(p358, 이하 페이지 표시 'p'생략), '반공 체제와 독재의 강화'(358)처럼 민주공화적 헌정질서 도입 및 자유민주질서 출범의 역사적 의의 등 한반도에서 펼쳐진 혁명적인, 민주주의의 시작과 성숙 과정에 대한 서술을 배제시키고 있다.

대한민국의 선택을 부정

이 교과서는 대한민국의 건국 및 대한민국이 걸어온 길에 대한 정당성을 의도적으로 훼손·폄훼한다. 이를 위해 (a)모스크바 3상회의의 신탁통치 결정을 받아들이지 않은 것은 잘못이었다(본문, 사진 및 탐구자료, 348)고 쓰고 (b)좌우 합작활동에 대한 부각과 좌우합작의 무산에 대한 문제제기(본문 및 자료, 349)를 통하여 (c)1948년 남북협상에서 김구·김규식이 김일성과 합의한 '단독정부 수립반대, 미·소 양군의 철수 요구 결의문'이 역사적으로 의미있는 내용인 것처럼 부각함으로써 건국 과정을 '실패'한 것으로 규정짓는다(350). 더 나아가 (d)이승만의 정부 수립 필요성 제기(정읍발언)가 통일정부를 좌절시키고 단독정부로 가게 만든 계기인 것처럼 서술(350)한 것은 물론 (e)"남과 북에 서로 다른 정부가 들어서다"라는 제목은 수정권고에 따라 "대한민국 정부가 들어서다"로 바뀌었으나 역시 한국의 정부수립과 북한의 정부수립을 설명하는 과정을 통하여 오히려 북한 정부가 수립되면서 '친일파 축출', '토지개혁' 등이 이루어졌다(351~353)는 식으로 교과 내용을 서술하고 있다. 그것은 북한 전체주의 선전 내용을 그대로 받아들여 대한민국은 잘못된 길과 선택을 했고, 북한정부는 '각종 개혁' 등을 했기에 마치 정통성과 역사적 의의가 북한에 있는 것처럼 설명하는 서술방식이다.

비상교육 교과서는 1945년 前後 세계사적으로 확산된 전체주의 체제인 공산주의에 대한 문제제기를 전혀 하지 않는다. 1917년 공산 전체주의의 등장과 1945년을 전후한 중국 및 한반도로의 공산체제 확산을 설명하고 공산주의의 도전과 도발 및 이에 대한 정당한 대응과정을 서술, 이해시켰어야 함에도 일체 그런 내용을 담고 있지 않다. 그러면서 공산주의를 거부한 대한민국이 잘못한 것처럼 기술한다.

"이승만 정부는 반공을 앞세워 정권 연장에 힘썼다"(358)거나 "반공을 강조하며 정권을 유지하던 박정희 정부"(366)라는 식으로, 국민과 체제를 위한 것이 아닌 정권유지를 위한 반공을 한 것으로 오도하고 있다. 대한민국이 공산주의로부터 침략당하고 위협받으며 살아남기 위한 절박한 상황에 대한 이해를 할 수 있게 하기는커녕 전체주의 공산체제에 대한 반공이 잘못된 것으로 몰아가고 있다. 또한 "국가보안법 위반 등을 내세워 평화통일론을 주장한 조봉암을 비롯한 진보당 간부들을 탄압하였다"(359)고 서술하거나, 장면 정부는 "민간 차원의 통일운동에 반대하여 국민의 불만을 샀다"(364)는 식으로 실제 있었던 사실과는 전혀 다른 내용과 의미로 해석하며 서술하고 있다.

실패한 전체주의로서의 공산주의 체제의 형성과 해체과정에 대한 기본 인식을 함양하지 않는 것은 물론 마치 북한의 침략과 도발이 없었는데도 반공을 강조했고 그 반공은 오직 정권유지 및 독재를 위한 도구로서 작용했다는 논리로 점철되어 있다. 그에 따라 북한 공산체제가 저지른 각종 사건인 아웅산테러, 대한항공기 폭파, 천안함 폭침, 1·21 사태나 울진·삼척 사태 등에 대한 일체의 서술을 배제하거나 공산 전체주의로부터 커다란 위협과 도발없이 지내온 평범한 나라인 것처럼 서술하고 있다. 또한 북한에서 진행되었던 공산 전체주의자들의 각종 만행과 학살·탄압 등 자유와 인권의 유린에 눈감는다.

북한에서 있었던 신의주 반공학생 의거, 함흥 및 원산의 반공의거를 포함하여 민족지도자인 조만식이나 황해도 구월산에서의 반공투쟁 등의 각종 반공·반소 의거와 수백만 월남민의 생활 등에 대한 서술이 일체 기록되지 않고 있다.

비상교육 교과서는 해방 직후,
사실상의 공산주의 노선인 좌우합작 노선을 주도한
여운형의 사진을 수록했다(347페이지).

II. 저항운동 및 시위에 대한 부각과 고무

초등학생 시위까지 소개

비상교육 교과서는 4·19 민주혁명을 설명하며 초등학교 학생들이 시위에 참여하는 내용에 대한 설명과 사진(362)을 수록하거나 5·18 민주화운동을 설명하며 "우리는 왜 총을 들 수밖에 없었는가?"로 시작되는 궐기문(369)을 싣고 있다. 교과서를 통해 초등학생의 시위와 시민이 총을 들어야 했던 이유를 설명하는 것은 역사적 의미와 비중에 있어서도 크지 않을 뿐더러, 미성숙한 학생에 대한 교육 내용상으로 적절하지 않은 것이다.

정부에 대한 저항과 시위활동에 대해 일방적으로 긍정적이고 역사

적 의의가 있는 것으로 매우 높은 비중을 두고 서술하고 있다. 예를 들면 박정희정부시기의 유신체제 7년에 대한 비판적 설명에 무려 4페이지(365~368)를 할애하고 있어 반유신체제에 초점을 맞춘 고등학교 교육과정으로 의심될 정도다. 특히 '평화통일론을 주장한 조봉암'(359)은 교과서가 다루기 쉽지 않음에도 일방적으로 서술하고 있다.

특히 좌익 및 공산세력의 활동을 전체주의 활동으로 보지 않고 사실과 달리 "단독 선거 반대투쟁", 즉 통일정부 수립투쟁으로 역사적 의의가 있는 것처럼 서술하며, 제주 4·3 사건도 남로당의 대한민국 건국 저지 투쟁의 일환이었다는 사실은 배제하고 "단독정부 수립 반대와 미군 철수를 주장하며 무장봉기"(351)한 것이라고 기술하는 등 교과서라고 보기 어려울 만큼 전혀 사실과 다른 내용을 담고 있다.

※ 광주 시민 궐기문(1980. 5. 20.)

우리는 왜 총을 들 수밖에 없었는가? 그 대답은 너무나 간단합니다. 너무나 무자비한 만행을 더 이상 보고 있을 수만 없어서 너도나도 총을 들고 나섰던 것입니다. …… 그러나 정부 당국에서는 17일 야간에 계엄령을 확대 선포하고 일부 학생과 민주 인사, 정치인을 도무지 믿을 수 없는 구실로 불법 연행하였습니다. 이에 우리 시민 모두는 의아해 하였습니다. …… 그러나, 아! 이럴 수가 있단 말입니까? 계엄 당국은 18일 오후부터 공수 부대를 대량 투입하여 시내 곳곳에서 학생, 젊은이들에게 무차별 살상을 자행하였으니! …… 너무나 경악스런 또 하나의 사실은 20일 밤부터 계엄 당국은 발포 명령을 내려 무차별 발포를 시작하였다는 것입니다. 이 고장을 지키고자 이 자리에 모이신 민주 시민 여러분! 그런 상황에서 우리가 할 수 있는 일이 무엇이겠습니까? 우리가 어떻게 해야 되겠습니까?

— "신동아", 1990년 1월호 부록

비상교육 교과서는 4·19혁명 당시 수송초등학교 학생들의 시위 사진(左, 362페이지)과 광주사태 당시 시민군이 발표한 궐기문(369페이지)을 수록했다.

한국 현대사를 시위가 점철된 역사로 오도

저항과 시위의 선동과 고무는 현대 부분인 제6장 '대한민국의 발전과 현대 세계의 변화'(340~341)를 시작하는 첫 페이지에서 1980년 전남 광주의 시위를 게재한 것을 비롯하여 찬탁 및 반탁시위(348), 4·19 시위(362), 교수 시위(363), 학생 시위(364), 한일회담 반대시위(365), 5·18 광주시위(369), 이한열 영결식(370) 및 3개의 외국 민주화 시위(373), 수입개방 반대시위(376), 농민시위(379), 독도관련 반크 시위(381) 및 마무리 단원에서 4·19 시위 및 6·10 민주화 시위 2개(403) 등 사진을 싣고 있다. 결과적으로 제6장의 63페이지에 무려 17개의 시위장면을 반복 게재하고 있어 한국 현대역사를 시위가 점철된 역사로 오도하게 만들고 저항과 시위에 의해 대한민국이 발전했고 현대 세계로의 변화에 적응한 것으로 만들고 있다. 그렇지만 북한 역사를 기술할 때는 북한체제에 저항하거나 시위했다는 내용 또는 관련된 단 하나의 사진도 싣지 않는다.

III. 북한 전체주의에 대한 우호 및 극도의 反美的 서술

해방·독립 과정에서 미국의 역할 배제

비상교육 교과서는 국제질서에 대한 이해를 막고 대한민국은 어떻게 일본 제국주의로부터 해방독립되었고, 어떻게 공산주의 위협 및 침략을 받았는지를 서술하지 않고 있다. 미국은 일본과 1941년 12월부터 수십만의 희생을 감수하며 4년에 가까운 전쟁을 수행했고 원자폭탄까지 투하함으로서 대일본전을 승리로 이끌어 대한민국의 자주독립이 가능했음에도 미국의 대일본전 수행과정을 일체 배제시키고 있다. 대신 "일본 국왕이 연합국에 무조건 항복"했다거나 "광복은 연합군의 승리로 얻어진 것"(346)이었다는 식으로 미국을 배제하고 '연합국'으로만 모호하게 서술하고, 오히려 소련군에 대해서는 "소련군은… 한반도에 진주하여 일본군의 무장을 해제시키며 한반도 북부지역을 빠르게 점령해나갔다"(346)고 함으로써 일본의 항복 의사표명 및 원자폭탄 투하 이후 불과 6일간 참전한 소련군의 역할만을 부각시켰다.

특히 대한민국의 해방독립 및 자유민주질서의 정착, 그리고 공산주의 체제로 가지 않게 하는 데 기여한 미국에 대한 부정적 서술로 일관되고 있다. 해방 직후 소련은 "인민위원회에 행정권을 이양하여 간접 통치"(347)한 반면 미국은 "남한지역을 직접 통치하였다", 혹은 미국은 "대한민국 임시정부 등은 인정하지 않았고" 등(347)으로 사실과 달리 미국의 긍정적 역할을 부정적으로 묘사하고, "미군정의 친일 관료 유지정책으로… 친일파 청산은 이루어지지 않았다"(352)거나, 미군의 대대적 지원도 긍정적 기술 없이 오히려 "미국에서 대량의 농산물이 들어오면서… 농산물 가격이 폭락하였다"(359)는 식으로 일관되게 미국의 역할을 철저하게 비판적으로 기술하고 있다.

반면, 공산주의의 길을 걷고 북한을 현재와 같은 공산전체주의로 만든 책임이 있는 소련과 중국에 대한 사실은 일체 서술하지 않는다. 소련은 북한의 개혁조치를 지원하고 간접통치를 하며 북한이 가고자 한 길을 지원한 나라로 그려내고, 1945년 이후 전개된 각종 가혹한 탄압과 학살, 처형과 재산몰수 및 반출을 일체 설명하지 않는다. 공산주의 중국에 대해서도 긍정적 기술로 일관하고 6·25 침략전쟁에 백만여 명을 파병한 것과 한국 및 유엔군과의 전쟁을 통해 자유민주적 통일을 좌절시킨 것에 대한 설명은 없이 "북한을 돕기 위해 참전한 중국군"(355)이란 표현만으로 6·25 전쟁사에서 펼쳐진 3년에 걸친 중국군의 성격을 서술하는 수준이다. 미국은 극도로 부정적 묘사로 가득한 반면 교과서 어디에서도 소련과 중국에 대한 비판적 서술을 찾을 수 없었다.

IV. 대한민국의 성장과 위상 강화에 대한 서술 不在

번영의 주역인 기업, 기업인, 근로자에 대한 기술 全無

대한민국의 정당성에 대한 폄훼와 체제 및 정부에 대한 저항운동을 중심으로 서술됨에 따라 대한민국의 성장 과정과 세계적 위상 확립과정에 대한 기술은 나타나지 않고 있다. 경제발전 및 사회문화적 변화와 성숙에 대한 비중은 불과 12페이지이고 국제적 위상 향상 부문은 4페이지

뿐이어서, 정치투쟁사 및 운동적 저항사에 할애된 34페이지와는 커다란 격차를 보인다. 그 결과 지난 70년 가까운 기간에 펼쳐진 대한민국 건국 이후의 사회 및 문화적 변화 및 삶의 질과 생활상의 변화, 나아가 경제변화와 성장에 대한 역사적 과정을 전혀 알 수 없도록 만들고 있다.

12페이지에 불과한 경제, 사회, 문화 등에 관한 영역에서도 3페이지만 '산업화와 경제발전'을 설명하고 있을 뿐, 그 외에는 모두 부정적 측면을 서술하기 위해 할애하고 있다. 예를 들면 '경제성장 과정의 문제점'(377), '노동문제와 노동운동'(380), 언론의 탄압과 규제(382), 자본축적 과정 및 초기 산업발전 과정에서 나타난 현상을 사회주의적 시각에 의해 '독점 자본'(359)으로 규정짓고 정경유착과 독점 대기업으로서의 재벌 등을 거론하며 부정적으로 서술한다.

공산주의 계획경제와 맞서야 했던 한국의 자유시장경제 제도에 대한 기본 인식을 설명하지 않는 것은 물론이고 대한민국의 번영에 기여한 기업과 기업인의 역할에 대한 서술을 일체 배제하고 있다. 한국이 산업경쟁력을 갖기 시작한 철강, 자동차, 반도체, 전자, 석유화학, 조선 등의 산업발전과정이나 우리 번영의 주역인 기업 및 기업인과 근로자들의 헌신적 노력 등에 대한 역사적 기술이 전혀 없다. 경제발전을 보여주는 단락에서 전태일 사건(380)은 사진과 탐구 자료를 통해 설명하면서도 기업과 기업인 등은 단 한 번도 거론 없이 일체 배제시키고 농민운동(379), 농산물수입반대(376), 동일방직 사건(380) 등으로 배열 설명하고 있어 대한민국의 성장과 번영이 어떤 과정을 거쳐 성장했는지를 알 수 없게 만들고 있다.

V. 사진 및 도표 등에 대한 극단적 편향

'대한민국이 잘못된 길을 걸어왔다'고 강조

한국 현대 지도자의 사진에 있어서 이승만 사진(350)은 단독정부를 지향해 통일정부를 좌절시켰다는 취지의 글 전개에서만 나타났고, 박정희 사진(364)은 5·16 군사정변에서의 작은 군복사진만 게재되었다. 노벨상수상 및 김정일과의 정상회담 장면을 게재한 김대중 사진들(372, 390)이나 김정일과의 정상회담 장면인 노무현(390)과 확연한 차이를 보이고 있다. 심지어 외국 지도자인 모택동(343, 344), 등소평(344) 사진에 나타난 중립 내지 긍정적 역할에 대한 서술 및 사진 게재와도 커다란 차이를 보일 뿐만 아니라 역사적 위상에서 진보당의 조봉암에 대한 평가에도 못 미친다. 30년에 걸쳐 성공적으로 대한민국을 주도했던 지도자 사진보다는 김구(350, 350), 윤보선과 장면(363), 여운형(347), 김규식(349), 조봉암(359) 등에 대한 기술과 사진이 긍정적이다.

그 외 각종 도표와 별도(box) 설명의 예를 보더라도 여운형의 '조선건국준비위원회 강령'(347), 모스크바 3상회의 보도 잘못(348), 여운형과 김규식의 좌우합작 7원칙(349), 이승만의 정부수립 필요성 제기가 통일정부를 좌절시켰다는 취지의 설명(350), 2차 인민 혁명당 사건(368), 5·18 광주 시민 궐기문 내용(369), 무역의존도의 증가 도표(377), 함평 고구마 피해보상운동(379), 5·18 운동과 관련된 〈화려한 휴가〉〈오! 꿈의 나라〉 영화포스터(369) 등 역사적 중요성이 약하거나 왜곡된 의도적 의미를 전달할 가능성이 매우 높은 것들이 국가에 대한 비판 내지 대한민국이 잘못된 길을 걸어왔다는 것을 강조할 목적으로 반복적으로 게재되어 있다. 마찬가지로 교과서의 단체 소개도 환경운동연합, 녹색연합, 한국여성단체연합(381)이나 전국언론노동조합(382), 민주노동조합총연맹(380), 민중미술과 민중문학(384) 등 특정 성향의 단체와 분야만 부각되어 있다.

V. 결론

대한민국에 적개심 불러일으키는 '좌경 의식화 교재'

비상교육 교과서는 도면회 외 7인이 집필했고, 제6장의 현대사 분야는 최태성(대광고) 및 이희영(경화여고)이란 두 교사가 작성한 것으로 밝혀져 있다. 도면회 대표집필자를 포함하여 한국현대사를 책임 집필한 위의 두 교사의 인식 한계와 왜곡되고 편향된 시각이 절대적으로 반영된 내용으로 보인다. 북한 전체주의와 소련, 중국은 미화하고 대한민국과 미국은 비난함으로써 결과적으로는 자유민주적 대한민국에 대한 적개심을 불러일으키기 위한 '좌경 의식화 교재'를 목적으로 쓰인 것이라 판단된다.

결론적으로 비상교육 교과서는 (가)대한민국의 정당성을 일방적이고 의도적으로 훼손시키고 (나)저항운동 및 시위운동에 대한 의의를 반복적으로 설명, 강조함으로써 역사를 종합적으로 이해하지 못하게 하는 것은 물론 건설과 참여가 아니라 저항과 시위가 역사발전을 가져왔다는 왜곡된 인식을 심어주고 (다)전체주의인 공산주의에 대한 정확한 이해와 대응을 할 수 없게 하고, 소련 및 중국의 역할을 사실과 다르게 긍정적으로 설명하며 (라)나아가 민족유린과 문명파괴의 70년을 만든 북한 전체주의를 미화하고, (마)대한민국이 이뤄온 성취의 기록을 서술하지 않음으로써 대한민국에 대한 자긍심을 의도적으로 배제시키고 (바)각종 편향된 사진, 자료, 사례 등의 나열로 역사교육을 통해 국민통합 및 국가에 대한 기본인식을 공유하도록 하겠다는 교육적 목표가 없다. 이 교과서는 국민갈등과 역사인식의 왜곡을 만들어 내는 데 초점이 맞춰져 있어 전혀 교육적이지 않고, 反대한민국적 내용으로 채워져 대한민국 역사교과서라 볼 수 없다. 특정한 정치적 목적을 가진 진보단체 내지 좌파 운동권 단체의 선동선전용 자료가 교과서 형식을 띠고 출간, 교육되고 있다고 평가된다.

천재교육 한국사 교과서 분석

대한민국의 정통성 부정에 초점을 맞춘 책

趙甲濟(조갑제닷컴 대표)

1. 법원은 주체사상을 단죄, 학교는 선전 代行

2. 실패한 北의 토지 개혁을 미화

3. 유엔 총회 결의를 왜곡, 대한민국이 한반도의 유일한 합법정부임을 부정했다가 수정 명령 받다

4. 대한민국의 공정선거, 북한의 부정선거를 묵살

5. 제주도 4·3 사건을 '통일정부수립을 위한 무장봉기'라고 왜곡, 미화

6. '학살' 등 확인 안 된 사실을 기재, 國益 침해

7. 親김대중 편향 편집

8. 한국 정부엔 '탄압'이라고 10회 사용, 북한정권엔 全無

9. 미국·기업인·국군 무시, 노동자·농민·反정부운동가 우대

10. 한국의 인권 문제는 과장, 북한 인권 문제는 묵살

11. 북한의 테러와 도발은 빼버리고…

분석 요약: "천재교육 고등학교 한국사 교과서는, 노동자를 역사 발전의 주체로 설정, 국가를 지배계급의 도구로 보는 反대한민국(反헌법, 反국가, 反美的) 계급투쟁 사관의 영향 아래서 기술되었다. 이념적 목적에 사실을 끼워 맞추는 식으로 써져 교과서의 집필 원칙이어야 할 사실, 헌법정신, 공정성을 전면적으로 위반하였다. 계급투쟁적 가치관에 따라 대한민국의 정통성을 부정하고 남북한 공산주의자들의 대한민국 파괴 행위를 미화, 비호, 은폐하고, 미군·국군·대기업·이승만·박정희를 폄하하며, 김대중을 미화하고, 북한정권의 對南(대남)도발과 인권탄압을 축소 은폐했다. 특히 북한정권의 실패를 가져온 2大 원인-주체사상과 토지개혁의 문제점을 덮고 北의 선전대로 미화했다. 이 교과서는 학생들에게 조국을 미워하는 마음을 심게 되므로 회수해야 하며 교과서 집필에 참여한 사람들과 검인정에 관여한 공무원들에 대한 국가적 조사 또는 수사가 불가피하다."

1. 법원은 주체사상을 斷罪, 학교는 선전 代行

• 김일성 전집과 노동신문으로 주체사상 소개

2014년 2월17일 수원지방법원 제12 형사부가, 이석기와 RO 조직원들에게 내란음모 및 국보법 위반죄를 적용, 징역 12년 형 등 有罪(유죄)를 선고한 가장 큰 이유는 이들이 주체사상을 지도이념으로 삼았다는 점이었다. 판결문은 이석기와 RO의 범죄사실로 주체사상 신봉을 가장 중요하게 다뤘다.

〈주체사상과 對南혁명론을 추종하는 RO의 노선·목적: RO의 강령은 '①우리는 주체사상을 지도이념으로, 남한 사회의 변혁운동을 전개한다 ②우리는 남한사회의 자주·민주·통일을 실현한다 ③우리는 주체사상을 연구하고 전파·보급한다' 등이다.

RO는 강령에서 북한의 '주체사상'이 조직과 사업 전반을 지배하는 지도이념임을 분명히 하고 있을 뿐 아니라, '주체사상에 대하여', '주체의 혁명적 조직관' 등 북한 原典(원전)으로 학습시킨 다음, 주체사상에 기초한 소위 '당·수령 및 혁명'에 대한 충실성을 엄격히 검열한 후 조직원으로 받아들이고, 조직원의 5大 의무 중 하나로 사상학습 의무를 부과하여 지속적으로 주체사상 학습을 진행하면서 總和(총화) 등을 통해 조직원의 사상성을 점검함으로써 주체사상의 내용 전반은 물론 '수령의 영도 하에서만 노동계급의 혁명위업을 달성할 수 있다'면서 수령에 대한 절대적 충성심으로 사상 무장하여 수령으로부터 주어지는 '분공'을 목숨 걸고 관철할 것을 강조하는 '수령론'을 철저히 내면화하고 있다.〉

그런데 2014년 3월부터 전국 고등학교에서 사용하는 한국사 교과서 중엔 이 주체사상을 北의 선전자료를 근거로 삼아 가르치도록 기술한 교과서가 몇 개 있다. 그 중의 하나는 천재교육 교과서이다. 법원은 주체사상을 斷罪(단죄)하는데 학교는 주체사상 선전을 代行(대행)해주는 셈이다.

2013년 8월30일 교육부 검정을 통과한 천재교육 발간 고등학교 한국사 교과서 318페이지의 '자료읽기' 란엔 "'주체'의 강조와 김일성 우상화"라는 제목으로 이런 내용이 실렸다.

〈조선 혁명이야말로 우리 당 사상 사업의 주체입니다. … 조선 혁명을 하기 위해서는 조선 역사를 알아야 하며, 조선의 지리를 알아야 하며, 조선 인민의 풍속을 알아야 합니다. … 어떤 사람들은 소련식이 좋으니, 중국식이 좋으니 하지만 이제는 우리 식을 만들 때가 되지 않았습니까? -"김일성 전집", 18(1995.4~1956.2)

도움 글: 1955년 김일성이 공식적인 자리에서 '주체'를 처음 언급한 글이다. 이후 권력을 독점한 김일성은 만주 지역에서 자신을 중심으로 한 항일 무장 투쟁 이외에는 어떤 항일 운동도 언급하지 못하도록 하였으며, 자신의 항일 무장 투쟁만이 유일한 혁명 전통임을 내세우고, 이것만이 진정한 주체의 역사라고 주장하였다. 김일성은 이를 바탕으로 1967년 '주체사상'을 통치 이념으로 확립하였다.〉

329페이지의 '자료 읽기' 란에 또 "자주 노선을 전면에 내세운 북한"이란 제목의 주체사상을 미화, 선전하는 내용이 실렸다. 로동신문 紙面(지면) 사진도 같이 실었다.

〈교조주의를 반대하고 주체를 확립하기 위한 투쟁은 우리 당 력사에서 중요한 자리를 차지하고 있다. … 우리 당은 현대 수정주의와 교조주의 및 종파주의를 반대하며 맑스·레닌주의의 순결성을 고수하기 위하여 투쟁할 것이다. -로동신문(1966.8.12)-

도움 글: 북한은 위의 논설을 계기로 소련의 수정주의와 중국의 교조주의를 모두 비판하여 공개적으로 자주노선을 지향하였다.〉

- **교육부 수정 권고도 거부**

교육부는 교과서의 좌편향성이 문제가 되자 2013년 10월21일 8종 교과서에 수정·보완 권고를 하는 과정에서 천재교육 교과서의 문제 부분을 지적, 수정을 권고하였다.

〈(318페이지 관련) 본문에 주체사상에 대한 직접적 설명이 없으며, 자료 읽기에 제시된 자료는 북한의 체제 선전용 자료(김일성 전집)를 그대로 인용하고 있어 자칫 학생들에게 잘못된 이해와 판단을 하게 할 수 있는 소지가 있음. 학생들이 북한 체제에 대해 긍정적으로 오해할 수 있는 소지가 있기 때문에 수정 필요.〉

〈(329페이지 관련) 본문에 주체사상에 대한 직접적 설명이 없으며, 자료 읽기에 제시된 자료는 북한의 체제 선전용 자료(로동신문)를 그대로 인용하고 있어 자칫 학생들에게 잘못된 이해와 판단을 하게 할 수 있는 소지가 있음. 학생들이 북한 체제에 대해 정확히 이해할 수 있도록 주체사상에 대한 추가 설명 필요. 북한 체제를 정확히 이해할 수 있는 자료로 수정 필요.〉

이런 교과부의 통보에 출판사가 318페이지 기술에 대해 '원문 유지' 입장을 밝히자 교육부는 11월 29일 천재교육에 '수정 명령'을 내렸다.

〈(318페이지 관련) 김일성이 주장하는 '주체'를 그대로 제시한 것으로 학생들이 잘못 이해할 수 있으므로 수정 필요. **예시:** 도움 글에 '주체'의 허구성과 주체사상이 김일성 우상화에 정치적으로 이용되었음을 서술.〉

천재교육은 329페이지의 권고에 대해서는 이런 수정안을 제시하였다.

《(본문 보완)》: 북한은 1967년 주체사상을 당의 이념으로 확정하고, 김일성을 수령으로 내세우는 유일체제를 표방하였다. 이로써 주체사상이란 이름으로 김일성의 권력 독점이 절대화하기 시작하였다.
(자료의 도움 글 보완): 자료의 '우리 당'이란 조선노동당을 말한다. 북한은 위의 논설을 계기로 소련의 수정주의와 중국의 교조주의를 모두 비판하여 공개적으로 자주노선을 지향하였다. 또 외세와 남한의 통일반대세력을 배격하고 민족 주체의 힘으로 통일을 달성하자는 주체사상을 제기하였다.〉

교육부는 출판사가 제시한 329페이지 수정안을 받아들이지 않고 재차 수정 명령을 내렸다. 천재교육이 수정 권고를 제대로 이행하지 않고 북한 측의 선전적 주장을 덧붙인 것을 삭제하도록 했다.

〈제시된 자료는 북한의 주장을 그대로 소개하고 있어 학생들이 잘못 이해할 수 있으므로 수정 필요. **예시**: 도움 글의 "또 외세와 … 주체사상을 제기하였다"를 삭제하고, 북한이 주장하는 자주노선이 정치적 수사에 불과하며, 대내 통합을 위한 체제유지 전략이었음을 서술.〉

교육부는 12월3일 7개 발행사가 수정 명령을 반영하여 제출한 수정·보완 대조표를 최종 수정 승인하였다고 발표하였다.

- **주체사상의 허구성과 위험성 비판 없어**

2014년 3월1일자 발행으로 적혀 있는 천재교육 교과서(전국 고등학교에 채택 심사용으로 배포한 최종본)를 구하여 확인했다.

318페이지는 자료 읽기 〈'주체'의 강조와 김일성 우상화〉의 설명에서 마지막에 이런 문장을 하나 넣었을 뿐이다.

〈이는 김일성의 권력 독점과 우상화에 이용되었다.〉

교육부는 〈김일성이 주장하는 '주체'를 그대로 제시한 것으로 학생들이 잘못 이해할 수 있으므로 수정 필요. **예시:** 도움 글에 '주체'의 허구성과 주체사상이 김일성 우상화에 정치적으로 이용되었음을 서술〉하라고 명령하였으나 천재교육은 '주체의 허구성'을 전혀 언급하지 않았다. 주체사상의 내용을 비판하지 않고 북한정권의 선전 자료를 옮기는 형식으로 소개한 원문을 거의 그대로 유지하였다. 교육부의 지시를 어긴 것이다. 이를 교육부가 어떻게 용인하였는지 조사(또는 수사)가 필요한 사안이다. 주체사상을 대한민국 학생들에게 북한식으로 교육시키는 것은 그들에게 공산혁명 이념을 심겠다는 의도가 아닌지 의심해야 옳다.

천재교육 교과서는 최종본 329페이지 '자료 읽기'에서 〈또 외세와 남한의 통일반대세력을 배격하고 민족 주체의 힘으로 통일을 달성하자는 주체사상을 제기하였다〉를 삭제하고 〈그러나 북한이 주장하는 자주 노선은 정치적 수사에 불과하며, 대내 통합을 위한 체제 유지 전략이었다〉로 대체하였다.

여기서도 자주 노선의 비판만 있을 뿐 주체사상의 허구성 비판이 없다. 329페이지 본문에서는 〈북한은 1967년 주체사상을 당의 이념으로 확정하고, 김일성을 수령으로 내세우는 유일 체제를 표방하였다. 이로

천재교육 교과서는 북한 정권의 기관紙인 노동신문 1면을 그대로 수록했다(329페이지).

써 주체사상이란 이름으로 김일성의 권력 독점이 절대화되기 시작하였다〉라고 기술한 뒤 '자료 읽기'를 붙였으므로 교사들은 학생들에게 주체사상의 악마성을 가르칠 소재가 없다.

주체사상은 김일성을 신격화하고, 일체의 반대나 이견을 허용하지 않는, 세계사에서도 유례가 없는 전체주의 독재 이념이고 이로 인해 오늘의 북한이 지옥 같은 곳이 되고 말았다고 가르쳐야 하는데 이 교과서로는 그렇게 할 수가 없다. 주체사상의 본질을 가장 잘 알려주는 자료는 '당의 유일사상 체계 확립을 위한 10大 원칙'이다. 이를 예시한 교과서가 하나도 없다. 주요 부분은 이렇다.

〈1. 위대한 수령 김일성 동지의 혁명사상으로 온 사회를 일색화하기 위하여 몸바쳐 투쟁하여야 한다.

2. 위대한 수령 김일성 동지를 충성으로 높이 우러러 모셔야 한다.
3. 위대한 수령 김일성 동지의 권위를 절대화하여야 한다.
4. 위대한 수령 김일성 동지의 혁명사상을 신념으로 삼고 수령님의 교시를 신조화하여야 한다.
5. 위대한 수령 김일성 동지의 교시 집행에서 무조건성의 원칙을 철저히 지켜야 한다.
...
10. 위대한 수령 김일성 동지께서 개척하신 혁명 위업을 대를 이어 끝까지 계승하며 완성하여 나가야 한다.〉

노동신문이나 김일성 전집으로 주체사상을 설명하는 것보다는 10대 원칙을 그대로 보여 주면 북한 주민들은 김일성의 권위를 절대화하고 그의 이른바 '교시'를 하느님 말처럼 신조화하고 무조건 지켜야 한다는 점을 이해하게 된다. 뿐만 아니라 10항에서 세습을 명문화하였음도 알 수 있다. 교사들은 이 세습 부분를 설명하면서 "북한정권은 주체사상으로 해서 사실상 神政(신정)체제의 전체주의 왕조가 되어버렸다"고 가르칠 수 있게 된다.

주체사상의 실상을 가장 정확하게 알려줄 수 있는 이런 자료를 싣지 않고 학생들에게 北의 선전 자료를 사진과 함께 읽게 한 것이다. 이는 북한정권의 약점을 덮고 주체사상에 좋은 인상을 갖도록 함으로써 北의 전체주의 독재를 비호하려는 의도라고 의심할 수밖에 없다.

• 청산가리 주면서 주의사항 설명 않는 꼴
1. 북한을 망치고 한국에 거대한 종북세력을 만든 이념적 바이러스

인 주체사상을 비판 없이 학생들에게 가르치거나 소개하는 것은 청산가리를 주면서 주의사항을 설명하지 않는 것과 같다. 이른바 주체사상을 학생들에게 가르치려면 '주체'라는 말의 사기성을 먼저 강조해야 한다. 주체사상은 북한정권이나 북한주민들을 주체적으로 만든 것이 아니라 수령의 노예로 만들었다는 점을 가르쳐 말에 속지 말 것을 경고하는 게 교육자의 양심이다. 천재교육 교과서에 소개된 주체사상에 대한 설명은 이런 본질을 건드리지 않은 것이고, 학생들에게 이 악마적 논리에 대하여 좋은 생각을 갖도록 誤導(오도)할 가능성이 있다.

2. 주체사상을 이야기할 때는 이론적 바탕을 만든 黃長燁(황장엽) 전 노동당 비서가 한국으로 탈출하였음을 소개해야 맞다.
3. 주체사상은 노동당 지배 체제를 1인 지배의 전체주의 수령 독재로 전락시킴으로써 북한 정권의 실패와 북한 주민들의 고통을 가져온 가장 중요한 요인임을 강조해야 한다.
4. 황장엽 선생은 인간중심의 철학으로 시작된 주체사상이 수령 독재 논리로 변질된 과정을 이렇게 요약하였다.

〈북한 통치자들은 "사회적 운동의 주체는 인민대중이다"는 명제를 계급주의와 수령절대주의에 맞게 왜곡하였다. 인민대중의 이익은 노동계급이, 노동계급의 이익은 당이, 당의 이익을 옹호하는 것은 수령이라고 주장하게 되었다. 그들이 주장하는 주체사상의 진수는 전체주의와 봉건주의를 결합시킨 수령절대주의라는 데 있다. 북한 통치자들은 양의 머리를 내걸고 개고기를 파는 격으로, 새로 개척한 인간중심 사상을 간판으로 내걸고 왜곡된 마르크스·레닌

주의와 봉건전체주의 사상인 수령절대주의를 선전하고 있다.〉

5. 김일성을 神格化(신격화)하는 과정에서 2300만 북한 주민을 노예로 만든 악의 논리인 '주체사상'을 북한 原典(원전) 그대로 무비판적으로 가르치는 것은 학교와 교사가 북한정권의 선전을 代行, 학생들을 속이는 일이다.
6. 교육부는, 검정과정에서 문제 부분을 걸러내지 못했다가 비판을 받고는 뒤늦게 주체사상 기술의 위험성을 지적하고 수정 권고를 했음에도 출판사는 이를 제대로 이행하지 않았다. 그토록 끈질기게 북한 정권 선전자료의 주체사상 설명 부분을 지켜내려고 한 출판사와 필자의 의도를 의심하지 않을 수 없다. 이런 부분은 수사가 필요한 사안인지도 모른다.

2. 실패한 北의 토지 개혁 미화

오늘날 남북한의 경제적 격차는 北의 실패한 토지 개혁과 南의 성공한 농지 개혁에 기인하는 바가 크다는 것이 수많은 연구 결과로 확정된 사실이다. 천재교육 교과서는 이 사실을 왜곡, 마치 北의 개혁이 성공적이고 南의 개혁은 지지부진하였다는 식으로 기술하였다.

천재교육 한국사 교과서의 311페이지는 〈북조선 임시 인민 위원회는 민주개혁을 내세워 사회주의적 제도를 도입하기 위한 토대를 마련하였다. 먼저 1946년 3월 무상몰수·무상분배 방식의 토지 개혁을 실시하고〉라고 적고 '土地(토지)는 農民(농민)의 것!'이란 구호가 붙은 북한의 선전용 사진을 게재한 뒤 이런 설명을 붙였다.

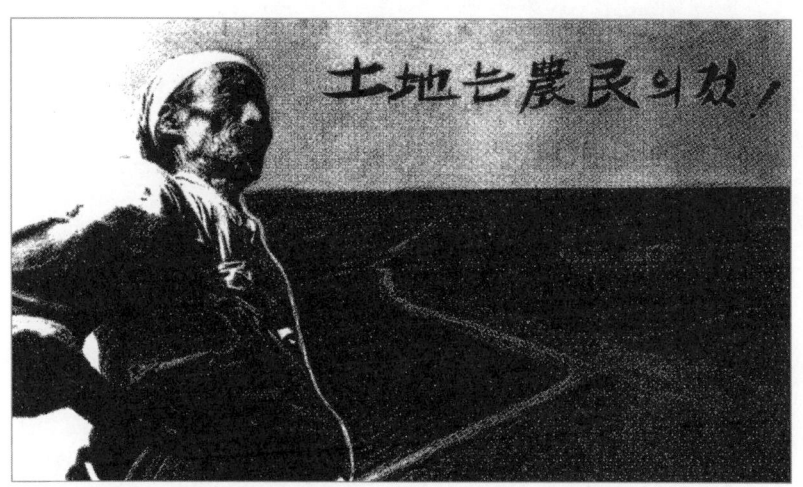

천재교육 교과서는 실패한 북한의 토지개혁을 설명하며 北 선전 문구('토지는 농민의 것')가 그대로 적힌 사진을 실었다(311페이지).

〈**북한의 토지 개혁**: 조선 총독부 및 일본인 소유지, 친일 세력과 5정보 이상 지주의 소유지를 몰수하여 농민에게 무상으로 분배하였다. 이는 사회주의자들이 세력을 확장할 수 있는 토대가 되었다.〉

반면 310페이지에선 《대한민국 정부는) 유상 매수·유상 분배를 내용으로 하는 농지 개혁법을 제정하였다(1949). 농지 개혁법은 6·25 전쟁으로 시행이 중단되었다가, 전쟁 이후 완료되었다》고 썼다. 이 글만 읽으면 李承晩(이승만) 정부의 농지 개혁은 전쟁 이후 이뤄진 것이라고 이해하게 된다. 실제로는 李 대통령의 결단으로 전쟁 이전에 대부분의 농지 개혁이 이뤄졌고, 이것이 전쟁 중 농민들이 反共(반공)으로 뭉치게 한 중요한 요인이었다.

교육부는 천재교육의 북한 토지개혁 미화 부분을 수정하라고 권고했다.

대한민국 교과서가 아니다 **171**

〈북한의 토지 개혁은 농민들에게 실질적으로 토지를 지급한 것이 아닌 경작권만 지급한 사실에 유의. 북한의 토지 개혁에 대한 정확한 사실 이해를 위해 분배 방식 등에 대한 추가 설명 필요.〉

이 교과서는 북한 토지 개혁의 가장 큰 속임수인 무상분배의 내용을 누락시킴으로써 학생들에게 북한 정권이 좋은 일을 한 것처럼 교육하도록 한 것이다. 북한의 농민들이 분배 받은 토지는 팔 수 없게 하고 현물세를 내게 했으므로 농민들은 이번엔 地主(지주)가 아닌 국가의 소작농으로 전락했다. 이 소유권마저 나중엔 협동농장으로 넘어가 북한 농민은 자신의 땅을 갖지 못한 農奴(농노)처럼 되었고, 이것이 생산능력의 저하로 나타나 1990년대 후반의 대기근을 초래하는 원인이 되었다. 반면 한국에서는 시장경제와 법치주의의 원칙에 따라 유상몰수·유상분배를 한 덕분에 토지 자본이 [地價(지가)증권의 轉賣(전매)에 의하여] 산업 자본으로 전환되어 경제 개발의 원동력을 만들어냈다.

문제는 교육부 수정 권고에 대한 천재교육의 태도이다. '원문 유지', 즉 수정거부의 뜻을 교육부에 통보하였다. 북한 정권의 大失策(대실책)을 성공한 정책인 것처럼 왜곡하는 교육을 계속하도록 하겠다는 오만한 자세였다. 이에 교육부는 수정 명령을 내렸다.

〈북한의 토지 개혁 당시 농민이 분배 받은 토지의 소유권에 제한이 따랐다는 것을 설명할 필요가 있음. **예시:** 분배된 토지에 대해서는 매매·소작·저당이 금지되었다는 점. 1958년에 집단 농장화가 이루어졌다는 점 등.
참고: 북조선 토지개혁에 대한 법령, 1946.3.5 공포.

제1조: 토지개혁의 과업은 일본인 토지소유와 조선인 지주들의 토지소유 및 소작제를 철폐하는 데 있으며 토지리용권은 밭갈이 하는 농민에게 있다. 북조선에서의 농업제도는 지주에게 예속되지 않은 농민의 개인 소유인 농민 경리에 의한다. 제10조: 본 법령에 의하여 농민에게 분여된 토지는 매매하지 못하며 소작 주지 못하며 저당하지 못한다.〉

천재교육은 이 수정명령을 이행하였다고 교육부가 발표했다. 〈북한 토지개혁의 한계(소유권 불인정)를 본문 및 별도 보충설명란에 추가 서술〉하였다는 것이다.

이 교과서의 최종본 311페이지를 확인하니 교육부 발표와는 달리 北의 토지개혁을 미화한 기술과 편집은 수정되지 않았다.

본문은 〈먼저 1946년 3월 무상몰수·무상분배 방식의 *토지 개혁을 실시하고 …〉라고 적은 뒤 '土地는 農民의 것'이라는 제목이 붙은 北의 선전 사진을 실었다. 사진 설명문은 〈북한의 토지 개혁: 조선 총독부 및 일본인 소유지, 친일 세력과 5정보 이상 지주의 소유지를 몰수하여 농민에게 무상으로 분배하였다. 이는 사회주의자들이 세력을 확장할 수 있는 토대가 되었다〉로 그대로이다. 다만 옆 란에 '*토지 개혁'이란 제목을 두고 〈북한의 토지 개혁으로 분배된 토지는 매매 소작 저당이 금지되었고, 1958년에는 집단 농장화가 이루어졌다〉는 설명을 새로 붙였다. 매매 소작 저당이 금지되었다는 것의 의미, 집단 농장화의 의미를 설명하지 않아 교사들은 북한의 토지 개혁이 성공하였다고 가르치고 넘어갈 가능성이 높다. 특히 이승만의 농지 개혁을 간단하게 설명하고 그것도 사실을 왜곡, 역사적 의미를 축소한 것과 비교하면 필자가 실패한 북한의 토지 개혁을 미화하고, 성공한 한국의 농지 개혁을 폄하하려는 의도를 깔고 있었다는 의심이 생긴다.

왜 천재교육은, 대기근과 전체주의를 가져온 북한정권의 2大 실책인 주체사상과 토지 개혁을 사실과 다르게 기술하고 교육부의 지적에도 수정을 거부하는 등 집요하게 버텼을까? 집필자들의 역사관이 대한민국 쪽이 아니라 북한정권 쪽에 더 가깝다는 의심을 하지 않을 수 없다. 反대한민국적 계급투쟁 史觀(사관)으로 쓰인 교과서라는 확신은 다음으로 갈수록 더욱 짙어진다.

3. 유엔 총회 결의를 날조, 대한민국이 한반도의 유일한 합법정부임을 부정했다가 수정 명령 받아

• '38도선 이남에서만 유일한 합법정부'라고 왜곡

천재교육에서 만들어 2013년 8월30일 교육부 검정을 받은 '고등학교 한국사' 교과서는 대한민국의 정통성을 뒷받침하는 '한반도의 유일한 합법정부'라는 유엔 결의를 부정한다.

〈이승만 대통령은 8월15일 대한민국 정부의 수립을 국내외에 선포하였다. 이후 12월에 열린 유엔 총회는 대한민국 정부를 선거가 가능하였던 38도선 이남 지역에서 정통성을 가진 유일한 합법 정부로 승인하였다.〉

이는 유엔 총회의 결의를 왜곡 해석, 대한민국이 38도선 이남에서만 합법성을 갖는 것처럼 써서 국가 정통성을 훼손한 것이다. 이 문제에 관하여는 李東馥(이동복·전 국회의원, 북한민주화포럼 상임대표) 선생이 2011년에 아래와 같이 지적한 바가 있다. 李 선생이 2011년 11월25일자로 이태진 국사편찬위원장에게 보낸 공개서신의 관련 부분을 소개한다.

〈"한국의 독립 문제"(The problem of the independence of Korea)를 제목으로 하는 문제의 총회 결의는 제1항에서 우선 "1947년 11월14일자 유엔 총회 결의 제112-II호를 想起(상기)"(Having regard to its resolution 112-II of 14 November 1947 concerning the problem of the independence of Korea)시키면서 "유엔임시한국위원단의 보고에서 언급한 어려움 때문에 1947년 11월14일자 결의에서 제시된 목적들이 완수되지 못했고 특히 한반도의 통일이 성취되지 못했다는 사실에 留意(유의)한다"(Mindful of the fact that, due to difficulties referred to in the report of the Temporary Commission, the objectives set forth in the resolution of 14 November 1947 have not been fully accomplished, and in particular that unification of Korea has not yet been achieved)는 대목으로 序頭(서두)를 열고 있습니다. 다시 말해서, 이 결의는 한반도가 아직 분단되어 있다는 사실, 즉 한반도에는 2개의 정치실체('정부')가 존재하고 있다는 사실을 前提(전제)하고 있는 것입니다.

이 같은 前提 위에서 이 결의는 제2항에서 "유엔 총회는 한반도의 유엔임시한국위원단이 감시하고 협의할 수 있었고 전체 한국민의 절대다수가 거주하는 지역에 하나의 합법정부(대한민국)가 수립되었다"고 선언하고 있습니다. 영어 原文(원문)은 "(The

General Assembly) declares that there has been established a lawful government (the Republic of Korea) having effective control and jurisdiction over that part of Korea where the Temporary Commission was able to observe and consult and in which the great majority of the people of all Korea reside"로 되어 있습니다. 이 결의는 같은 제2항에서 이어서 "이 정부는 임시위원단의 감시 하에 한반도 해당 지역의 유권자들의 자유로운 의지가 정당하게 표현된 선거를 통해 수립되었다"(this Government is based on elections which were a valid expression of the free will of the electorate of that part of Korea and which were observed by the Temporary Commission)면서 "따라서 이 정부는 한반도에 존재하는 유일한 그러한 정부"(and that this is the only such government in Korea)라고 선언하고 있습니다.

이 결의 제2항의 정확한 의미는 대한민국 정부에 "한반도 全域(전역)에 대한 代表性(대표성)"을 부여하는 것이 아니라 한반도에 이미 존재하는 복수(2개)의 '정부' 가운데 "대한민국 정부만이 유일한 합법정부"라는 유엔의 선택적 입장을 천명하는 것이었습니다. 이 문제를 보다 정확하게 이해하기 위해서는 유엔 총회가 이 결의를 채택한 時点(시점)을 감안하는 것이 중요합니다. 한반도에서는, 1948년 5월10일, 1947년 11월14일자의 유엔 총회 결의 제112-II호에 의거하여 유엔임시한국위원단(UN Temporary Commission on Korea)의 감시 하에 실시된 자유 총선거를 거쳐서 8월15일 대한민국이 수립되었습니다. 그러나 그 다음 달인 9월9일 북한 지역의 공산주의 세력은 '조선민주주의인민공화국'이라는 이름의 별개의 '정부' 수립을 선포했습니다. 한반도에 2개의 '정부'가 출현한 것입니다. 이 같은 상황 하에서 그 해 12월12일 채택한 결의 195-III의 정확한 의미는 이미 한반도에 출현한 2개의 '정부' 가운데 어느 쪽에 '合法性(합법성)'을 부여하느냐는 문제로 압축되는 것이었습니다.

이에 관하여 유엔 총회 결의 제195-III호는 제2항에서 남북의 2개 '정부' 가운데 대한민국 정부만이 "유일하게" 1947년 11월14일자 총회 결의 제112-II호의 요구조건을 충족시킨 '합법정부'라고 판정했습니다. 비록 明文(명문)으로 明記(명기)까지 하지는 않았지만 총회 결의 제193-III호는 제2항을 통하여 북한 땅에 출현한 '조선민주주의인민공화국 정부'는 '合法性'을 缺如(결여)한 '비합법정권'이라고 간주하고 있음을 분명히 한 것이었습니다.

유엔 총회 결의 제195-III호에는 제2항 외에도 대한민국 정부를 "한반도의 유일합법정부"로 인정하는 유엔 총회의 입장을 확인해 주는 표현들이 더 담겨져 있습니다. 우선, 동 결의는 제4항에서 1947년 11월14일자 총회 결의 제112-II호에 입각하여 "한반도 통일을 실현"하고 "주민들의 자유롭게 표시된 의지에 입각한 代議制(대의제) 정부의 지속적 발전"을 지원하기 위하여 6개국으로 구성되는 새로운 '한국위원회'를 설치하여 '임시한국위원단'의 未完(미완) 임무와 기능을 승계하게 하면서 그 前提로써 "본 결의에 명시된 대한민국 정부의 지위를 念頭(염두)에 둘 것"(having in mind the status of the Government of Korea as herein defined)을 요구하고 있습니다.

또한 동 결의 제9항에서는 모든 '회원국'과 '비회원국'들이 향후 대한민국과 관계를 설정할 때는 "본 결의 제2항에 명시된 사실들을 고려할 것"(take into consideration the facts set out in paragraph 2 of the present resolution)을 권고하고 있습니다. "대한민국 정부만을 한반도의 유일한 합법정부로 相對(상대)하라"는 것이었습니다.

따라서, 이 같은 유엔 총회 결의 제195-III호의 文面(문면)은 중·고등학교 國史(국사) 교과서에 "유엔이 대한민국 정부를 한반도의 유일한 합법정부로 승인했다"고 記述하는 것이 정확한 것임을 異論(이론)의 여지없이 분명하게 해 주고 있습니다. 이 記述(기술)에서 중요하게 강조되어야 할 사실은 "한반도의 유일한"이라는 표현이 반드시 明記되어야 한다는 것입니다. 유엔 총회는 이 표현을 통하여 南의 대한민국 정부와 北의 '조선민주주의인민공화국' 정부를 '합법정부'와 '비합법정부'로 분명하게 구별하여 차별화하고 있었기 때문입니다.

國史 교과서에서 남북의 두 '정부'의 합법성을 차별화하여 記述하는 것은 대단히 중요합니다. 왜냐하면, 학생들이 이 같은 역사적 사실을 교과서로 정확하게 공부함으로써 대한민국 정부가 유엔에 의하여 인정된 한반도 상의 '유일 합법정부'임에 반하여 북한 정권은 胎生的(태생적)인 '비합법정부'라는 사실을 인식하고 그 바탕 위에서 건전한 국가관과 애국심을 함양할 수 있게 될 것이고 소위 '修正主義 史觀'(수정주의 사관)을 앞세워 대한민국의 국가정통성을 끊임없이 헐뜯고 훼손함으로써 청소년들의 국가관을 誤導(오도)해 온 從北(종북)·反韓(반한)·左翼(좌익) 세력의 책동을 분쇄할 수 있게 될 것이기 때문입니다.

대한민국은 대한민국이 한반도 전역에 대하여 '대표성'을 갖는다는 입장을 견지하고 있습니다. 그러나, 그 논거는 유엔 총회 결의 제 195-III호가 아니라 "대한민국의 영토는 한반도와 그 부속 島嶼(도서)로 한다"고 되어 있는 대한민국 헌법 제3조입니다. 그런데, 이 익주 교수를 비롯하여 그와 입장을 함께 하는 反韓·從北·左翼 세력은 이 같은 명백한 사실을 錯覺(착각)했거나, 아니면 유엔 총회 결의 제195-III의 英語 原文(영어 원문)을 誤譯(오역)한 나머지 한반도 全域에 대한 '대표성' 문제와 결부시켜서 "한반도의 유일 합법정부"라는 대한민국의 법적 지위에 관한 교과서 집필지침을 是非하고 나서는 失手(실수)를 저지르고 있는 것입니다.〉

• **핵심 문장을 빼고 해석**

유엔 총회 결의는, "한반도의 유엔임시한국위원단이 감시하고 협의할 수 있었고 전체 한국민의 절대다수가 거주하는 지역에 하나의 합법정부(대한민국)가 수립되었다. 이 정부는 임시위원단의 감시 하에 한반도 해당 지역 유권자들의 자유로운 의지가 정당하게 표현된 선거를 통해 수립되었다. 따라서 이 정부는 한반도에 존재하는 유일한 그러한 정부"라고 명기하고 있는데, 천재교육 집필자는 결론 부분인 〈이 정부는 한반도에 존재하는 유일한 그러한 정부〉를 무시하고 앞에 있는 〈전체 한국민의 절대다수가 거주하는 지역에 하나의 합법정부(대한민국)가 수립되었다〉는 대목만 따 와서는, 〈유엔 총회는 대한민국 정부를 선거가 가능하였던 38도선 이남 지역에서 정통성을 가진 유일한 합법정부로 승인하였다〉고 왜곡하였다. 대한민국의 정통성과 합법성을 악랄하게 부정하려는 의도가 아니면 할 수 없는 기술이다.

대한민국은, 〈38도선 이남 지역에서 정통성을 가진 유일한 합법정부〉

가 아니라 〈한반도에 존재하는 유일한 합법정부〉인 것이다. 유엔이 대한민국에 그런 합법성을 부여한 것은 국민이 자유롭게 투표한 선거로 수립된 덕분이다. 북한 정권은 유엔이 보증하는 공정한 선거를 통하여 성립되지 않아서 비합법정부인 것이다. 유엔 총회 결의까지 왜곡하여 대한민국의 정통성을 훼손시키려 한 이 교과서가 어떻게 교육부 검정을 통과할 수 있었는지 국가적 조사가 필요하다. 筆陣(필진)의 좌편향적 이념이 이런 왜곡의 원인일 것이다.

2014년부터 일선 고교에서 읽히게 될 8종의 '고교 한국사 교과서'는 교과부가 2011년 공시한 '고등학교 한국사 교과서 집필 기준(2009년 개정교육과정)'을 따르게 되어 있다. 총 17페이지 분량의 집필 기준은 '대한민국의 발전과 현대 세계의 변화' 항목에서 대한민국 정부수립 과정과 관련해 아래와 같이 기술하도록 그 기준을 제시하고 있다.

〈제2차 세계대전 이후 국제 정세와 냉전의 형성과정을 기술한다. 한반도 38도선을 경계로 남한에는 미군이, 북한에는 소련군이 진주하는 과정을 설명한다. 모스크바 삼상 회담의 결정에 따른 신탁통치 논란과 미소 공동 위원회 활동 상황을 소개한다. 미군정 3년 동안 국내에서 전개된 정치 세력들의 동향과 대한민국 정부 수립 및 국가 기틀이 마련되는 과정을 설명한다. 광복은 연합국의 노력만으로 이루어진 타율적인 것이 아니라 우리 민족의 끊임없는 독립운동의 결과임을 유의한다. 대한민국 정부는 유엔으로부터 한반도의 유일한 합법정부로 승인받은 사실에 유의한다. 정부 수립 전후 단독 정부 수립을 둘러싼 갈등으로 나타난 제주 4·3 사건 및 친일파 청산 노력 등을 기술하도록 유의한다.〉

• 교과서 집필 기준 위반

 천재교육 교과서는 이 집필 기준을 위반했다. 그럼에도 검정을 맡은 국사편찬위원회와 이를 확인하고 감독해야 할 교육부가 어떻게 검정에서 통과시켜주었는가, 국가적 조사를 통하여 관련자를 문책할 필요성이 제기된다. 역사 교과서는 사실에 입각하여 기술, 국가와 민족의 정통성, 정체성, 정당성을 가르침으로써 건전한 국민의식을 함양해야 하는데 사실을 조작, 국가 정통성을 해치는 내용의 교과서 기술을 검정 기관이 허용한 것은 重罪(중죄)에 해당한다고 할 것이다.

 교육부는 이 문제가 언론에 의하여 지적되자 천재교육, 미래엔, 두산 교과서에 수정을 권고, 고치게 하였다.

 천재교육은 〈이후 12월에 열린 유엔 총회는 유엔 감시 하에 선거가 실시된 지역에서 수립된 대한민국 정부를 한반도의 유일한 합법 정부로 승인하였다〉로 고쳤다. 黑(흑)을 白(백)으로 바꿨다고 해도 白을 黑이라고 우겨 학생들을 속이려 한 과오는 남는다.

4. 대한민국의 공정선거, 북한의 부정선거를 묵살

• 공정한 선거의 有無가 국가 정통성과 직결

 대한민국 헌법은 제3조에서 '대한민국의 영토를 한반도와 그 부속도서로 한다'고 못 박아, 북한정권을 국가로 인정하지 않고, 영토의 일부를 강점한 反국가단체로 규정하고 있으므로 어떤 경우에도 북한정권을 국가나 정부로 표기해선 안 된다. 지금까지 언론과 정부는 북한정권을 지칭할 때 '정권' '당국' '집단'이라고 했지 '정부'라고 부른 적은 없다.

 학생들에게 한국 현대사 교육을 할 때 가장 중시해야 할 대목은 대한민국만이 한반도의 유일한 합법국가(정부)이고, 민족사의 정통국가라는 사실이다. 그렇게 해야 善(선)과 惡(악), 적과 동지를 구분할 수 있는 국민적 자질을 기를 수 있다. 북한 정권에 대한 대한민국의 민족사적, 법적 우월성을 확인해야 헌법 제4조가 명령하듯이 대한민국 주도의 평화적 자유통일을 추진할 수가 있는 것이다.

천재교육 교과서는 '대한민국 정부의 수립', '북한 정부의 수립'이란 표현을 썼다. '정부'는 '국가'와 같은 뜻이므로 이 교과서는 대한민국과 북한정권을 同格(동격)의 국가로 규정한 셈이다. 이는 대한민국 헌법의 가장 중요한 부분을 위반한 記述(기술)이다. '북한 정권의 수립'이라고 해야 맞다. 대한민국의 정부 수립을 '대한민국 건국'이라고 표현해야 '북한 정권 수립'과 뚜렷이 구별되는데 '건국'이 금지어가 되었는지 다른 교과서에서도 쓰지 않았다.

공화국을 표방하는 국가의 정통성 有無(유무)는 공정한 선거를 통하여 정부를 수립하였는가에 달렸다.

• **한국의 공정선거, 북한의 부정선거 대비 않아**

천재교육 교과서는, 1948년 5월10일에 실시된, 건국을 위한 총선거가 유엔 감시 하에서 이뤄진 공정하고 자유로운 선거였음을 언급하지 않고 오히려 일부 세력이 불참하고 좌익이 선거 반대 운동을 일으켰다는 사실만 지적, 문제점만 부각시켰다. 북한 정권이 실시한 최고 인민 회의 선거가 자유로운 투표가 금지된 사실상의 부정선거였다는 사실도 전혀 언급하지 않은 채 아래와 같이 썼다.

〈대한민국 정부가 수립된 후인 8월25일 이북지역에서 최고 인민 회의 선거가 진행되었다. 이를 바탕으로 1948년 9월 제1차 최고 인민 회의가 개최되어 헌법이 제정되고, 김일성이 수상으로 선출되었다. 곧이어 9월9일 내각이 구성되고, 조선민주주의인민공화국 정부 수립이 선포되었다.〉(311페이지)

8월25일 북한 선거는 이렇게 실시되었다.

〈투표는 복수의 후보자 가운데서 한 사람을 선택하는 것이 아니라 등록된 한 사람의 입후보자에 대하여 찬성과 반대 표시를 하는 것이었다. 흰 함과 검은 함 두 개를 놓아두고 찬성이면 흰 함에, 반대면 검은 함에 투표하게 되어 있었다. 그러므로 그것은 기본적으로 민주적인 선거일 수 없었다.〉(孫世一, '李承晩과 金九' 연재 104회, 〈월간조선〉 2012년 12월호)

반면 1948년 12월 유엔 총회는 '이 정부는 이 지역 유권자 대부분의 자유의사가 정당하게 표현된 동시에 위원단에 의하여 감시된 선거에 기초를 두었다는 것과 그리고 이 정부만이 한반도에서 그러한 유일한 정부'임을 공인, 선거의 공정성을 확인하였다. 즉 한국은 공정선거를 통하여 건국한 나라이므로 합법정부로 인정받았고 북한은 부정선거를 하였으므로 합법성이 부인 된 것이다. 교과서는 이 점을 강조하여야 하는데 천재교육 교과서는 의도적으로 대한민국의 장점과 북한 정권의 약점을 언급하지 않았다. 이는 대한민국의 국가 정통성을 훼손시키려는 의도가 아닌지 의심할 수밖에 없게 한다.

천재교육 교과서의 기술은 아래와 같이 바꿔야 한다.

〈8월25일 북한 지역에서는 유엔의 감시를 거부하고, 자유로운 투표가 금지된 상태에서 최고 인민 회의 선거가 진행되었다. 1948년 9월 제1차 최고 인민 회의가 헌법을 제정하였으나 헌법의 골격은 스탈린이 만들어 내려 보낸 것이었다. 곧이어 9월9일 이른바 조선민주주의인민공화국이란 이름의 정권이 수립되었으나 자유로운 선거를 통하지 않았으므로 유엔의 승인을 받지 못했다. 대한민국은 헌법 제3조에서 북한 지역을 대한민국 영토로 못 박음으로써 북한 정권의 합법성과 정통성을 부인하고 대한민국만이 한반도의 유일한 정통 합법 국가임을 분명히 하고 있다.〉

교육부는 천재교육 교과서 308페이지 '주제 3: 대한민국과 북한 정부 수립'이란 표기에 대하여 수정을 권고, 관철시켰다. 권고 이유는, 〈남·북한을 동격으로 서술함으로써 대한민국 정부 수립의 의미를 약화시킴. 단원의 내용을 고려하여 '대한민국 정부가 수립되다' 등 적절한 표현으로 수정 필요〉이다.

'북한 정부'라는 표현은 북한을 국가로 인정하지 않는 대한민국 헌법 정신과 위반되므로 금지시키는 게 옳다. '북한 정권'이라고 표기해야 옳다. 이런 反헌법적인 용어는 이번에 제대로 바로잡히지 않았다. '대한민국과 북한 정부 수립'을 '대한민국 정부가 수립되다'로 바꾸는 것으로 끝냄으로써 '북한 정부'라는 反헌법적 용어를 용인한 것은 교육부의 越權(월권)이다.

북한의 최고 인민 회의 대의원 선거가 원천적인 부정 선거였다는 사실도 교육부가 수정 지시를 하지 않았으므로 바로 잡히지 않았다. 교육부 수정 지시는 記述(기술)된 내용에 대한 것이 대부분이므로 기술에서 빠진 것의 문제는 넘어갔다. 무엇을 쓰지 않았느냐가 더 큰 문제인 경우가 많다.

5. 제주 4·3 사건을 '통일 정부 수립 주장하는 무장 봉기'라고 미화

• 남로당 주도 사실을 은폐

천재교육 교과서 309페이지 소제목 '정부 수립을 전후한 갈등'에서 제주 4·3 사건은 이렇게 기술되어 있다.

〈1947년 3·1절 기념 시위에서 경찰의 발포로 사상자가 발생하자, 제주도민들은 이를 규탄하는 시위를 벌였으며, 관리들까지 가담한 총파업을 일으켰다. 미군정은 육지에서 경찰과 우익 청년 단체를 파견하여 이를 진압하였다. 이 과정에서 많은 주민이 가혹한 탄압을 받아 미군정에 대한 반감이 높아졌다. 이러한 가운데 1948년 4월3일 제주도에서는 남한만의 단독 선거 반대와 통일 정부 수립을 주장하는 무장 봉기가 일어났다(제주 4·3 사건). 무장 봉기 세력은 각지의 경찰서와 서북 청년회 등 우익 단체를 습격하였고, 미군정은 경찰과 군대를 동원하여 무력 진압에 나섰다. 이후 무장 봉기 세력과 토벌대 간의 유혈 충돌은 극한 상황으로 치달아 수만 명의 제주도민이 희생당하는 사태가 벌어졌다. 이 때문에 제주도 3개 선거구 중 2개의 선거구에서 국회의원을 선출하지 못하였다.〉

1. 천재교육은 남로당 공산주의자들이 무장 폭동의 주동세력이었다

는 확정된 사실을 애써 감추어주려고 그랬는지 남로당에 대한 언급을 생략하고, '무장 봉기가 일어났다'고만 적어 마치 제주도민들이 반란을 일으킨 것으로 오해하도록 만들었다.
2. 경찰서를 습격한 공산계열의 무장반란세력을 '무장 봉기 세력'이라고 미화하였다. 이 교과서로 공부하는 학생들은 이 사건이 공산주의자들과 관계없이 일어난 정의로운 민중 봉기이고 국군과 경찰이 이를 가혹하게 진압하였다고 생각할 것이다. '반란'이나 '폭동'을 '봉기'라고 미화하면 이를 진압한 공권력이나 국가가 惡이 된다. '봉기'는 일반적으로 의로운 일을 할 때 사용되는 단어이다.
3. '무장 봉기 세력과 토벌대 간의 유혈 충돌'이란 표현을 함으로써 남로당 무장 반란 세력을 '봉기 세력'이라고 美化하고, 국가가 동원한 군대와 경찰을 '토벌대'라고 비하하였다.
4. 남로당 세력이 추구한 것은 대한민국의 공산화인데, 교과서가 '통일 정부 수립 주장'이라고 소개, 敵의 선전을 代行해주었다.

참고자료: 2003년 제주4·3사건진상규명 및 희생자명예회복위원회가 발간한 진상보고서도 공산무장반란세력의 폭동과 학살을 명시하였다. 관계 대목을 소개한다.

〈■ 발발원인은 복합적인 요인이 작용했다. 우선 1947년 3·1절 발포사건을 계기로 제주사회에 긴장 상황이 있었고, 그 이후 외지 출신 도지사에 의한 편향적 행정 집행과 경찰·서청(서북청년단)에 의한 검거선풍, 테러, 고문치사 사건 등이 있었다. 이런 긴장 상황을 조직의 노출로 수세에 몰린 남로당 제주도당이 5·10 단독선거 반대투쟁에 접목시켜 지서 등을 습격한 것이 4·3 무장봉기의 시발이라고 할 수 있다.

■ 이 과정에서 남로당 중앙당의 직접적인 지시가 있었다는 자료는 발견되지 않고 있다. 그런데 남로당 제주도당을 중심으로 한 무장대가 군·경을 비롯하여 선거관리요원과 경찰 가족 등 민간인을 살해한 점은 분명한 과오이다. 그리고 김달삼 등 무장대 지도부가 1948년 8월 해주대회에 참석, 인민민주주의정권 수립을 지지함으로써 유혈사태를 가속화시키는 계기를 제공했다고 판단된다.

■ 무장대는 남로당 제주도당 군사부 산하 조직으로서, 정예부대인 유격대와 이를 보조하는 자위대, 특공대 등으로 편성되었다. 4월3일 동원된 인원은 350명으로 추정된다. 4·3 사건 전기간에 걸쳐 무장세력은 500명 선을 넘지 않았던 것으로 판단된다. 무기는 4월3일 소총 30정으로부터 시작해 지서 습격과 경비대원 입산사건 등을 통해 보강되었다.〉

5. 좌파 인사들이 주도하였던, 좌파정권 시절의 4·3 사건 진상규명 보고서보다도 천재교육 교과서는 더 좌편향 되고, 더 심하게 사실을 왜곡하였다. 대한민국 정부가 공산무장집단을 '봉기 세력'이라고 왜곡, 미화한 교과서를 검정에서 합격시켰으니 북한공산정권을 主敵(주적)으로 보고 있는 국군장병들은 누구를 위하여 누구를 상대로 싸워야 하나?

• 다른 교과서와 비교

천재교육의 고등학교 한국사 교과서에선 공산주의자들이 주동한 제주도 무장 반란(4·3 사건)을 설명하면서 남로당과 좌익의 역할을 일체 언급하지 않아 마치 제주도 사람들이 무장반란을 일으킨 것처럼 오해하도록 기술하였다. 다른 교과서를 살펴보니 남로당과 좌익의 개입에 대한 설명은 있었다.

교학사 교과서는 〈제주도에서는 4월3일 남로당 주도로 총선거에 반대하는 봉기를 일으켜 경찰서와 공공 기관을 습격하였다. 이때 많은 경찰과 우익 인사들이 살해당하였다. 사건을 수습하는 과정에서는 무고한 양민의 희생도 초래되었다(제주 4·3 사건)〉고 썼다. 여기서도 '봉기'라는 말이 쓰였다. '4·3 무장 봉기'라는 말은, 2003년 제주4·3사건진상규명 및 희생자명예회복위원회가 발간한 진상보고서에 들어갔는데 이게 교과서로 옮겨간 셈이다. 공산주의자들이 주도한 무장 폭동을 '무장 봉기'라고 왜곡하면 자연스럽게 국군과 국가가 탄압자라는 인상을 학생들에게 주게 된다.

두산동아 교과서는 〈단독 정부 수립 반대의 분위기가 고조되는 가운데 제주도에서는 1948년 4월 무장 봉기가 일어났다. 좌익을 중심으로 한 무장 유격대는 미군 철수, 단독 정부 수립 반대를 주장하며 경찰, 군인 및 우익 청년단체와 맞섰다. 제주도 3개 선거구 가운데 두 곳에서는 선거를 치르지 못하였다〉고 썼다.

지학사 교과서는 〈총선거를 앞두고 제주에서는 단독 총선거에 반대하는 시위가 일어났다. 이때 남조선 노동당에 소속되어 있던 사람들이 경찰지서를 습격하는 등 사태가 격화되었다. 정부는 병력을 투입하여 대대적인 진압작전을 펼쳤다. 그 과정에서 제주 주민 일부가 큰 피해를 입었다〉고 썼다.

금성출판사 교과서는 〈마침내 1948년 4월 남로당 제주도당을 중심으로 한 좌익 세력과 일부 주민들은 남한 단독 선거 반대, 미군 철수 등을 요구하며 무장 봉기하였다(제주 4·3 사건). 무장대는 경찰지서와 우익 단체를 공격하고, 한라산을 근거지로 삼아 저항하였다. 제주도의 무장 봉기는 정부 수립 이후에도 계속되었다. 이승만 정부는 군인과 경찰, 우익 단체들을 동원하여 대규모 진압 작전을 벌였다. 사건은 1954년에 와서야 마무리 될 수 있었는데, 진압과정에서 2만 5000명이 희생되는 큰 피해가 발생하였다〉고 썼다.

미래엔 교과서는 〈제주도의 3·1절 기념 행진에서 경찰의 발포로 사상자가 발생하자, 주민들은 항의 시위를 벌였다(1947.3.1). 시위자를 검거하는 과정에서 수많은 민간인이 체포되자, 미군정에 대한 주민들의 반감이 높아졌다. 이러한 분위기 속에서 제주도의 좌익세력은 5·10 총선거를 앞두고 단독 선거 저지와 통일 정부 수립을 내세우며 무장 봉기하였다(1948.4.3). 미군정은 무력진압을 시도했지만, 3개 선거구 중 2곳에서 선거가 실시되지 못했다〉고 썼다.

비상교육 교과서는 〈1947년 제주도에서 3·1절 기념 대회가 열렸다. 이때 경찰의 무분별한 발포로 초등학생을 비롯한 주민 6명이 죽는 사건이 발생하였고, 분노한 제주 도민은 총파업을 단행하였다. 그러나 경찰이 오히려 주민들을 탄압하자 1948년 4월3일 남로당 제주도당은 주민들에 대한 탄압 중지와 남한만의 단독 선거 반대 등을 주장하며 무장 봉기하였다. 미군정과 정부는 군대와 경찰을 앞세워 이들을 진압하였고, 이 과정에서 무장대와 토벌대 간의 무력 충돌로 수많은 제주 도민이 희생되었다〉고 썼다.

리베르스쿨 교과서는 〈1948년 4월3일 제주도에서는 남조선 노동당 당원들을 중심으로 5·10 총선거에 반대하는 무장 봉기가 일어났다. 이에 미군정은 극우 청년들과 경찰, 군대를 파견하여 진압에 나섰다. 제주

4·3 사건으로 제주도에서는 3개 선거구 가운데 2개 선거구에서 선거가 진행되지 못하였다〉고 썼다.

최악의 기술은 천재교육, 두 번째가 비상교육 교과서이다. 대부분의 교과서가, 남로당의 무장반란을, '봉기'나 '무장 봉기'라고 표현했다. 이는 적절한 언어선택이 아니다. '봉기'는 정의로운 저항을 의미하기 때문이다. '무장 반란'이 정확한 용어이다.

• 교육부 수정안도 모호

교육부는 수정 권고문에서 〈제주 4·3 사건에 대한 정확한 이해를 위해 사건 전개 과정에서 일어난 남로당 제주도당 무장대의 봉기 사실 등에 대한 서술 필요(제주 4·3 사건 진상 보고서)〉라고 적었다. 이는 적절한 지적이 아니다. '봉기'라는 용어 삭제, 남로당의 책임 명시, 대한민국 건국을 방해하기 위한 무장 반란임을 명시 등 구체적으로 지적했어야 했다.

천재교육 교과서는 이렇게 수정되었다.

〈1947년 3·1절 기념 시위에서 경찰의 발포로 사상자가 발생하자, 제주도민들은 이를 규탄하는 시위를 벌였으며, 관리들까지 가담한 총파업을 일으켰다. 미군정은 육지에서 경찰과 우익 청년 단체를 파견하여 이를 진압하였다. 이 과정에서 많은 주민이 가혹한 탄압을 받아 미군정에 대한 반감이 높아졌다. 이러한 가운데 1948년 4월3일 제주도에서는 남로당 제주도당의 주도 아래 남한만의 단독 선거 반대와 통일 정부 수립을 주장하는 무장 봉기가 일어났다. 무장 봉기 세력은 각지의 경찰서와 서북 청년회 등 우익 단체를 습격하였고, 미군정은 경찰과 군대를 동원하여 무력 진압에 나섰다. 이후 무장 봉기 세력과 토벌대 간의 무력 충돌과 토벌대의 진압 과정에서 수만 명의 무고한 제주도민이 희생당하는 사태가 벌어졌다(제주 4·3 사건). 이 때문에 제주도 3개 선거구 중 2개의 선거구에서 국회의원을 선출하지 못하였다.〉

수정된 기술도 문제가 있다.

〈남로당 제주도당의 주도 아래〉라는 표현을 넣는 대신에 〈이후 무장 봉기 세력과 토벌대 간의 무력 충돌과 토벌대의 진압 과정에서 수만 명의 무고한 제주도민이 희생당하는 사태가 벌어졌다(제주 4·3 사건)〉고 교묘하게 改惡(개악), 공산세력에 의한 양민 및 군경 학살은 언급하지 않고, 진압에 나선 국가를 토벌대라고 폄하해 가해자로 몰았다. '수만 명의 무고한 제주도민'이라는 표현은, 무장 반란 세력을 가려내 피해자 그룹에서 배제하려는 노력을 하지 않은 것이다. 공산세력의 무장 반란을 미화하거나 이들의 범죄행위를 축소 은폐하고, 국가와 국군 및 경찰을 집중적으로 비방하는 反교육적, 反역사적, 反국가적 기술이라고 하겠다. 교육부가 책임 져야 할 사항이다.

6. '학살' 등 확인 안 된 사실을 기재, 國益 침해

• '베트남 민간인 학살'

대한민국의 정통성을 부정하는 천재교육의 고등학교 한국사 교과서는 국군을 근거 없이 폄하했다. 327페이지의 '베트남 전쟁 파병'이란 소제목 아래 이런 기술이 있다.

〈그러나 전쟁과정에서 5천여 명의 한국군이 희생되었으며, 지금도 부상과 고엽제 후유증 등으로 고통 받는 사람들이 많다. 이 밖에도 베트남 민간인 학살, *라이따이한 등 여전히 많은 문제들이 남아 있다.〉

'베트남 민간인 학살'이란 記述은 문제가 있다. 한 건도 입증된 적이 없다. 한국도, 베트남 정부도, 그 어떤 공신력 있는 국제기구도 그런 조사를 한 적이 없다. 일방적 주장일 뿐이다. 교과서엔 확정되지 않는 사실을 올려선 안 된다. 더구나 조국과 국군에 불리한 주장을 사실인 것처럼 기술하면 안 된다.

교육부는 〈양국의 미래 지향적 우호 협력 관계 등을 고려하여 '민간인 피해' 등과 같은 적절한 용어 사용 권장〉이라는 수정 권고를 했다. 사실 관계를 무시한 무책임한 지적이다. '베트남 민간인 학살'은 있었는데 표현을 부드럽게 해달라는 뜻으로 받아들여진다. 이런 사안에 대하여는 국방부의 전문적인 견해를 물어야 한다. 근거 없이 국군의 명예를 훼손한 이 교과서 기술이 장래 國益(국익)에 불리한 결과를 부를지 모른다.

천재교육은 '베트남 민간인 희생'이라고 고쳤다. 베트콩과 월맹군에 의한 국군과 한국인 민간인의 희생에 대하여는 언급하지 않고 공식적으로 확인된 바가 없는 '베트남 민간인 희생'이라고 적도록 교육부가 방치하였다. '민간인 피해'라고 고치도록 했는데 천재교육은 이를 무시, '민간인 희생'이라고 적었다. '피해'보다 '희생'은 국군의 책임을 더 중하게 묻는 용어이다. 끈질기게 국군을 폄하하려는 의도가 드러난다. 국가를 부정하는 계급투쟁적 역사관의 반영으로 보인다.

7. 親김대중 편향 기술

• '박정희가 김대중 죽이려 했다'

2013년 8월30일 교육부 검정을 통과한 천재교육의 '고등학교 한국사' 교과서는 노골적인 親김대중 성향도 보였다.

> 〈북한은 박정희가 일본 도쿄에서 김대중을 납치하여 죽이려 한 사건을 빌미로 삼아 남북 대화를 중단하였으며, 이후 남북 관계는 다시 급속히 냉각되었다.〉(334)

1973년 8월에 일어난 김대중 납치 사건은 李厚洛(이후락) 정보부장의 지시에 의하여 정보부 팀이 실행한 것이다. 朴正熙(박정희) 대통령이 李厚洛에게 납치를 지시하였다는 증거는 없다. 이후락도 자신의 독단적인 지시였다고 여러 차례 말한 바 있다. 노무현 정부 시절 국정원이 과거사 진상 규명 차원에서 이 사건을 조사하였으나 박정희 지시라는 증거를 발견할 수 없었다. 그럼에도 천재교육 교과서는 박정희가 김대중을 납치, 죽이려 했다고 사실을 날조하였다. 이후락은 김대중 납치를 지시하였으나 죽이라는 지시를 내린 적은 없다. 실행팀의 누구도 살해 명령을 받은 적이 없다. 이 교과서는 박정희 지시, 살해 지시 등 2중의 거짓말을 담은 셈이다.

교육부는 이에 대하여 〈확인되지 않은 사실을 단정적으로 표현하는 것은 무리가 있음. 공식 자료를 바탕으로 정확한 사실에 의거하여 수정 필요〉라고 권고했다. 천재교육은 〈박정희가 일본 도쿄에서 김대중을 납치하여 죽이려 한〉을 삭제하고 〈북한은 김대중 납치 사건을 빌미로 …〉

라고 수정했다.

• 김대중이 최초의 정권 교체를 했다고 왜곡

〈1997년 선거에서는 야당 후보인 김대중이 승리하여 최초로 여야 간 평화적 정권교체를 이루었다.〉
자료읽기 평화적 정권교체의 의미: "오늘은 이 땅에서 처음으로 민주적 정권 교체가 실현되는 자랑스러운 날입니다." −김대중, 대통령 취임사〉(352)

1987년 12월의 대통령 직선에서 노태우 후보가 당선된 것이 최초의 평화적 정권 교체였다. 공정한 직선제 대통령 선거에 의하여 전두환 정권에서 노태우 정권으로 교체된 것이다. 1992년 12월 대통령 선거에선 김영삼 후보가 당선되어 두 번째 평화적 정권 교체가 이뤄졌다. 대통령 중심제에서 정권은 與野(여야)가 아니라 대통령 권력을 기준으로 호칭한다. 선거를 통하여 대통령이 교체되면 평화적 정권 교체이다. 이 교과서는 굳이 '여야 간 평화적 정권 교체'라고 하여 김대중의 당선을 미화하는 데 그치지 않고 '평화적 정권 교체의 의미'라는 '자료 읽기'를 붙여 김대중의 주장을 일방적으로 소개, 김대중만이 민주적 정권 교체를 한 사람인 것처럼 미화하였다.

• 박정희 사진 1회, 김대중 사진 4회 게재

천재교육의 '고등학교 한국사 교과서'는 좌편향적 역사관에 입각한 反대한민국·反국군·反이승만·反박정희 성향의 記述이 많은 반면 親

김대중적 기술과 북한 정권의 잘못을 축소하고 생략한 경우가 많다. 反박정희·親김대중 기술의 한 예는 이 교과서에 실린 사진이다(本文 기준).

박정희는 1961년 5월16일 군사혁명 때의 군복 입은 사진 한 장이다. 이 박정희 소장의 얼굴에 원을 그려 표적이나 수배자처럼 보이게 하였다. 惡意(악의)가 느껴지는 사진 손질이다.

김대중 사진은 네 번 나온다. '호찌민 묘소에 헌화하는 김대중 대통령', '민주화 추진 협의회(김대중과 김영삼이 손을 잡은 사진)', '제15대 대통령 취임식', '6·15 남북공동 선언(김대중-김정일)'. 부인 이희호 씨는 '명동사건 구속자 가족의 시위' 사진으로 등장한다.

이 교과서엔 박정희 대통령에 대한 비판은 전면적이고 집중적이지만 김대중의 失政(실정)에 대한 비판은 없다. 김대중 시절에 있었던 親좌파적·反헌법적 조치나 친인척 부패, 이른바 햇볕정책의 부작용, 對北(대북)불법송금 사건, 利敵(이적)행위의 결과인 참수리호 격침 등에 대한 언급이 없다. 이 교과서로 배운 학생들은 김대중을 聖人(성인), 박정희를 惡人(악인)으로 인식하게 될 것이다.

교육부는 이런 편향적인 親김대중 소개엔 수정 권고를 하지 않고, 교학사 교과서가 〈이승만 관련 자료나 본문 기술이 지나치게 과대함〉으로 〈이승만에 대한 주관적인 긍정 평가가 수록된 자료를 삭제〉하라고 권고, 관철시켰다.

천재교육 교과서엔 김일성 사진이 2회, 김정일 사진이 3회, 김정은 사진이 1회(김정일과 함께) 실렸다. 이 교과서는 이승만, 박정희에겐 가혹하고 김대중에겐 우호적이고 김일성 一家(일가)엔 동정적인 서술인데 사진도 그런 성향을 반영한 편집이다.

8. 한국 정부엔 '탄압'이라고 10회 사용, 북한 정권엔 全無

• '탄압'이라고 써야 할 대목에선 '숙청' '축출'

천재교육 고등학교 한국사 교과서의 남북한 정권 失政(실정)관련 記述(기술) 용어를 비교해보니 역대 대한민국 정부에는 가혹하게, 북한 정권엔 유리한 용어를 사용하였음이 밝혀졌다. 이 교과서는 '탄압'이란 용어를 이승만-박정희-全斗煥(전두환) 정부에 10회 사용하였으나, 김일성-김정일-김정은 정권에는 한 번도 쓰지 않았다. '탄압'이라고 써야 할 대목에선 '숙청', '축출'이란 용어를 썼다. '肅淸(숙청)'이란 더러운 것을 제거하고 깨끗하게 한다는 뜻이므로 나쁜 말이라고 볼 수 없다. '逐出(축출)'은 '내어 쫓는다'는 '가치중립적'인 뜻이므로 '탄압'처럼 비판적이 아니다.

이승만 정부의 부정선거, 박정희 정부의 장기 집권에 대한 비판은 5페이지 이상에 걸쳐 가혹하게, 집중적으로 하면서 북한정권의 3代 세습 독재에 대하여는 〈1994년 김일성이 사망하자 김정일 국방 위원장이 권력을 이어 받았다. 2011년 김정일이 사망한 후에는 그의 아들인 김정은이 권력을 세습하였다〉라고만 썼다.

• 남북한 정권의 失政관련 記述 용어 비교
  – 한국 정부에 대한 표현
  1. 〈(제주도 4·3사건 설명) 이 과정에서 주민이 가혹한 탄압을 받아 미군정에 대한 반감이 높아졌다.〉(309)
  2. 〈(발췌 개헌을 설명하면서) 정부는 개헌안을 통과시키기 위해 임시 수도인 부산 일대에 계엄령을 선포하고, 반대파 국회의원을

공산주의자로 몰아 연행하고 폭력배를 동원하여 압박하는 등 공포 분위기를 조성하였다.〉(315)

3. 〈이승만 정부는 그(조봉암)에게 간첩 혐의를 씌워 탄압하였다. … 정부에 비판적인 경향신문을 폐간하는 등 언론을 탄압하며 독재 정치를 강화하였다.〉(315)

4. 〈4·19 혁명은 부패한 독재 정권을 학생과 시민의 힘으로 무너뜨린 민주 혁명으로 한국 민주주의의 진전에 새로운 전기를 마련한 사건이었다.〉(322)

5. 〈(5·16 후) 군사 정부는 … 각계의 중요 인물을 통제하고 감시하였다. 동시에 비판적인 언론을 탄압하고 언론인의 활동을 봉쇄하였으며 ….〉(324)

6. 〈학생과 시민의 반대 시위는 6월3일 절정에 달하였다. … 곧이어 정부는 학생과 재야인사를 묶은 인혁당 사건과 민족주의 비교 연구회 사건 등을 잇달아 터뜨리며 학생 운동을 탄압하였다.〉(326)

7. 〈박정희 정부는 국가 안보를 강화하고 경제 개발을 지속해야 한다고 주장하며 학생과 야당, 시민의 반대를 억누르고 헌법을 개정하였다(3선 개헌, 1969).〉(328)

8. 〈박정희 정부는 1974년부터 긴급 조치를 잇달아 발표하여 개헌 논의를 금지하고, 전국 민주 청년 학생 연맹과 인민 혁명당 재건 위원회 사건을 조작하여 민주화 운동을 탄압하였다.〉

〈박정희 정부는 국내외의 비판에도 불구하고 권력을 강압적으로 유지하였다.〉

〈박정희 정부는 신민당사에서 농성중인 YH 무역의 여성 노동

자들을 폭력적으로 진압하여 야당과 크게 대립하였고, 신민당의 김영삼 총재를 제명하였다.〉

〈박정희 정부는 … 9차례에 걸쳐 긴급 조치를 선포하여 국민의 인권을 제한하고, 유신 반대 운동을 탄압하였다.〉

〈국가위기 상황이란 명분으로 … 유신 반대 운동을 탄압하였다.〉(이상 332)

9. 〈또 국회와 대학을 폐쇄하고, 민주화 운동 세력과 신군부에 반대하는 사람들을 체포하거나 가두었다.〉(335)

10. 〈광주의 시민과 대학생들은 5월18일부터 신군부의 민주화 운동 탄압에 맞섰다.〉

〈계엄군은 27일 새벽 도청에서 저항하던 시민군을 전차까지 동원하여 무자비하게 진압하였다.〉(336)

11. 〈전두환 정부는 민주화를 갈망하는 학생 및 사회 운동 세력을 강력하게 탄압하였다. … 전두환 정부의 탄압과 유화 정책에도 불구하고 ….〉(337)

12. 〈박정희 정부는 노동자의 단체 행동권과 단체 교섭권을 제한하는 특별법을 제정하고 노동 운동을 탄압하였다.〉(341)

13. 〈1970년대 억압적인 유신 체제하에서 … 개인의 일상생활은 물론이고, 길거리를 지나는 사람들의 용모까지도 단속의 대상이었다.〉(343)

14. 〈1969년 1월부터 매주 수요일과 토요일을 '분식의 날', '쌀이 없는 날'로 지정하는 한편, 점심때마다 학생들의 도시락을 검사하여 혼식을 강제하였다.〉(344)

− 북한정권에 대한 표현

1. 〈1945년 12월 조만식 등 우익 세력이 모스크바 3국 외상 회의의 결정에 반대하자, 소련군은 우익 세력을 축출하였다.〉(311)

2. 〈북한에서는 전쟁 실패의 책임을 물어 김일성이 반대 세력을 숙청하고 권력을 강화하였다.〉(314)

3. 〈김일성은 자신의 권력 기반을 강화하기 위해 전쟁 중에 옌안파의 무정과 소련파의 허가이를 숙청하였다. … 박헌영과 옛 남로당 세력을 미국의 간첩으로 몰아 숙청하였다.〉

   〈김일성은 이들 비판 세력을 대대적으로 숙청하였다(8월 종파 사건). 이로써 북한에서 김일성의 권력 독점에 대항할 만한 정치 세력은 사실상 사라졌다.〉(318)

4. 〈북한은 1967년 주체사상을 당의 이념으로 확정하고 수령 유일 체제를 표방하였다.〉

   〈북한은 적화 통일을 목표로 무장 공비를 남파하여 청와대를 습격하는 등 대남 공세를 강화함으로써 한반도에서 군사적 긴장을 고조시켰다.〉(329)

5. 〈유신 헌법이 공포된 12월27일, 북한도 사회주의 헌법을 공포하였다. 이 헌법에는 기존에 명문화되어 있지 않았던 주체사상과 조선 노동당의 독재가 규정되었다. 김일성은 이 헌법에 의해 신설된 주석직에 취임하여 1인 독재 체제를 더욱 공고히 하였다.〉(331)

6. 〈1994년 김일성이 사망하자 김정일 국방 위원장이 권력을 이어 받았다. 2011년 김정일이 사망한 후에는 그의 아들인 김정은이 권력을 세습하였다.〉

   〈북한은 핵 개발과 사회주의권 붕괴로 국제 사회에서 고립된 데

다 자연재해까지 겹치면서, 식량, 에너지, 원자재 등의 분야에서 심각한 경제난을 겪기 시작하였다.〉

〈북한 주민은 각기 직장별, 연령별, 계층별로 조직에 가입하여 활동해야 한다. 이러한 집단주의적 조직 생활은 북한 주민의 일상생활을 감시하고 통제하는 기능을 하고 있다. 그러나 북한 사회에 경제적 곤란이 심화되어 집단주의적 조직 생활이 제 기능을 발휘하기 어렵게 되었고, 주민 통제가 약화되면서 탈북자들이 점차 늘어나고 있다.〉(356)

7. 〈그러나 2008년 이후 북한의 미사일 시험 발사, 핵 실험 강행, 연평도 포격 사건 등이 이어졌다.〉(357)

· 교육부, 수정 지시 않아

교육부는 이런 편파적 용어 선택에 대하여는 수정을 권고하지 않았다. 다만 〈북한 주민의 인권 문제 서술 누락. 북한사회에 대한 정확한 이해를 위해 추가 서술 필요(한국사 교과서 집필기준 참조)〉, 〈북한의 3대 세습체제에 대한 직접적 언급이 없음. 북한 정치체제에 대한 정확한 이해를 위해 3대 세습체제에 대한 직접 표현 필요〉라고 권고하였다. 권고 내용이 모호하다. 세습체제에 대하여 비판적으로 기술하라고 해야 할 터인데 〈직접적 언급〉을 하라고 모호한 표현을 하여 자의적으로 해석할 수 있는 소지를 남겼다.

9. 미국·기업인·국군 무시, 노동자·농민·反정부 운동가 우대

천재교육 교과서엔 전태일 같은 노동 운동가, 이한열·박종철 같은 민주화 운동가에 대해선 파격적인 紙面(지면)과 사진으로 집중적으로 부각시켰지만 백선엽·워커·맥아더 같은 6·25의 전쟁 영웅과 이철승 같은 건국 공로자, 이병철·이건희·정주영 같은 세계적 기업인들에 대한 언급은 全無(전무)하다. 민주 영웅만 있고 건국·호국·산업화 영웅은 없다. 이런 편향된 기술과 편집은 이른바 민중사관(사실은 계급사관)의 반영으로 보인다. 대기업·국군·미국에 대한 敵對感(적대감), 노동자·농민·反정부 인사들에 대한 호감, 북한의 독재자들에 대한 동정심을 느끼게 하는 편집 방향이다.

특히 놀라운 것은 6·25 남침 전쟁을 기술함에 있어서 미군과 미국의 역할을 한 마디도 쓰지 않았다는 점이다. 미군이나 미국이란 말 대신에 '유엔', '유엔군'이란 단어를 사용하여 미국의 결정적 역할을 무시하였다.

미국의 트루먼 대통령이 미군 파병을 결심하고, 유엔 안보리를 소집, 유엔군의 기치 하에 한국을 돕게 되는 과정을 생략하고 〈유엔은 북한의 행위를 침략으로 규정하고 유엔군 파견을 결정하였다〉고 기술하였다. 유엔군 파견을 결의한 것은 유엔이지만 결정한 것은 미국이었다. 교과서는, 낙동강 방어전과 인천상륙, 서울 탈환도 유엔군과 국군이 한 것으로 기술, 미국의 결정적 역할을 덮었다. 이런 기술은 학생들에게 미국에 대한 호감을 갖지 않도록 하기 위한 술책으로 보인다. 임진왜란을 가르치면서 李舜臣(이순신) 이름을 빼는 격이다.

미국은 연인원으로 180만 명의 미군을 한국戰線(전선)에 보내, 그 중 5만 4000명이 戰死(전사)하였다. 이런 미국의 역할을 유엔군이란 말로써 은폐한 것이다.

6·25 전쟁을 학생들에게 가르침에 있어서 '미국', '미군'이란 말을 한 마디도 쓰지 않도록 한 교과서를 검정에서 통과시켜준 교육부는 '영혼

없는 관료 집단'이란 혹평을 자초한 셈이다. 背恩忘德(배은망덕)을 가르치는 교과서이다. 천재교육 교과서의 최종본을 확인한 결과 위의 문제점은 수정되거나 개선되지 않았다.

10. 한국 인권 문제는 과장, 북한 인권 문제는 묵살

한국 현대사의 가장 큰 비극이자 세계 최악의 인권말살 중 하나는 북한 독재 정권에 의하여 자행된 현재진행형의 학살, 공개처형, 강제수용소 운영, 암살, 거주 이전의 자유 금지 등이다. 혁명적 변화와 발전 과정에서 빚어진, 북한 정권의 탄압에 비교하면 훨씬 정도가 약한 한국의 인권 문제에 대해 과장과 왜곡 및 날조를 서슴지 않으며 과잉 기술하였던 천재교육 교과서는, 북한 정권의 인권 탄압은 356페이지에서 두 문장으로 스치고 지나갔다. 그것도 구체성이 결여된 마지못해 적는 듯한 표현이다.

〈이러한 집단주의적 조직 생활은 북한 주민의 일상생활을 감시하고 통제하는 기능을 하고 있다. 그러나 북한 사회에 경제적 곤란이 심화되어 집단주의적 조직 생활이 제 기능을 발휘하기 어렵게 되고, 주민 통제가 약화되면서 탈북자들이 점차 늘어가고 있다.〉

보다 못한 교육부가 수정 및 보완을 권고하였다.

〈북한 주민의 인권 문제 서술 누락. 북한 사회에 대한 정확한 이해를 위해 추가 서술 필요(한국사 교과서 집필기준 참조).〉

천재교육이 수정한 대목은 교육부를 조롱하는 듯하다.

〈탈북자들이 늘어가고 있으며, 심각한 인권 문제가 제기되었다〉는 문장을 추가했을 뿐이다. 이에 대하여 교육부는 다시 수정 명령을 내린다.

〈북한 주민 인권 문제의 구체적 사례가 제시되어 있지 않으므로 수정 필요. 예시: 언론 표현의 자유, 종교의 자유, 여행·거주 이전의 자유 억압, 공개 처형, 정치범 수용소 운영 등 사례 적시.〉

천재교육은 교육부의 권고에 따라 356페이지에 〈언론과 종교 활동 제한, 여행 거주 이전의 자유 억압, 정치범 수용소 운영, 공개 처형 등의 인권 문제도 제기되고 있다〉고 덧붙였다. 이 정도의 수정으로는 이 교과서의 구조적인 편향성을 고칠 수 없는 것은 물론이다. 反대한민국적 역사관으로 쓰인 책이기 때문에 단편적이고 부분적인 수정으로는 바로잡을 수 없다.

11. 북한의 테러와 도발은 빼버리고…

천재교육 교과서는 대한민국 정부가 잘못한 것은 과장하거나 집중적으로 記述(기술)하면서 북한 정권의 비교할 수 없을 정도로 악질적인 도발, 테러, 암살 등은 묵살하거나 작게 취급했다.

한국의 현대사에 큰 영향을 끼친 北의 대표적인 對南(대남) 도발사건인 천안함 폭침, 대한항공기 폭파, 아웅산 테러, 육영수 여사 암살, 울진·삼척 무장공비 침투 사건(이승복 소년 피살 등)을 소개하지 않았다.

그러면서 박정희 정부 시절의 장발, 미니스커트 단속을 사진과 함께 '단속의 시대를 아십니까?'라는 비판적 제목으로 다루었다. 5·18 광주사태 때 계엄군이 시민을 亂打(난타)하는 사진, 박종철 추모 사진, 이한열 최루탄 피격 사진도 실었다.

천안함 폭침은 젊은 水兵(수병)들을 죽이고, 대한항공 폭파 사건은 귀국하는 中東(중동) 노동자를 죽였으며, 아웅산 테러는 미얀마까지 쫓아가서 17명의 장차관급 인사들을 죽인 사건이고, 울진·삼척 무장공비 침투 사건에선 불쌍한 火田民(화전민)과 초등학교 학생을 죽였다. 노동자·농민들을 위한다는 북한 정권으로선 숨기고 덮고 싶은 恥部(치부)인데, 이 교과서가 축소 은폐를 代行(대행)해준 셈이다.

참고: 교육부의 수정 과정(교육부 보도자료)

교육부(장관: 서남수)는 12월10일(화) 7개 한국사 교과서 발행사가 수정명령에 따라 제출한 수정·보완 대조표를 승인함으로써 내년부터 사용하게 될 8종의 고등학교 한국사 교과서의 수정·보완 작업이 완료되었다고 밝혔다.

- □ 지난 8월30일 국사편찬위원회의 한국사 교과서 검정심사 합격 발표 이후 사회적 논란이 제기됨에 따라, 교육부는 학교 현장에 제대로 된 교과서를 보급하기 위해 이들 교과서에 대한 수정·보완 조치를 밟아왔다.
- ○ 교육부는 전문가 자문위원회를 구성·운영하여 10월21일에 8개 발행사에 총 829건을 수정·보완할 것을 권고하였고,

○ 학계 전문가 등을 중심으로 '수정심의회'를 구성하여 8개 발행사가 제출한 829건에 대한 수정·보완 대조표를 심의한 결과, 11월 29일 788건을 승인하고 41건에 대해서는 수정명령을 하였다.
○ 이에 12월3일 7개 발행사가 수정명령을 반영하여 제출한 수정·보완 대조표를 최종 수정 승인함으로써 총 8종의 고교 한국사 교과서가 학교 현장에 보급되게 되었다.
▫ 교육부는 앞으로 학교현장의 교과서 선정·주문에 차질이 없도록 오늘부터 전시본 웹 전시를 시작하고, 이어서 12월18일경 서책형 전시본도 제공할 예정이다.
○ 이에 따라, 각 고등학교에서는 교과서 선정·주문을 12월30일까지 완료하게 되며, 내년 2월에 학교 현장에 공급될 예정이다.

3 chapter
수정 가능 및 정상 교과서

6 리베르스쿨 한국사 교과서 분석　　裵振榮

7 지학사 한국사 교과서 분석　　姜圭炯

8 교학사 한국사 교과서 讀後記　　趙甲濟

6

리베르스쿨 한국사 교과서 분석

균형을 잡으려 노력은 했지만…

裵振榮(월간조선 차장)

공산세력의 탄압·독재 외면한 서술

1. **267페이지**

    노동자들은 전쟁 중지와 전제정치 타도를 외치며 시위를 벌였다. 이어 소비에트를 결성한 노동자와 병사들은 1917년 3월에 혁명을 일으켜 니콜라이2세를 몰아냈다(3월 혁명). 레닌을 중심으로 한 볼셰비키 세력은 1917년 11월에 임시정부를 타도하고(10월 혁명), 세계 최초의 사회주의 국가인 소비에트 정부를 수립하였다.

    → 러시아의 공산혁명, 특히 볼셰비키의 집권은 노동자·농민의 의사와는 무관한 소수 볼셰비치의 쿠데타였음에도 아래로부터의 혁명의 연장선상에 있는 것처럼 記述(기술). 러시아에서도 공산정권 붕괴 후에는 '볼셰비키의 쿠데타'로 가르치는 것으로 알고 있음.

2. 267페이지

레닌은 전 세계를 사회주의 국가로 만들기 위해 열강의 식민지로 전락한 약소국의 독립 지원에 나섰다. … 패전국의 식민지에만 해당되었던 윌슨의 민족자결주의와는 달리 레닌의 민족자결의 원칙은 모든 약소민족에 해당되었다. 소비에트 정권도 제정러시아 때 소유하였던 식민지를 포기하였다. … 1922년에는 우크라이나, 벨라루스 등 주변의 소비에트 정부들을 규합하여 소비에트사회주의공화국연방(소련)을 수립하였다.

→ 공산소련이 미국보다 민족자결주의에 더 호의적이었던 것처럼 記述. 공산정권이 우크라이나, 트랜스코카서스, 중앙아시아 지역의 민족주의 정권들이나 反볼셰비키적 사회주의 정권들을 군사력으로 무너뜨리고 강제적으로 소비에트연방을 결성한 사실 외면.

3. 269페이지

국공내전에서 패배한 국민당 정부는 결국 타이완으로 옮겨 중화민국을 세웠다.

→ 1911년 신해혁명으로 수립된 중화민국이 타이완으로 옮긴 것이지, 새로이 중화민국이라는 나라가 세워진 것이 아님.

4. 271페이지

전체주의 국가들이 대공황의 어려운 시기를 극복하기 위해 에스파냐 내전에 개입하면서 …

→ 독일, 이탈리아 등이 에스파냐 내전에 개입한 것이 대공황 타개를 위한 것인 듯한 느낌을 줌. 그보다는 反공산주의라는 이데올로기적 이유가 강했던 것으로 보는 것이 옳을 것. 군대를 거느린 프랑코가 독일과 이탈리아의 지원을 받아 반란을 일으킴.

→ 내란 발발 당시 프랑코는 군대를 거느릴 위치에 있지 않았고(카나리아諸島 사령관), 독일과 이탈리아의 지원이 있었던 것도 아님. 독일과 이탈리아가 개입한 것은 쿠데타가 내란으로 확산되기 시작하면서부터.

독일과 이탈리아의 프랑코 지원만 소개하고 소련이 좌파연합정권(공화정부)을 지지한 것, 소련의 지지를 받는 공산세력이 좌파연합정권 내에서 反스탈린주의자, 아나키스트 등을 탄압하면서 독재를 행한 것은 외면.

5. 277페이지

소학교의 명칭을 '황국신민학교'를 의미하는 국민학교로 바꾸었다.

→ '국민'이 '황국신민'의 준말이라는 것은 근거 없는 억지. '황국신민'의 준말로 널리 사용된 것은 '황민'이었으며, 1930년대 이후 일본에서는 '황국', '황군', '황민'과 같은 말이 널리 쓰였음. '황국신민학교'를 의미하려면 황민학교라고 하는 것이 타당했을 것.

6. 286페이지~

→ 이승만이 빠진 임시정부-대한민국 임시정부에 대해 記述하면서, 상하이 임시정부, 한성정부 등에서 이승만을 국무총리나 집정관 총재 등 정부수반으로 추대했고, 통합 상하이 임시정부에서도 대통령으로 추대된 사실에 대한 記述은 없음.

이승만을 親美 사대주의자처럼 묘사

7. 287페이지

이승만은 미국대통령 윌슨에게 국제연맹에 의한 위임통치를 청원하였으며, 구미위원부를 중심으로 우리나라의 독립문제를 국제여론화하는 데 힘썼다. … 신채호, 박용만 등은 베이징에 모여서 이승만이 위임통치청원서를 제출한 사실을 들어 임시정부의 해산을 주장하였다.

→ ①이승만의 외교독립노선의 방법 가운데 하나에 불과했던 위임통치를 이승만의 대표적인 독립운동 방안이었던 것처럼 記述. ② 이승만의 위임통치청원서가 나오게 된 배경, 이승만의 고민, 그에 대한 해명 등은 없이 '자료읽기'로 '이승만의 위임통치청원서'를 제시해, 이승만이 독립에 대한 의지가 약한 親美(친미)사대주의자인 것처럼 비쳐지게 함.

8. 289페이지

1920년을 전후해서 지주 자본이 중심이 된 경성방직 주식회사, 상인 자본이 중심이 된 평양메리야스 공장 등 민족기업들이 설립되었다. 그러나 한국인이 세운 기업은 대부분 영세한 소규모 공장이었다.

→ 경성방직 등은 일제말 만주까지 진출하는 대기업으로 성장했고, 광복 후 초기 공업화 과정에서 한국 방직-섬유산업의 중심이 되었음(주익종 박사의 《大軍의 척후》 등). '자료 읽기'나 '심화학습' 등의 형태로 초기 민족자본 형성 과정에서 기업가들의 고뇌와 그들이 한국 경제발전에 끼친 영향 등을 심도 있게 다루었으면 좋았을 것.

9. 302페이지

러시아 적군과 독립군 일부가 독립군의 무장해제를 요구하였는데, 이에 불응하자 독립군을 공격하여 큰 피해를 입혔다(자유시 참변).

→ 민족자결주의를 주장했던 소련 공산정권의 입장을 앞에서 되풀

이해서 강조한 데 비해, 그들의 이율배반적인 배신행위로 인해 발생한 자유시 참변에 대한 記述은 너무 소략함. 303페이지 '자료 읽기'에서 '영릉가 전투를 승리로 이끈 양세봉'을 소개하는데, 자유시 참변에 대한 이범석의 기록 등을 소개했으면 더 좋지 않았을까 싶음.

10. 303페이지

   혁신의회는 김좌진이 암살된 후

→ 김좌진이 공산주의자 박상실에 의해 암살되었다는 사실은 외면.

11. 306페이지

   1937년 소련의 스탈린은 소련과 일본 간에 전쟁이 일어나면 한국인들이 일본을 지원할 것이라는 명분을 내세워 한국인 17만여 명을 중앙아시아에 강제로 이주시켰다.

→ 스탈린의 고려인 강제이주는 일제가 저지른 간도참변 등을 능가하는 학살이었음. 그 과정에서 연해주 지역의 고려인 지도자들이 처형되고, 수많은 고려인들이 이주 과정에서 사망했음에도 그에 대한 記述을 너무 소략함.

   ※ 일본에 의한 희생이 강조되는 것에 비하면, 자유시 참변, 고려인 강제이주 등 소련 공산주의자들에 의한 희생은 간단하게 넘어가는 경향.

의미 있는 독립운동은 좌파세력이 주도했다는 인상

12. 311~313페이지

   농민운동과 노동운동, 혁명적 농민조합, 혁명적 노동조합 등 記

述, 일제 말 의미 있는 독립운동은 좌파세력이 주도했다는 인상을 강조하고 있음.

13. 322~323페이지

    한국광복군은 미군과 연합하여 국내진공작전을 시행하기로 계획하였다. 이를 위해 미국 전략정보국(OSS)과의 협조하에 국내 정진군을 결성하고, 이들에게 특수훈련을 시켰다.(국내 진공작전을 위해 선발된 국내 정진군)

    → 원래 美OSS와 연계해서 국내 정진군을 편성하려 한 것은 이승만이었음(냅코 프로젝트). 유일한, 장기영, 장석윤 등이 참여. 장석윤 등의 활동은 김구와 광복군이 추진했던 국내 진공작전보다 더 구체적인 활동을 했으나, 이에 대해서는 전혀 언급이 없어 마치 의미 있는 국내 진공작전은 김구 등 한국광복군의 작전뿐인 것처럼 記述.

14. 329페이지

    남북한에 각각 정부가 수립되었다.

    → 反헌법집단, 反국가집단인 북한 공산정권이 합법성을 갖춘 대한민국과 대등한 정부인 것처럼 記述.

    329페이지

    북한은 사회주의체제가 확립된 이후 경제위기를 맞게 되었는데, 이를 극복하기 위한 방안으로 대외개방이 추진되기도 하였으나 경제적 어려움은 여전히 지속되고 있다.

    → ① '사회주의체제가 붕괴된 이후'가 맞을 듯. ② 북한이 의미 있는 대외개방을 추진한 적이 없음에도 광복 후 남북한 역사를 개략적으로 서술하는 페이지에 이 사실을 記述한 것은 부적절.

15. 330페이지

    1947년 미국의 트루먼 대통령이 공산주의의 위협을 받고 있던 그리스 정부와 소련의 팽창으로 압력을 받던 터키에 대해 즉각적인 원조를 제공하겠다는 트루먼 독트린을 선언함으로써 냉전시대의 막이 올랐다. 미국은 유럽에서 공산주의의 팽창을 근본적으로 막기 위해 마셜플랜을 발표하고, 서유럽에 대규모 원조를 제공하였다. 이에 대항하여 소련은 코민포름을 만들고 베를린을 봉쇄하였다.

    → 제2차 세계대전 이후 소련의 동구 강점과 소련권 강제편입이 선행되었음에도, 마치 미국의 트루먼 독트린이나 마셜플랜으로 냉전이 시작되었고, 소련은 이에 대해 방어적 입장에서 대처했다는 느낌을 줌.

16. 331페이지

    좌우익의 합작형태로 조선건국준비위원회를 결성하였다. … 조선건국준비위원회는 질서유지를 위해 치안대를 두고, 전국에 지부를 두어 과도기 상태에서 정부 역할을 대신하였다.

    → 좌우익 합작이라고 하지만, 여운형과 박헌영 등에 의해 우파 인사들의 명의도용.
    "정부 역할을 대신" 운운함으로써 건준이 의미 있는 사실상의 정부나 국가였던 것처럼 호도.

17. 333페이지

    '자료읽기'에서 고압적인 '맥아더 포고령' 소개.

    → 1980년대 운동권 대학생들이 고압적인 맥아더 포고령과 미사여구로 가득찬 치스차코프 소련군 사령관의 포고령을 나란히 소개

하면서, 親共的(친공적) 의식화 학습을 시작했음. 치스차코프 포고령은 싣지 않았지만, 맥아더 포고령을 통해 미국을 점령군으로 인식시킴.

18. 332~333페이지

    처음에 38도선은 미국과 소련 양국에 의해 그어진 단순한 군사적 경계선이었다. 하지만 제2차 세계대전 이후 미국을 중심으로 한 자유진영과 소련을 중심으로 한 공산진영의 대립이 격화되면서 38도선은 점차 정치적인 분할선으로 바뀌어 갔다.

    → 38선을 경계로 한 교통, 통신 차단 등 군사분계선이었던 38선을 정치적 분할선으로 바꾸어나간 것은 소련이었음을 외면하고 있음.

19. 333페이지

    소련군의 지지를 등에 업은 북쪽의 공산주의자들은 김일성을 중심으로 인민위원회의 주도권을 장악해 나갔다.

    → ①김일성이 소련의 철저한 꼭두각시였음을 충분히 보여주지 못하는 記述. ②소련의 꼭두각시 김일성이 사실상의 공산정권을 수립하고, 독재권력을 강화해 가는 과정을 "인민위원회의 주도권 장악" 정도로 애매하게 記述.

분단의 책임을 이승만·남한·미국에 전가

20. 335~336페이지

    미군정은 남한만이라도 단독정부를 수립하자는 이승만의 정읍발언(1946.6)에 주목하게 되었다. … 1946년 7월에 김규식과 여운형의 주도로 좌우합작위원회가 구성되고 … 미군정도 신탁통치문제를 둘러싼 좌우대립과 혼란을 막기 위해 초기에는 좌우합작운동을 적극 지지하였다. 1947년 3월 트루먼 독트린 발표 이후 냉전이 심화되면서 미국은 좌우합작운동에 대한 지지를 철회하고, 우익세력을 옹호하는 쪽으로 정책을 변경하였다. … 이러한 상황에서 미군정은 남한만이라도 단독정부를 수립하자는 이승만의 정읍발언에 주목하게 되었다. 미소공동위원회의 휴회 때문에 임시정부 구성이 어려움에 부딪힌 상황에서 제기된 단독정부 수립 주장으로 남북분단의 가능성은 더욱 커지게 되었다. 한편 북한에서는 이미 실질적인 정부의 성격을 띤 북조선임시인민위원회가 조직되었다. (1946.2)

335페이지

'자료읽기'로 '이승만의 정읍발언' 제시

→ ①이미 1946년 2월 북한에서 사실상의 공산정권이 수립되었다는 사실에 대한 언급 없이 이승만의 정읍발언을 먼저 제시함으로써 분단의 책임이 이승만과 남한, 그리고 이를 후원한 미국에 있다는 느낌을 주는 記述. ②이승만이 하지 미군정 사령관, 미 국무부 내 친공세력과 투쟁하면서 건국운동을 벌인 사실을 외면하고, 미국의 후원을 강조. ③좌우합작정권 수립이 결국 공산화로 귀결되었던 동유럽의 사례를 소개하지 않아, 좌우합작운동이 성공했으면 분단은 되지 않았을 것이라는 뉘앙스를 풍김. ④중도우파인 김규식 등도 이승만과 유사한 생각을 표명했다는 사실을 외면. ⑤좌우합작운동은 김규식과 여운형이 주도하고 미군정이 지지한 게 아니라, 처음부터 미군정의 주도 아래 진행된 것이었음. ⑥정부 수립 과정 순서에 대한 교육부의 수정권고를 받아들여 "한편 북한

에서는 이미 실질적인 정부의 성격을 띤 북조선임시인민위원회가 조직되었다(1946.2)"고 추가.

21. 337~338페이지

    '남북협상이 진행되다'라는 제목 아래 "김구와 김규식은 김일성과 김두봉에게 남북협상을 제의하여 1948년 4월 평양에서 남북정치지도자들이 한자리에 모였다. 이 회의에서 단독정부 수립 반대, 외국군대 즉시 철수를 요구하는 결의문이 채택되었다."

    337페이지

    '자료읽기'로 '전조선 제정당 사회단체 지도자 협의회 공동성명' 제시.

    → 남북협상이 소련이 짜준 각본에 의해 제안되고 진행되었다는 사실, 김구와 김규식의 北行에 거물간첩 성시백의 공작이 있었다는 사실 등을 외면.

22. 338페이지

    이후 김구와 김규식 등 남북협상파는 5·10 총선거에 불참하였고, 남조선노동당 등 좌익세력은 파업, 시위 등을 통해 격렬하게 저항하였다.

    → 좌익세력이 테러와 폭동으로 유엔 승인 하에 진행되는 합법적인 대한민국 건국과정을 방해한 것을 '파업, 시위 등을 통해 격렬하게 저항하였다'고 記述함으로써, 대한민국 건국은 부당한 것이고, 그에 대한 '저항'은 정당한 것인 것 같은 인상을 줌.

23. 338페이지

    단독정부 수립을 둘러싸고 제주 4·3 사건이 일어나다(제목)

    1948년 4월3일 제주도에서는 남조선노동당 당원들을 중심으로

5·10 총선거에 반대하는 무장봉기가 일어났다. 이에 미군정은 극우 청년들과 경찰, 군대를 파견하여 진압에 나섰다. 그 과정에서 제주 주민이 큰 피해를 입었다.

→ 대한민국 건국에 반대해서 공산주의자들이 일으킨 4·3 폭동을 '단독정부 수립을 둘러싸고 제주 4·3 사건이 일어나다'라고 애매하게 표현한 후, 본문에서는 '무장 봉기'라고 표현.

24. 338페이지

여수 지역 부대 내의 좌익세력들이 주동이 되어 '제주도 출동 반대', '통일정부 수립' 등의 구호를 내세우고 무장 봉기하였다.

→ 대한민국 정부가 수립된 후에 국군 부대가 상관을 사살하고 국토의 일부를 점령한 것은 명백한 '반란'임에도 그들의 구호를 강조하고 '무장 봉기'라는 표현을 사용함으로써 반란의 성격을 희석시킴.

25. 338페이지

'도움 글'-제주 4·3 사건과 진상규명

→ 공산폭동의 성격, 공산주의자들에 대한 양민학살 등은 전혀 記述하지 않으면서, 토벌대가 마을을 불태우고, 희생자들의 수를 강조.

26. 339페이지

제헌국회에서 최고령자였던 이승만이 제1대 제헌국회 의장으로 선출되었다. … 8월15일 광복절을 맞아 중앙청에서 정부수립을 선포하였다.

→ ①이승만이 해방정국에서 차지하고 있던 國父的(국부적) 위상을 무시하고 나이 때문에 제헌국회 의장이 되고 이어 대통령이 될 수 있었던 것처럼 記述. ②대한민국 '건국'을 '정부수립'으로 폄하해서 記述. ③민족사상 최초의 자유민주공화국 수립이라는 건국

의 의미를 충분히 설명하지 못하고 있음.

27. 339페이지

    좌우가 대립하는 과정에서 친일파들이 반공애국투사로 변신하였다. 또한 미군정은 일제 총독부의 관리와 경찰을 그대로 등용하여 친일세력이 다시 힘을 얻게 되었던 것이다. … 이 때문에 민족정기를 바로잡기 위한 친일파 처벌은 소기의 성과를 거두지 못한 채 끝났다.

    → 일제 36년간의 식민통치, 냉전, 남북분단, 공산주의자들의 준동 등 해방공간의 상황에 대한 종합적인 고려 없이 '친일청산 실패'만을 강조.

성공적인 南 농지개혁을 실패작으로…

28. 341페이지

    농지개혁 결과 … 그러나 상당수의 농민은 분배 받은 토지의 가격 부담으로 다시 농지를 잃고 처분한 경우가 많았고, 상당수의 지주가 6·25 전쟁 당시 지가증권을 헐값에 처분하였기 때문에 산업자본가로 전환하는 데 실패하였다.

    → ①농지개혁을 실패작으로 보는 좌파적 시각을 되풀이 하고 있음. ②농지개혁을 닦달했던 이승만 대통령의 의지에 대한 記述이 없음. ③농지개혁이 대한민국 국민이라는 의식을 형성하여, 6·25 당시 공산당의 토지개혁 유혹에 넘어가지 않게 함으로써 대한민국을 지킬 수 있었다는 것, 농지개혁의 결과 탄탄한 자영농 계층이 출현해 이후 산업화와 민주화의 기반이 되었다는 것, 대한민

국의 농지개혁은 농지개혁이 없었던 동남아나 중남미는 물론 농지개혁이 단행된 일본·대만의 경우와 비교해도 성공작이었다는 것을 記述하지 않고 있음.

29. 342페이지

    1948년 남한에서는 이승만 정부가 수립되고, 북한에서는 김일성이 정권을 장악하여 정부 수립을 선포하면서 남북 간의 긴장과 대립이 고조되었다.

→ ①'이승만 정부', '김일성이 정권을 장악하여 정부 수립'이라는 표현은 反國家단체인 북한을 대한민국과 동격에 놓는 反헌법적 記述임. ②대한민국 정부 수립 이전인 1946년 2월부터 북한이 소련의 지원 아래 사실상의 정권 수립 과정을 밟아왔다는 것을 記述하지 않음으로써 북한 정권 수립이 단독정부 수립의 결과인 것처럼 記述.

30. 343페이지

    1950년 무렵부터 남북 정부는 서로의 체제를 비판하면서 38도선 부근에서 잦은 무력충돌을 벌였다. 이러한 상황에서 1950년 6월 25일 새벽 4시에 북한군이 전차를 앞세우고 공격해 왔다.

→ ①북한의 남침 사실 자체를 부정하지는 않지만, 그 이전에 남북한 간의 충돌이 있었음을 記述함으로써 6·25를 남북한 무력충돌의 연장선상에 있는 것으로 보는 브루스 커밍스 류의 역사관 노출. ②1950년 남북한 간의 충돌이 줄어들었으므로 사실과도 다른 記述임.

31. 345페이지

    전쟁 이전부터 이승만 정부의 이념이었던 반공주의가 더욱 강화되었고, 김일성은 6·25 전쟁의 책임을 박헌영, 무정 등 정적들에게 뒤집어씌우고 숙청하여 김일성 유일체제의 기반을 닦았다.

→ ①공산침략에 대한 당연한 대응인 반공체제 강화와 김일성 독재체제 강화를 병렬적으로 동등한 가치를 가지는 것처럼 記述. ②처형과 학살을 동반한 김일성 독재체제 강화 과정을 '김일성 유일체제의 기반을 닦았다'고 부드럽게 표현.

32. 348페이지

'도움 글' 베트남과 독일은 어떻게 분단을 극복하였나

남쪽에는 미국의 지원을 받아 베트남공화국(남베트남)이 수립되었다.

→ ①남베트남 수립을 주도한 것은 미국이라기보다는 프랑스였다고 보는 것이 옳을 듯. 미국은 프랑스의 월남정책이 실패로 돌아간 후 본격 개입. ②제네바 협정 이후 월남전이 격화된 것은 북베트남이 북위 17도선 이남에 군대를 투입하면서 도발하고, 남베트남 내에 지하당 조직을 구축하는 등 협정을 위반했기 때문임. ③월남적화를 '통일'로 표현한 것은 적절치 않다는 생각.

33. 350페이지

1950년 5월 제2대 국회의원 선거에서 정부에 비판적인 무소속 출마자들이 대거 당선되었고, 이승만을 지지하는 세력은 210석 가운데 30석 정도밖에 당선되지 못하였다.

→ 제2대 국회에서 이승만의 지지세력을 과소평가하면서 이승만의 정치적 위기를 부당하게 강조. 김일영 교수에 의하면 "총 210명 가운데 순수 무소속은 60명을 넘지 않았으며, 그중 진보적인 중도계 인사들은 10명 남짓, 선거에서 패배한 것은 45석 정도를 차

지하는 데 그친 민국당 뿐, 이승만은 100석 정도 차지함으로써 세력 규모 면에서 별 타격을 받지 않았다."(김일영, 《건국과 부국》 (초판) 122페이지) 심지어 브루스 커밍스도 이승만 세력이 84석은 차지한 것으로 보는데(《건국과 부국》에서 재인용), 이승만 세력이 210석 가운데 30석에 불과했다는 것은 도대체 어디서 나온 것인지?

反共체제에 대한 부정적 기술

34. 350페이지

공산당의 흉계를 분쇄하여야 한다는 명분으로 1958년 12월 언론 규제를 골자로 하는 국가보안법을 통과시켰다.

352페이지

아직 반공이데올로기에 사로잡혀 있던 대다수 국민은

→ 반공체제에 대해 부정적 인상을 주는 記述.

35. 353페이지

박정희 정부는 광부와 간호사들을 서독에 파견하였다. 그들의 임금을 담보로 서독으로부터 차관을 받기 위해서였다.

→ 파독 광부, 간호사 임금을 담보로 서독에서 차관을 빌려왔다는 것은 백영훈 씨 등의 주장. 명확한 근거 없는 주장. 민간인들의 임금을 담보로 차관을 들여오는 것은 법적으로도 불가능. 오히려 과거사위에서는 그런 주장은 근거 없다는 결론 내림.

36. 354페이지

미국의 파병 요청을 받아들인 박정희 정부는 1965년부터 베트남에 전투병을 파견하기 시작하였다.
→ 박정희 정부가 먼저 제안, 형식논리적으로는 월남정부의 요청에 의한 파병. '미국의 파병 요청'이 적절한 표현인지, 그걸 앞세우는 게 적절한지?

37. 354페이지

그해 가을에는 120여 명의 무장공비가 울진과 삼척에 침투하였다. 이들 사건으로 … 남북간의 군비경쟁은 가속화되었다.
→ ①무장공비가 침투해 이승복 등 양민들을 학살한 사실은 記述하지 않고 있음. ②북한의 도발에 대응해 예비군 창설 등 대응체제를 갖춘 것을 '남북간의 군비경쟁 가속화'로 표현한 것은, 북한의 도발과 우리의 대응을 等價的(등가적)인 것으로 보는 것.

38. 354~355페이지

유신체제가 민주화 운동으로 붕괴되다
→ ①3선 개헌, 유신체제 등에 대해 '독재'라는 표현을 쓰지 않은 것은 일단 긍정적. ②북한의 도발, 월남공산화 등 당시 안보 상황 등에 대한 충분한 설명 없이 '국가안보와 경제성장을 빌미로 … 3선 개헌' 표현한 것은 부적절하다는 생각. ③'탐구활동'에서 '유신헌법과 긴급조치'를 제시하면서 '자료1, 2가 3권 분립과 국민의 기본권을 어떻게 침해하였는지 설명해 보자'라면서 부정적 결론 유도.

39. 356페이지

전두환 정부는 … 반공법을 국가보안법에 흡수시켜 가혹한 탄압을 더욱 강화하였다.
→ 반공법을 국가보안법에 흡수시킨 것은 성격이 유사한 두 법률을 통합하고 내용을 합리적으로 조정했다고 보는 것이 타당할 것.

이를 '가혹한 탄압을 강화'라고 하는 것은 무리.

40. 357페이지

    노태우, 김영삼, 김대중, 노무현, 이명박 정부의 업적을 간단히 언급하는 식으로 넘어감.

    → ①이승만-박정희-전두환 정부의 선거부정, 개헌, 긴급조치, 탄압, 비리 등을 언급하고, 그 이후의 정권들에 대해서는 긍정적인 면만 평면적으로 서술한 게 균형이 맞나? ②김영삼 정권 당시 김현철 비리, 김대중 정권의 햇볕정책이 국민적 동의 없이 김정일 정권과 야합한 反헌법적 측면이 있다는 것, 노무현 정권의 분열 조장과 親北的(친북적) 행태 등.

41. 359페이지

    이에 힘입어 원조물자를 가공하는 제분 제당 면방직의 이른바 삼백산업을 중심으로 하는 소비재 산업이 발달하였다. 소비재 산업 중심의 경제성장은 원료의 국외 의존도를 높이는 문제를 낳았다. 미국의 잉여농산물이 초과 도입되면서 농산물 가격이 내려가고 농가소득이 줄어들어 농촌에서는 폐농이나 도시로의 이농이 증가하였다. 1950년대 후반 들어 미국의 지원이 원조에서 차관방식으로 바뀌면서 원조액이 급감하였다. 이에 따라 경제성장률도 급격히 감소하였으나 이승만 정부는 이에 효과적으로 대처하지 못하였다.

    → ①당시 경제발전 단계로 보아 三白산업 중심의 소비재산업에서부터 시작했어야 하고 자원 부족국가에서 원료의 국외 의존도가 높을 수밖에 없었던 형편, 미국의 잉여농산물이 당시 우리 국민의 생존을 보장해주었던 측면 등에 대한 고려 없이 '미국에의 경

제종속'이라는 뉘앙스로 記述. ②미국의 원조 감소로 경제 환경이 변화함에 따라 이승만 정부는 1959년 3개년 경제개발계획을 수립, 이대근 교수는 "한국 최초의 계량적 기법에 의한 종합적인 중장기 경제개발계획"이라고 평가, "이승만 정부는 이에 효과적으로 대처하지 못하였다"는 평가는 이승만 정부의 경제건설 노력을 폄하하는 것.

42. 359페이지

장면 내각 때 만든 경제개발계획을 바탕으로 5·16 군사정변 이후 경제개발 5개년 계획이 본격적으로 추진되었다.

→ 군사정부의 경제개발계획은 초기에는 장면 내각 때 만든 계획을 참고했으나 내포적 공업화론에 바탕을 둔 이 계획은 경제발전에 실질적인 역할을 하지 못했으며, 박정희 정부가 시행착오를 거치면서 수출입국으로 방향을 전환하면서 경제개발이 궤도에 오르게 되었음. 군사정부가 장면 정부의 계획을 도용했다는 식의 주장을 답습한 것.

장면 정부의 경제개발계획을 언급하면서 이에 앞서 1959년 이승만 정부가 만들었던 3개년 경제개발계획을 외면하는 것은 균형이 맞지 않음.

43. 360~361페이지

경제개발계획의 추진으로 우리나라는 1960년대와 1970년대에 걸쳐 고도성장을 이루었다. 이는 경제개발의 의지가 강한 정부가 외자를 도입하여 수출산업을 적극 육성하고, 높은 교육열과 근면성을 지닌 국민이 저임금에도 불구하고 헌신적으로 노력하였기 때문에 가능하였다.

→ ①구체적으로 박정희 정부의 경제적 성취를 긍정 평가하고 있으나, 이병철-정주영 등 당시 기업인들과 기업의 역할을 빠뜨린 것은 아쉬움. ②'저임금에도 불구하고'라는 표현이 있는데, 이영훈 교수 등의 연구에 의하면 당시 국제적 비교 등을 해 보면 그렇게 저임금은 아니었으며 개발연대 내내 실질임금이 꾸준히 상승하였다고 하는데, 이러한 연구결과가 반영되지 못한 것은 아쉬움.

44. 362페이지

급속한 경제성장의 이면에는 어두운 그늘이 드리워져 있었다. 성장 위주 전략은 계층간 빈부격차 및 도시와 농촌 간 소득 격차를 심화하였다. 노동자들은 저임금과 열악한 작업환경에서 장시간의 노동에 시달렸다. 수출가격 경쟁력을 높인다는 명분 아래 저임금 정책이 추진되고, 이를 유지하기 위해 저곡가 정책이 지속되었다. 그 결과 농촌경제는 파탄에 이르게 되었고, 1960년대와 1970년대에 농촌인구의 도시유입이 가속화되어 도시인구가 급증하였다. 이 때문에 노동력의 과잉공급이 이루어져 저임금이 유지되는 악순환이 되풀이되었고, 노동자와 농민의 삶의 질은 열악해졌다. 정부의 제조업과 수출 위주의 정책, 그리고 이를 위한 저곡가 정책과 저임금정책은 빈부격차를 심화시켰다. 이러한 상황에 대한 노동자들의 반발이 나타났다.- '자료읽기' 대통령에게 드리는 글 (전태일, 1970)

→ ①농촌 인구의 도시유입은 농지개혁으로 인한 생산성 향상과 이로 인해 발생한 농촌 과잉인구가 공업부문으로 자연스럽게 유입된 결과로 보아야 함.

공업화 이전에는 농촌의 과잉인구를 흡수할 방법이 없어 농촌은 물론 나라 전체가 만성적인 절대가난에 처해 있었음을 외면하면서, 공업화 과정에서 일시적으로 나타난 문제점을 지나치게 강조하고 있음.

②저곡가 정책의 경우, 오히려 농촌의 소득보전을 위해 이중곡가제를 실시했으며, 1970년대에는 새마을운동과 이중곡가제 실시로 인해 농촌소득이 도시소득을 넘어서기도 했음.

산업화의 부정적 측면 강조

45. 363페이지

'도움 글' 산업화의 빛과 그늘

산업화는 핵가족의 일반화, 아파트 중심의 주거문화, 전반적인 사회의 소비 수준 향상, 더욱 편안한 생활환경의 조성 등의 긍정적 결과를 가져왔다. 산업화는 개인에게 폭넓은 기회와 자유를 주어 능력에 따른 풍요를 선사하였다. 그러나 산업화로 말미암은 그늘도 있다. 국가가 경제성장목표를 설정하고 자원의 할당과 분배에 직접 영향력을 행사함으로써 소수의 거대기업이 경제를 지배하는 재벌경제체제가 나타났다. 이 과정에서 노동자의 참여가 허용되지 않아 빈부격차가 심화되고 상대적 빈곤감이 커지게 되었다.

→ 산업화의 긍정적 측면으로 소비생활 측면에서의 풍요만을 강조하고, 산업화가 민주화의 물질적 바탕이 되었으며, 한류 등 문화의 발전, 국제사회에서 한국의 위상 향상 등에 기여한 것을 충분히 설명하지 않고 있음. 그 뒤에 산업화의 부정적 측면을 되풀이 강조.

46. 364페이지

농촌문제가 커지는 상황에서 박정희 정부는 농어촌 근대화를 위해 새마을운동을 시작하였다. 근면 자조 협동 정신을 강조한 새마을운동은 처음에는 농촌의 환경개선사업으로 시작되었으나, 그 후 소득증대사업을 지원하는 방식으로 바뀌었다.

→ 새마을운동이 가져온 국민의식의 개혁, 새마을운동에 농민들이 자발적 참여했던 부분 등에 대한 서술이 부족함. 하사용 씨의 사례 등을 '도움 글'이나 '자료읽기'의 사례로 제시해주었으면 좋았을 것.

47. 367페이지

북한에서는 1946년 2월 북조선 임시인민위원회가 수립되었다. 이것은 실질적인 북한 정부의 성격을 띠고 있었다. 소련은 초기에 조만식이 이끄는 평남건국준비위원회를 통치에 이용하다가 김일성이 소련의 지원을 받아 구성한 인민위원회를 조정하며 사실상의 군정을 시행하였다. 북조선임시인민위원회의 위원장인 김일성은 1946년 3월 무상몰수 무상분배 방식으로 토지개혁을 시행하였다. 이와 함께 산업 국유화법, 남녀평등권법 등을 공포하여 사회주의 개혁을 추진하였다.

→ ①당시 김일성은 소련의 괴뢰에 불과했음에도, 김일성과 소련의 관계를 '소련의 지원' 정도로 표현. ②철저히 소련에 의해 기획, 실시된 일련의 공산화 과정의 하나였던 토지개혁을 김일성이 주체적으로 토지개혁 등을 시행한 것처럼 記述한 것은 문제. ③일련의 공산화 과정을 '사회주의 개혁'으로 표현한 것도 적절치 않음. ④북한의 토지개혁이 무상몰수 무상분배 형식으로 이루어졌다지

만, 소유권이 아니라 경작권을 부여한 것이었으며, 그나마 1950년대 후반 협동농장화를 통해 박탈했음을 알리지 않고 있음.

48. 367페이지

    항일무장세력을 중심으로 형성된 북한의 지도부는 초기에 여러 세력이 연합하여 있었다. 주요세력으로는 만주에서 동북항일연군 소속으로 항일무장활동을 하였던 세력, 중국 옌안에서 조선의용군 소속으로 활동하였던 연안파, 소련파, 남로당 세력 등이 있었다. 이들 세력은 연합정권의 성격을 띠고 출발하였다가 서서히 김일성에게 권력이 집중되었다. 6·25 전쟁과 1956년 연안파-소련파 숙청 사건을 거치면서 반대세력을 축출하고 김일성 중심의 통치 체제가 확립되었고, 1960년대에 이르러 김일성을 중심으로 한 항일유격대 출신 세력이 정권을 장악하게 되었다.

→ 김일성 정권이 항일무장세력을 중심으로 한 정권인 것으로 되풀이 표현한 것이 적절한지 의문.

    368페이지

    도움 글 연안파-소련파 숙청사건과 김일성 1인독재체제의 완성, "1972년 사회주의 헌법의 제정을 계기로 김일성의 1인 독재체제가 더욱 강화" 등에서 북한 정권을 독재정권으로 記述하고 있음. 대한민국의 이승만-박정희-전두환 정권에 대해 '독재'라는 표현을 사용하지 않은 것과 비교됨.

49. 369~371페이지

    1996년 이래 계속된 마이너스 성장과 식량 부족으로 북한 주민들은 굶주림에 허덕일 수밖에 없었다.

→ 사회주의 경제체제의 한계, 식량과 인권 문제 등에 대해서는 대

체로 크게 문제 삼을 것이 없을 정도로 記述하고 있으나, 1990년대 후반 300만 명의 대량 餓死(아사) 사태는 "1996년 이래 계속된 마이너스 성장과 식량 부족으로 북한 주민들은 굶주림에 허덕일 수밖에 없었다"는 정도로 넘어감.

아웅산 테러, 대한항공기 폭파 언급 안 해

50. 372페이지

북한은 민족대단결의 원칙에 따라 주한미군을 철수시키라고 주장하였으나 남한이 이에 반대하여 결국 7·4 공동성명은 이행되지 못하였다.

→ 1970년대 남북대화 결렬의 이유를 너무 단편적으로 記述. 민족대단결의 원칙에 의하면 주한미군을 철수하는 것이 마땅한데 남한이 이를 거부하는 바람에 남북대화가 결렬되었다는 인상을 줄 수 있음.

51. 372페이지

전두환 정부 때인 1984년 남한이 큰 수재를 겪었을 때 북한이 구호물자를 보내왔다. 이에 대한 화답으로 1985년 처음으로 이산가족 상봉과 예술공연단 교환이 실현되었으나 일회성 행사에 그쳤다.

→ ①북한의 구호물자 제공이 진정성 없는 대남선전공세의 일환이었으며, 당시 우리에게 꼭 필요한 것도 아니었음. 전두환 정권이 이를 수락하는 바람에 북한은 곤혹스러운 상황에 놓이게 되었음. 이러한 전후 관계에 대한 설명 없이 우리가 水災(수재)를 당했을

때 북한이 구호물자를 보내왔다고 기술한 것이 적절한 것 같지는 않음. '북한도 우리가 어려울 때 도와주었으니, 우리도 퍼주기라고 비판하지 말고 대북지원해야 한다'는 논리로 이어질 수도 있음. ②아웅산 사건, 대한항공 858기 폭파 사건 등에 대한 언급이 없음.

52. 373페이지

2000년 6월 김대중 대통령은 평양을 방문하여 김정일 국방위원장과 정상회담을 개최하고 6·15 남북공동선언을 채택하였다. 6·15 남북공동선언에서는 남한의 연합제와 북한의 낮은 단계의 연방제가 유사점이 있다는 것을 서로 인정하였다. 이 선언에는 통일문제의 자주적 해결, 1국가2체제의 통일방안 협의, 이산가족 문제의 조속한 해결, 경제협력 등의 내용이 담겨 있다. 6·15 남북공동선언의 결과 이산가족 방문단의 서울-평양 동시 상봉과 비전향장기수의 북송이 이루어졌고 경의선 복원사업과 개성공단 건설 등의 사업이 진행되었다.

2006년 10월9일 북한의 핵실험 이후 북한에 강경한 태도를 보이던 미국이 북한과 대화를 시도하자 남북관계도 발전하였다. 노무현 정부는 지속적인 대북지원을 통해 2007년 제2차 남북정상회담을 성사하였고, 10·4 남북공동선언(남북관계 발전과 평화번영을 위한 선언)을 채택하였다. 그러나 북한은 2006년에 이어 2009년에 핵실험을 강행하고 2010년 연평도에 포격을 가하여 남북관계가 경색되었다.

→ ①김대중-노무현 정권의 대북유화정책의 부정적인 측면들(국민적 합의 없는 대북정책 추진으로 南南 갈등 유발, 퍼주기식 대북

지원으로 북한의 핵-미사일 개발 지원, 북한인권문제 외면 등)에 대해서는 전혀 記述하지 않음. ②김대중 정권 시절의 제1, 2차 연평해전, 이명박 정권 시절 천안함 폭침, 연평도 포격에 대해 전혀 記述하지 않았으나, 교육부의 수정권고를 받은 후 북한의 핵실험, 연평도 포격에 대해 덧붙임. ③북한의 핵개발에 대해서는 "2006년 10월9일 북한의 핵실험 이후 북한에 강경한 태도를 보이던 미국이 북한과 대화를 시도하자 남북관계도 발전"하는 식으로 記述한 것이 전부. 김대중 정권의 햇볕정책이 핵개발을 지원한 측면, 북핵개발이 우리 안보에 미치는 영향 등에 대해서는 전혀 서술하지 않고 있음.

53. 374페이지

탐구활동 – 남북대화

7·4 남북공동성명, 남북기본합의서, 6·15 남북공동선언 등을 제시하면서, '*7·4 남북공동성명, 남북기본합의서, 6·15 남북공동선언과 관련하여 합의 주체, 핵심 내용, 성과, 의미 등을 정리해 보자. *자료1, 2, 3의 내용을 실현하기 위해 남북이 먼저 해결해야 할 과제가 무엇인지 토론해 보자. *7·4남북공동성명에도 불구하고 남북관계가 오히려 경직되었던 이유를 설명해 보자'고 함.

→ 남북관계의 경우 표면적 합의가 전부가 아니며, 북한의 대남공작적 측면을 면밀히 살펴봐야 하는데, 미사여구로 가득한 문건들만 제시해주면서 토론해보라고 하는 것은 적절치 않음. 교사가 誤導(오도)하면 남북관계에 대한 잘못된 인식을 갖게 될 우려가 있음.

54. 375페이지

정리해 볼까요 – '통일정책과 북한의 변화' 표

①북한의 경제: 토지개혁(광복 직후); 무상몰수·무상분배
→ 간단한 설명이 들어가야 하는 표에서 굳이 '무상몰수·무상분배'를 언급한 게 적절한가.

375페이지

정리해 볼까요 – '통일정책과 북한의 변화' 표
②통일정책: 〈이승만 정부〉 북진통일 멸공통일 주장 → 진보당 사건(평화통일 주장, 조봉암 사형)
→ 진보당 사건으로 조봉암이 처형된 것을 여기서 다시 언급하는 게 적절한가.

375페이지

정리해 볼까요 – '통일정책과 북한의 변화' 표
③통일정책: 〈장면 정부〉 4·19 혁명 이후 남북통일에 대한 국민적 열기 고조
→ 일부 혁신세력과 학생들의 정치적 목소리가 컸던 것이지, '국민적 열기 고조'라고 할 상황은 아니었음.

375페이지

정리해 볼까요 – '통일정책과 북한의 변화' 표
④통일정책: 〈전두환 정부〉 북한이 수재민 구호 물품 제공(1984)
→ 이게 그렇게 중요한 일이었나?

375페이지

정리해 볼까요 – '통일정책과 북한의 변화' 표
⑤ 통일정책: 〈노태우 정부〉
→ 한민족공동체 통일방안 언급 없음. 북한 수재민 구호물품 제공보다는 이게 더 중요한 거 아닌가?

375페이지

정리해 볼까요 – '통일정책과 북한의 변화' 표

⑥북한의 변화: 김정일을 김일성의 후계자로 추대

→ 김일성에서 김정일로의 세습이 마치 북한 주민의 자발적인 의지에 의한 것으로 읽힐 수 있음.

375페이지

정리해 볼까요 – '통일정책과 북한의 변화' 표

⑦북한의 변화: 김일성 사망~김정은 승계

→ '승계'라는 표현보다는 '세습'이 적당

375페이지

정리해 볼까요 – '통일정책과 북한의 변화' 표

⑧'통일정책과 북한의 변화' 표 전체

→ 6·25, 울진·삼척무장공비 침투 등 북한의 도발, 제1, 2차 연평해전, 천안함 폭침, 연평도 포격, 북한의 핵개발 등에 대한 언급이 없음.

55. 376~378페이지

'일본–중국과의 영토문제'

→ 일본의 독도 영유권 주장, 역사왜곡, 신사참배 등에 대해서는 2페이지에 걸쳐 記述하고 있는 반면, 중국의 동북공정에 대한 記述은 1페이지도 되지 않음.

56. 382페이지

사회주의가 몰락하고 자본주의가 유일한 경제체제로 위력을 발휘하면서 개인간, 자본간, 국가간의 무한경쟁이 가속화되고 국제분쟁도 더욱 격화되고 있다. 국제사회는 선진국과 후진국 간의 경제적 격차가 심화되면서 나타나는 남북문제 …

→ 사회주의 몰락 이후 국제사회는 핵전쟁이나 전면전쟁의 공포에서 해방되었으며, 자본주의의 확대와 함께 빈곤인구는 급격히 감소하고 있음[절대빈곤율 52%(1981)→ 25%(2005)]. 이런 현실을 외면하고 자본주의로 인해 무한경쟁, 국제분쟁 격화 운운하는 것은 잘못.

결론

1. 과거 한국 근·현대사 교과서에 비하면 많이 나아진 편, 보천보 전투 등에 대한 記述이 없고, 6·25 당시 소년병, 학도의용군 등을 記述, 이승만-박정희-전두환 정권에 대해 '독재'라는 표현을 사용하지 않은 것, 파독 광부와 서독 방문 시 박정희의 연설을 언급하는 것은 긍정적.
2. 북한에 대해서는 김일성의 독재, 세습, 인권문제 등을 언급.
3. 일제 강점기나 해방 전후의 국제관계를 記述한 부분, 경제발전에 대한 記述에서는 설익은 좌파적 역사의식이 보이고, 기본적 사실에 대한 지식도 결여된 것이 아닌가 싶은 부분도 있음.
4. 좋게 말해서 균형을 잡으려 노력했다고 할 수도 있겠지만, 나쁘게 말하면 좌우를 막론하고 그동안 교과서 논란을 통해 제기된 문제들을 보면서 논란이 될 만한 부분들을 피해가려 노력했다는 느낌.
5. 교육부의 수정 권고를 모두 받아들여 수정 명령을 받은 사항은 없음. 수정 권고를 받아 수정한 사항 중 대부분은 연도 誤記 등 사소한 문제고, 현대사에 대한 인식과 관련해 중요한 부분은 북조선인민위원회 설립과 북핵개발, 연평도 포격을 추가한 부분임.

7

지학사 한국사 교과서 분석

中道的이나, 대한민국의 발전 이유를 설명 못해

姜圭炯(명지대학교 기록정보과학전문 대학원 교수)

요약: 덜 좌편향적이고 중도적

1. 전체적으론 7종 교과서 중 중도적이고 덜 좌편향적이다.
2. 최신 연구 성과 등을 반영하려 노력
3. 그러나 아직도 민족경제론적 틀과 국사학계의 안이한 역사인식에서 완전히 벗어나고 있지 못하다.
4. 대한민국의 발전 이유를 충분히 설명하지 못하고 있다. 제1공화국의 자유민주주의적 공화제 선택에 대한 의의가 전혀 설명되지 않고 있다. 경제발전에 대한 이유도 이 책만 가지곤 도저히 이해 불가능

무장투쟁론에 대한 과대평가

p.333 " … 임시정부는 이들을(한국광복군) 국내에 들여보내 우리

의 힘으로 일제를 몰아내려 하였다. 그러나 국내 진공작전은 실행에 옮겨지기 전에 일본이 항복함으로써 무산되었다."

문제점 이 부분을 읽다 보면 마치 광복군이 자력으로 해방을 시킬 수 있었는데 일본의 이른 항복으로 그 기회를 놓쳤다는 것처럼 읽혀짐. 전형적인 자아도취적 해석. 연합군의 승리, 더 정확히 태평양 전선에서 미국의 승리로 일본이 항복하고 광복이 온 것을 인정하는 것이 어려울까?

p.345 건국준비위원회에 대한 과대평가 → 《해방전후사의 인식》 수준의 역사서술

p.347 정읍발언의 단독정부 발언을 소개하면서 그 배경. 소련과 북측의 단정노선과 실행을 언급 안 해서 오해를 살 수 있다.

p.348 김구, 김규식의 노력을 과대평가 – 그들은 당시 상황을 제대로 파악했나? 김일성에게 이용당한 것은?

p.349 당시 세계적 기준으로도 가장 선진적이었던 5·10 선거의 의의에 대해 생략.

p.350 북한 토지개혁의 한계와 문제점은 비교적 공정히 서술 – 더 철저히 서술할 필요가 있다.

p.352 6·25 전쟁의 발발에 대한 다소 구태의연한 설명
남침임을 명기했으나 내전 확산설, 남침 유도설 등과 같은 설명이 아직도 있음. 더 정확한 설명이 필요.

p.354 "소련이 정전을 제안했다."

문제점 마치 소련의 주도로 정전이 된 것처럼 오해를 살 수 있다. 정전을 끝까지 반대한 것은 스탈린과 소련임이 비밀자료 공개로 밝혀짐. 스탈린 死後(사후)에 정전협상이 가능해졌을 뿐.

p.354 "남북한은 전쟁의 경험을 독재 정치를 강화하는 데 이용하였다. 이승만 정부는 반공을 강조하면서 자유를 억압하였고, 김일성은 …" → **남북한을 동급으로 놓음**. 대한민국의 권위주의적 통치와 북한의 전체주의적 통치를 구분하지 않은 예.

p.357 동독과 서독이 꾸준한 교류와 협력을 통해 민족적 동질성을 회복하였다는 설명 → 그런 단순 설명만으론 무조건 타협, 협력해야 한다는 잘못된 교훈을 줄 수도 있다.

p.390 마찬가지로 북한의 적화통일론과 이승만 정부의 북진통일론을 단순 병기해서 양비론적인 느낌을 주며(오히려 북진통일론을 강조하는 볼드체로 처리함) 남북협상과 중립화 통일안, 평화통일론을 제시한 조봉암과 진보당을 지나치게 미화.

p.392 북한의 도발에 대해선 다른 교과서보다 더 자세히 서술하고 있으나 천안함 폭침이 아닌 "천안함 침몰 사건"으로 희석. 마치 천안함 피격이 북한 소행이 아니라는 일부 국사학계의 인식이 들어간 것은 아닌지? 그러나 최종본에선 다행히 "천안함 피격"으로 수정함.

p.360 3·15 부정선거가 마치 이승만을 대통령으로 부정 당선시키기 위한 것과 같은 서술. 3·15 부정선거는 부통령 부정선거였음을 명시했어야.

아직도 남아 있는 민족경제론적 시각

p.374 미국의 밀과 면화가 대량 유입돼 우리나라 밀과 면화 재배가 크게 감소되고 … 이들 작물의 자급률이 급격히 낮아졌고, 농

업과 공업의 불균형이 초래되기도 하였다. → 미국의 밀과 면화 없이도 자급자족이 가능했다는 뉘앙스? **그런 원조가 없었으면 굶어죽고 얼어 죽는 사람들이 더 생겨났을 것.** 당시 국내 밀과 면화 생산이 자기 충족적이었나? 전혀 틀린 설명.

p.375 (경제개발 파트) 그러나 국가주도하에 외국의 자본을 끌어들이면서 우리 경제는 외국에 더욱 의존하게 되었다.
→ 전형적인 민족경제론적 진부한 설명.

p.381 (박스 설명) 2012년 현재 상위 1%가 국가전체 부의 16%를 차지 … 반면 최저생활비도 못 버는 근로빈곤층 300만 명 넘어 … → 마치 한국이 빈부격차의 대명사인 듯한 단순설명. 지니계수 등으로 봤을 때 한국의 빈부격차는 다른 국가에 비해 양호.

p.383 (대중문화 부분) "광복 이후 대중문화가 형성되는 과정에서 미국중심의 서구문화가 무분별하게 유입되어, 전통적 가치규범이 파괴되고 대중문화가 물질적이고 향락적인 모습을 띠기도 하였다." → K-Pop열풍은 얘기하면서도 그 근원 중 중요한 부분인 외래문화 수용은 부정하는 이율배반적 서술. 전형적 폐쇄적 민족사관의 문제점 노출.

p.385 인터넷의 익명 이야기를 그대로 따와 어려운 형편만 강조하면서 경제성장의 그림자 설명 → 월급은 133만 원이라면서 '88만 원 세대' 운운?

p.399 독도 이야기를 하면서 가장 중요한 독도의 실효지배를 가져온 이승만 평화선에 대해선 언급을 안 함. 거의 모든 교과서들의 공통점.

8

교학사 한국사 교과서 讀後記

이래서 좌익들이 교학사 교과서를 죽이려 했구나!

趙甲濟(조갑제닷컴 대표)

사막 속의 오아시스

5種의 좌편향 교과서(금성, 두산동아, 미래엔, 비상교육, 천재교육)를 읽으면 머리가 아프다. 한국 現代史(현대사)를 비틀고, 침 뱉고, 날조한 것이 뻔히 보이는데도 직업적 의무로 읽어야 하는 것은 일종의 고문이다. 그런 상태에서 교학사 교과서를 읽으니 사막을 헤매다 오아시스를 발견한 느낌이었다. 좌편향이란 정신적 독극물을 마신 학생들에게 이 책은 解毒劑(해독제)가 될 것이다. 5種의 교과서가 지닌 문제들을 교학사는 대부분 해결해주기 때문이다. 2014년부터 새로 사용되는 고등학교 한국사 교과서 분석팀(김광동 박사 등)이, 8種 중 교학사만을 안심하고 쓸 수 있는 책이라고 결론 내린 이유도 여기에 있다. 反대한민국적 좌파 세력이 들고 일어나 거짓선동으로 이 교과서를 죽이려 하였던

이유도 여기에 있을 것이다. 이 책이, '최단 기간에 최소의 人命(인명)희생으로 최대의 성공'을 이룬 기적과 逆轉(역전)의 드라마인, 대한민국의 영광된 현대사를 충실하게 전달하려고 노력했기 때문이다.

李承晩의 '정읍발언' 정확하게 해설

교학사 305페이지는 좌익들이 남북 분단의 원인이라고 몰아가는, 李承晩(이승만)의 井邑(정읍)발언에 대하여 前後(전후) 사정을 정확하게 전달한다.

〈단독 정부 수립 활동과 좌익의 방해: 미·소 공동 위원회가 지리멸렬하게 진행되는 것을 보면서 1946년 6월에 이승만은 통일 정부의 수립이 불가능하다고 판단하여, 순회 연설 중 정읍에서 남한만의 임시정부 수립 필요성에 대한 입장을 발표하였다. 북한에서는 이미 1946년 2월에 북조선 임시인민위원회를 구성하였기 때문이다. 그는 12월에 미국으로 건너가 남한 임시정부 수립의 필요성과 공산주의에 대한 경각심을 고취시켰다.〉

이어서 이 책은 좌편향 교과서가 숨긴 좌익의 반역성을 이렇게 기록했다.

〈이승만이 반공적 단독 정부 수립을 위해 활동하는 사이 좌익 세력은 남한을 공산화하기 위해 본격적인 활동을 전개하였다. 그들은 활동 자금을 마련하기 위하여 위조지폐까지 발행하였다(조선정판사 위조지폐 사건). 이어서 조선 공산당은 1946년 가을부터 총

파업을 하였다. 1946년에는 대구 10·1 사건 같은 무장 봉기를 일으
키는 등 미군정과 정면 대치 상황으로 갔다.〉

　정판사 사건은 美군정이 조선공산당(남로당의 前身)을 불법화하는 계
기가 되었다. 대구 폭동은 공산주의 세력이 폭력 노선으로 전환, 同族
(동족)을 학살하기 시작한 최초의 사건으로 현대사 기술에서 뺄 수 없
는 비중을 지녔다. 좌편향 교과서들은 좌익에 불리한 두 사건을 묵살하
였다. 교학사 교과서도 대구 폭동을 '대구 10·1 사건 같은 무장 봉기를
일으키는 등'이라고 기술하는 잘못을 범했다. '10·1 사건'은 애매하다.
'대구 폭동'이 맞다. '무장 봉기'는 틀렸고 '무장 반란'이 맞다. '봉기'는 의
로운 궐기라는 뜻이 內在(내재)되어 敵과 惡인 공산당에는 쓸 수 없다.

여순 14연대 반란 사건 기술

　좌편향 교과서는 여수·순천 주둔 14연대 반란 사건도 主體(주체)를 흐
리고, 국군에 의한 양민 학살만 있었던 것처럼 쓰는데 교학사는 정확하다.

　〈제주도의 봉기를 해결하기 위하여 정부가 여수 주둔 14연대에 진
압 명령을 내렸으나, 14연대 내의 남로당계 좌익들이 반란을 일으
켰다. 반란군들은 여수를 장악하고 인민 재판소를 설치하여 우익
인사들을 살해하였다. 반란은 순천 지역까지 확대되었고 수많은
인명 피해가 있었다(여수·순천 10·19 사건). 이후 반란군은 지리산
으로 들어가 게릴라전을 계속하였다. 남한 정부의 수립을 전후하
여 남로당 지도부는 월북하였다.〉

위의 문장에서 '남한 정부의 수립'은 '대한민국 건국'으로 바꾸어야 하는데, 좌경화된 교육부가 이를 허용하지 않을 것이다. 교학사는 정판사 사건과 대구 폭동에 관해 305페이지 옆 난에 별도의 설명을 붙였다.

〈*조선 정판사 위조지폐 사건 보도(동아일보, 1946. 7. 30)
조선공산당 사무실이 조선 정판사 건물에 있었는데, 조선공산당은 이를 활용하여 대규모로 위조지폐를 발행하고 활동 자금으로 사용하였다. 이것이 미군정에 의하여 발각되어 조선공산당 간부를 구속하고 박헌영에 대하여 체포령을 내렸다. 조선공산당은 이에 대항하여 역공세를 취하여 총파업과 폭동을 일으켰다.
*대구 10·1 사건
조선공산당의 지시에 따라 파업을 벌이던 중 대구에서 폭력 시위가 발생하였다. 이를 해산하는 과정에서 시위자 한 명이 경찰의 유탄에 의해 사망하자 시위는 폭동으로 변하였다. 시위 군중들은 대구 경찰서를 점거하여 무기를 약탈한 후 수십 명의 경찰과 그 가족들을 살해하였다. 폭동은 전국적으로 번져 수백 명의 사망자와 수만 명의 부상자가 발생하였다.〉

스탈린의 北 정권 수립 지시문 실어

좌편향 교과서는 分斷(분단)의 책임을 미국과 이승만 세력에 덮어씌우려고 소련과 북한에 불리한 史實(사실)은 은폐하였다. 대표적인 게 스탈린의 정권수립 지시문이다. 소련 붕괴 후 공개된 이 자료는, 스탈린이 1945년 9월에 이미 북한지역에 사회주의 독재 정권을 세우려는 결심을 하였으므로, 군사분계선인 38도선이 禁斷(금단)의 線(선)으로 고착되고, 남한이 공산화되지 않는 한 남북한에 이념이 다른 두 정권이 들어선다는 것은 기정사실이 되었음을 증명한 결정적 史料(사료)이다. 교학사는 306페이지에서 이 자료를 소개, 분단 책임을 정확하게 썼다.

〈**북한에서의 정권 수립 과정**: 소련은 북한에서 1945년 8월25일부터 군정을 실시하였다. 그리고 9월에 스탈린은 북한에 부르주아 민주 정권의 수립을 지시하였다. 지시의 요점은 *인민 민주주의 운동을 통하여 공산화의 길을 북한이 밟아야 한다는 것이다. 이에 따라 북한은 각 행정 단위에서 인민위원회를 조직하였다. 이어서 중앙 행정부격인 북조선 행정 10국이 조직 되었다. 1946년 2월에는 북조선 임시 인민위원회를 구성하여 사실상의 정권을 수립하였다. 1947년 2월에는 북조선 인민위원회를 구성하였고, 1947년 6월에는 김일성이 '조선민주주의인민공화국'을 세우겠다고 언명하였다.

***인민 민주주의 운동**: 공산주의를 실현하는 데 있어서 사회적 조건이 충분하지 않은 나라에서는 일단 부르주아지와 연합하여 부르주아 민주 정권을 구축하되 정치적 실권을 공산주의자들이 장악하는 형태의 운동을 말한다.〉

김구의 실패한 남북협상 지적

좌편향 교과서는 김구와 김규식의 남북협상을 美化 일변도로 소개하지만 교학사는 실패한 이유를 설명한다.

〈**남한에서의 정부 수립과 유엔:** 김구는 4월20일, 김규식은 4월22일에 평양에 도착하였다. 평양에서는 全조선 정당 사회단체 대표자 연석회의가 이미 4월14일부터 개최되고 있었다. 연석회의는 4월23일 단독 선거 반대와 미·소 양군의 동시 철수를 요구하였으나, 이는 김일성이 작성한 안을 가결하는 회의였다. 김구와 김규식은 김일성으로부터 아무것도 얻지 못하고 5월5일 서울로 돌아왔다. 김구는 북한이 남한 送電(송전)을 계속하는 문제를 협의하였다고 발표하였으나 북한은 5월14일 남한 송전을 중단하였다.〉(307)

교학사는 대한민국 건국의 과정과 의미도 성실하게 적었다.

〈1948년 5월 국회가 개원되었고, 이승만이 의장으로 선출되었다. 7월17일 제정된 제헌헌법은 정치, 경제, 사회에 있어서 자유 민주주의를 기본 이념으로 하였다. 또한, 대통령 중심제와 3권 분립을 통하여 제도적으로 민주화가 이루어지도록 하였다. 制憲(제헌)국회는 李承晩(이승만)을 대통령으로 선출하였다. 대통령에 취임한 이승만은 정부를 구성하여 8월15일 대한민국 정부 수립을 선포하였다. 이로써 대한민국 정부는 미군정으로부터 통치권을 인수하고 유엔으로부터 승인받은 한반도의 유일한 합법 정부로 새로운 출발을 하게 되었다. 북한은 1948년 9월9일에 조선민주주의인민공화국을 수립하여 김일성을 수상으로 선출하였다. 분단의 책임이 남한에 있는 것처럼 하려고 남한 정부보다 20여 일 늦게 정권 수립을 발표하였다. 하지만 북한 정권은 유엔의 승인을 받을 수 없었다.〉

6·25 남침의 책임 소재 정확히 밝혀

6·25 전쟁에 대한 교학사의 기술도 확정된 사실과 부합할 뿐 아니라 스탈린, 모택동, 김일성의 전쟁 책임을 제대로 지적하였다. 전쟁의 피해자인 대한민국 학생들에게 6·25 전쟁을 가르치려면 眞僞(진위)-善惡(선악) 분별을 명확하게 해줘야 한다. 교학사는 311페이지에서 〈김일성의 오판: 소련의 이 같은 적화 전략을 부추긴 것은 북한의 김일성이었다. 북한은 나름대로 상황을 낙관하고 있었다〉고 적었다.

〈북한에서는 우익 세력을 모두 제거하고 공산 정권을 수립하였고, 남한의 정부는 자유 민주주의 체제의 약점으로 인하여 좌익 세력들이 언제나 사회를 교란할 수 있는 조건이 조성되어 있었〉기 때문이다. 김일성은 전쟁이 일어나면 남한의 인민은 폭동과 총파업으로 군대의 전투력을 마비시키고, 반란을 통하여 배후를 공격하면서 짧은 시간 내에 남한 정부를 전복하여 한반도 전역을 통일할 수 있다고 보았다.

312페이지에서 교학사는 6·25 남침을, 〈김일성이 주도하고, 스탈린이 승인했으며, 마오쩌둥이 지원한 전쟁〉이라고 정확하게 定義(정의)하였다. 좌편향 교과서들이 묵살하는 미국 트루먼 대통령의 역할도 명시하였다.

> 〈트루먼 대통령은 남침 소식을 보고받고 즉각 침략을 저지하고자 하였다. 6월25일에 바로 유엔 안전 보장 이사회가 소집되어 침략을 비난하는 결의안을 채택하였고, 27일에는 무력 개입을 결정하였다. 바로 그날 트루먼 대통령은 미 공군과 해군의 파견을 지시하였는데, 유엔군의 全병력 중 미군이 88%에 달했다. 6·25 전쟁은 유

엔군이나 공산군 양측에 엄청난 인명 피해를 초래하였다. 국군 약 15만 명과 미군 3만 7000명을 비롯하여 기타 참전국 군인 2500명 정도가 사망하였다. 북한군 약 30만 명, 중국군 약 14만 명, 소련군 약 300명이 전사하였다.〉

미국에 대한 감사를 표현한 교과서

교학사 교과서는 6·25 남침을 저지하고 戰後(전후) 복구하는 과정에서 미국이 도운 사실을 정확하게 기록, 학생들이 조국과 동맹국에 대한 고마움을 알도록 가르치는 유일한 韓國史 교과서이다. 從北(종북)좌파 성향의 정치세력과 언론 등에 집중 난타를 당하면서도 이런 책을 쓴 분들과 출판사는 日帝(일제) 때의 독립운동가들과 비견되는 애국자, 또는 義人(의인)들이란 생각이 들었다. 좌편향 교과서를 읽고 나서 교학사 교과서를 읽었기에 그런 감동이 더했다.

좌편향 교과서들은 이산가족이 왜 생겼는지를 제대로 설명하지 않는다. 설명하면 북한 주민들이 자유의사로 대한민국의 자유민주 체제를 선택, 대거 越南(월남)하였다는 사실이 알려지기 때문일 것이다. 韓美軍 등 유엔군이 흥남에서 철수하면서 9만여 명의 피난민들을 구출하여 데리고 온 사실도 적지 않는다.

교학사는 이 두 사건을 기록했다. 이승만 대통령이 반공포로 석방을 단행, 미국을 압박, 韓美상호방위조약을 맺게 되었음도 설명하였다. 교학사 교과서는 전쟁 중 북한군에 의한 민간인 학살을 설명하면서 남한에서 있었던 보도연맹원(전향한 좌익) 학살에 대해서도 기술, 공정을 기했다.

〈전쟁을 통하여 한국과 미국은 굳건한 군사 동맹국이 되었다. 이승만 대통령은 공산군의 재침을 막기 위해서는 미군의 존재가 절대 필요하다고 생각하여 한·미상호방위조약을 체결하는 데 노력했다. 한·미상호방위조약은 1954년 1월 양국의 국회에서 승인되어 11월 정식 발효되었다. 이에 한국은 미국과의 군사 동맹을 안정적으로 전후 복구와 성장을 위한 발걸음을 내디딜 수 있게 되었다.〉(316)

〈한국의 戰後 회복은 미국의 원조를 통하여 이루어졌다. 원조 물자는 미국으로부터 무상으로 제공되었으나 판매 수익은 특별 회계에 편입되어 경제 재건에 사용되었다. 빈곤과 전쟁으로 인하여 세금을 거의 징수할 수 없는 조건에서 미국의 원조 물자로 확보하게 된 財政(재정)은 전후 경제 재건과 1950년대의 경제 유지에 절대적이었다. 전후 경제재건 자금의 90% 이상이 원조에서 나온 것이었으며 후반에 정부재정에서 원조로 이루어진 자금의 비중이 50%가 넘었다. 1954~1960년의 경제 성장률은 4.7%였으나 공업은 12.2%의 높은 성장세를 보였다. 대한민국은 어려운 시기에 미국의 지원을 받았고 이를 통해 성장을 위한 기반을 마련하였다. 1950년에 우리나라의 1인당 국민 소득은 70달러 정도였다. 전쟁 이전 상황으로의 복구는 1955년에 가서 이루어졌다.〉(316~317)

이승만의 교육확대 記述

이승만 대통령의 업적은 자유민주체제의 건국, 농지개혁, 한미동맹 구축, 교육확대 등이다. 이런 제도 개혁은, 朴正熙(박정희) 정부가 산업화에 성공할 수 있는 기반이 되었다. 좌편향 교과서는 이런 업적을 무시하거나 부정하는데 교학사는 가르친다.

〈교육열과 교육 투자: 한국 정부는 어려운 경제 여건이었지만 교육에 각별한 노력을 기울였다. 미국 유학의 기회도 많았다. 한국은 전쟁 복구를 통하여 새로운 사회로 변모하고 있었다. 경제적으로 어려운 시기였지만 한국은 건국 시부터 초등학교 의무교육과 성인 교육을 실시하였다. 이로써 1950년대 말에는 적령 아동의 문맹이 거의 사라지게 되었다. 중등 교육과 고등 교육을 받는 인구도 급속도로 증가하였는데, 여기에는 사립학교의 역할이 컸다. 폐허에서 다시 일어나려는 한국인의 교육열은 1960년대 이래 고도성장의 열매를 맺게 되었다.〉

한국 현대 시기의 중학교의 성장

연도	학교 수(개)	교원 수(명)	학생 수(명)
1945	166	1,186	80,828
1950	395	9,100	380,829
1955	949	10,594	475,342
1960	1,053	13,053	528,614

공산주의의 문제점과 자유민주주의의 장점 강조

좌편향 교과서의 기술을 분석하면 학생들이 공산주의의 악마성과 자유민주주의의 우월성을 알게 되는 것을 두려워하는 것 같다. 교학사는 이를 적극적으로 알림으로써 자유민주주의 체제를 유지하면서 공산 전체주의와 대결하는 나라의 교과서로서 소임을 다하고 있다. 321 페이지는 '사료 탐구: 공산주의 체제와 파시즘'이란 欄(난)에서 이렇게 설명한다.

〈스탈린주의, 다시 말하면 건설 시대의 공산주의는 어느 사이 일종의 독특한 러시아적 파시즘으로 변형되어 가고 있다. 파시즘의 모든 특질이 그곳에 내재하고 있는 것이다. 즉, 전체주의 국가, 국가 자본주의, 민족주의, 지도자 이념, 그리고 군국화된 청년이 바로 그것이다. 레닌은 오늘날 의미하는 바의 낱말이 가지는 독재성에는 도달하지 못하고 있었다. 스탈린은 오늘날의 파시스트적 의미에 있어서의 지도자이자 독재자이다. ─니콜라이 베르쟈예프(이경식 역), 《러시아 지성사》

도움 글 파시즘은 민족의 적을 없애려 하고 공산주의는 계급의 적을 없애려 한다. 파시즘과 공산주의는 유혈 폭력을 사용하여 적을 없애려 하며 운동을 이끄는 지도자를 절대적인 위치에 올려놓으려 한다. 양 사상은 서로 증오하지만 놀랍도록 닮아 있다.〉

史料 소개도 충실

교학사 교과서는 한국 현대사를 기록함에 있어서 빠트려서는 안 되는 史料(사료)를 챙겨서 학생들에게 소개하려고 노력했다. 역사 교육에서 중요한 것은 原자료이다. 교학사가 실은 이승만 대통령의 下野(하야) 성명을 읽으면 이 분이 과연 좌편향 교과서가 매도한 그런 독재자였나 하는 의심이 생길 것이다.

〈자료1 / 이승만 대통령 對국민 담화문(1960. 4)

보고를 들으면 우리 사랑하는 청소년 학도들을 위시해서 우리 애국 애족하는 동포들이 내게 몇 가지 결심을 요구하고 있다 하니 내가 아래서 말하는 바대로 할 것이며, 한 가지 내가 부탁하고자 하는 것은 우리 동포들이 지금도 38선 이북에서 우리를 침입코자 공산당이 호시탐탐하게 기다리고 있다는 것을 명심하고 그들에게 기회를 주지 않도록 힘써 주기를 바라는 바이다.

1. 국민이 원한다면 대통령직을 사임하겠다.
2. 3·15 정부통령 선거에 많은 부정이 있었다 하니 선거를 다시 하도록 지시하였다.
3. 선거로 인연한 모든 불미스러운 것을 없게 하기 위하여 이미 이기붕 의장에게 공직에서 완전히 물러나도록 하였다.
4. 내가 이미 합의를 준 것이지만 만일 국민이 원한다면 내각 책임제 개헌을 하겠다.〉

이 교과서에 실린 '5·16 혁명 공약'은 한 시대의 현실과 고민과 꿈을 알게 하는 자료이다. 이런 자료를 읽게 해야 교사의 중개 없이 학생들이 직접 역사를 느끼게 되고 스스로 생각을 하게 된다.

〈자료2 / 5·16 혁명 공약(1961. 5)

첫째, 반공을 국시의 제일의로 삼고 지금까지 형식적이고 구호에만 그친 반공 체제를 재정비하여 강화한다.

둘째, 유엔 헌장을 준수하고 국제 협약을 충실히 이행할 것이며 미국을 위시한 자유 우방과의 유대를 더욱 공고히 한다.

셋째, 이 나라 사회의 모든 부채와 구악을 일소하고 퇴폐한 국민 도의와 민족 정기를 다시 바로잡기 위하여 청신한 기풍을 진작한다.

넷째, 절망과 기아선상에서 허덕이는 민생고를 시급히 해결하고 국가 자주 경제 재건에 총력을 경주한다.

다섯째, 민족적 숙원인 국토 통일을 위하여 공산주의와 대결할 수 있는 실력의 배양에 전력을 집중한다.

여섯째, 이와 같은 우리의 과업이 성취되면 참신하고도 양심적인 정치인들에게 언제든지 정권을 이양하고 본연의 임무에 복귀할 준비를 갖춘다.〉

이밖에도 박정희의 유신선언문(1972.10.17), 노태우의 6·29 민주화 선언문 등(1987. 6)이 실렸다.

5種의 좌편향 교과서를 다 합친 것보다 충실한 교학사 교과서

북한의 핵과 미사일 개발에 대한 교학사의 서술도 충실하다.

〈북한은 1956년 핵물리학자 30명을 소련에 파견하여 연수를 받게 하였고, 1964년에는 영변에 원자력 연구소를 설치하였다. 이후 북한은 은밀하게 핵무기를 개발해 왔다. 1993년에 북한은 핵확산금지조약(NPT)을 탈퇴하였지만, 미국이 북한에 매년 중유를 공급하고 경수형 원자로 발전소를 건설해 주는 것을 조건으로 1년 만에 다시 복귀하였다. 그러나 북한은 약속을 어기고 2002년 우라늄 농축 방식의 핵무기 개발 계획을 발표하고 다시 핵확산금지조약을 탈퇴하였다. 그리고 2006년 핵실험을 강행하고 2009년 2차 핵실험까지 강행하였다. 이제 북한은 핵보유국임을 인정받으려 하고 있다.〉

좌편향 교과서 5종을 다 합친 것보다 더 정확하다. 교학사는 이어서 〈북한은 핵무기를 실전에서 사용할 수 있도록 미사일 개발에도 힘을 쏟고 있다〉면서 〈1970년대 후반부터 미사일 개발에 주력한 북한은 1993년에는 사거리 1300km의 노동 1호 미사일 발사에 성공했고, 2009년에는 사거리 6000km의 대포동 2호의 발사에 성공하였다. 북한은 미국과의 협상에서 주도권을 가지려고 이러한 실험을 강행하고 있다〉고 설명했다. 北의 핵개발을 설명하면서 '핵실험' 사실을 누락시킨 좌편향 교과서와 너무나 대조적이다. 교학사 교과서의 존재 자체가 좌편향 교과서의 反교육·反국가·反역사성을 고발한다.

《교학사 한국사 교과서 수정·보완 대차대조표》

이종철 작성

일본군 위안부	
교육부 수정·보완 권고	(247) 인적·물적 자원의 수탈 일본군 위안부를 교과서 집필 기준에 따라 '일본군 위안부'로 수정 필요. 본문의 문맥은 일본군 위안부가 1944년부터 동원된 것으로 오해할 수 있음
수정 전	일제는 1944년 여자 정신 근로령을 발표하고 12세에서 40세까지의 여성들을 침략 전쟁에 동원하였다.
수정 후	일제는 우리나라의 많은 여성들을 강제로 침략 전쟁에 동원하였다.
4·3 사건	
교육부 수정·보완 권고	(305) 단독정부 수립과 좌익의 방해 1947년 3·1절 기념대회 발포 사건을 계기로 격화되었고, 전개 과정에서 제주도민이 희생된 것이 제대로 표현되어 있지 않음
수정 전	1948년 5·10 총선거가 결정되었다. 이에 남조선 노동당이 선거를 방해하기 위해 남한에서의 단독 총선을 거부하도록 지시하면서 파업과 시위가 이어졌다. 제주도에서는 4월3일 남로당 주도로 총선거에 반대하는 궐기를 일으켜 경찰서와 공공 기관을 습격하였다. 이 때 많은 경찰들과 우익 인사들이 살해당하였다. 사건을 수습하는 과정에서는 무고한 양민의 희생도 초래되었다(제주 4·3 사건).
수정 후	1948년 5·10 총선거가 결정되었다. 이에 1948년 4월3일 남로당의 주도로 총선거에 반대하는 봉기가 일어나 경찰서와 공공 기관이 습격 받았다. 이 과정과 이후 진압 과정 등에서 일부 군인과 경찰, 우익 인사가 희생되기도 하였다. 당시 사건을 수습하는 과정에서 수만 명에 이르는 무고한 민간인의 희생이 있었다(제주 4·3 사건).
비고	본문 전반적으로 수정 우측 제주 4·3 사건 꼭지를 통해 별도 설명
5·10 총선거	
교육부 수정·보완 권고	(306) 남한에서의 정부 수립과 유엔 5·10 총선거 당시 제주도에서는 3개 선거구 중 1개 선거구에서 선거가 실시되었음에 유의. 또한 '좌익 세력이 점령했던 제주도'라는 표현은 4·3 사건을 비롯한 당시 제주도 상황에 대한 오해의 소지

	가 있음. 적절한 문장으로 수정 필요
수정 전	좌익 세력이 점령했던 제주도는 이듬해에 선거가 실시되었다.
수정 후	제주도의 3개 선거구 중 2곳에서는 이듬해에 선거가 실시되었다.

한반도에 두 개의 정부

교육부 수정·보완 권고	(306~307) 남한에서의 좌우익 투쟁과 정부수립 북한 정권 수립 움직임이 먼저 있었음에 유의하여(북조선 인민위원회 출범, 1946. 2) 남북 분단의 책임이 남한에 있다는 오해 없도록 수정
비고	"북한에서의 정권 수립 과정"을 맨 앞으로 돌려 수정함

건국

교육부 수정·보완 권고	(307) 남한에서의 정부수립과 유엔 대한민국은 제헌헌법에도 명시하고 있듯이 3·1 운동 결과 수립된 대한민국 임시 정부의 법통을 계승하여 수립되었음. 따라서 건국이란 용어는 적절하지 않음. 집필기준에 의거하여 '건국'이 아닌 '정부수립' 등으로 수정 필요
수정 전	이로써 대한민국 정부는 미군정으로부터 통치권을 인수하고 유엔으로부터 인정받은 한반도의 유일한 합법 정부로 건국의 출발을 하게 되었다.
수정 후	이로써 대한민국 정부는 미군정으로부터 통치권을 인수하고 유엔으로부터 인정받은 한반도의 유일한 합법 정부로 새로운 출발을 하게 되었다.
비고	'건국' 삭제함

5·18

교육부 수정·보완 권고	(326) 민주주의를 위한 운동과 87년 체제의 성립 시위대가 무장을 하고 도청을 점거했기 때문에 계엄군이 이를 진압하기 위해 광주를 장악한 것으로 서술. 이는 5·18 민주화 운동의 유혈사태 원인이 시민에게 있는 것으로 오해할 소지가 있음
수정 전	이에 5월18일 광주에서는 민주화를 요구하는 대학생의 시위가 일어났다. 하지만 진압군이 투입되면서 대규모 시위로 번지게 되었다 (5·18 민주화 운동). 충돌은 유혈화되었고 시위대의 일부가 무장을 하고 도청을 점거하였다. 5월27일 계엄 사령부는 계엄군을 광주에 진입시켜 광주를 장악하였다. 이 과정에서 희생자가 많이 발생하였다. 광주를 장악한 후, 5월31일 신군부는 국가 보위 비상 대책위원회를 설치하고 집권 방해 요인을 제거하였다. 이리하여 5·18 민주

	화 운동은 당장은 민주화의 목표를 이루지 못하였지만 세계적으로 군부 독재 정권에 대한 저항의 선례가 되었다.
수정 후	이에 5월18일 광주에서는 민주화를 요구하는 대학생의 시위가 일어났다. 그러나 신군부는 공수부대를 투입하여 시위를 진압하고 학생과 시민들을 체포하였다. 계엄군이 시민들을 무자비하게 진압하자 시위는 대규모로 번지게 되었다. 신군부는 언론을 통제하고 교통을 차단하였고, 광주 시민들을 폭도로 몰았다. 광주 시민들은 계엄군의 발포에 대항하여 시민군을 결성하여 저항하였다. 이 과정에서 수많은 시민들이 희생되었다(5·18 민주화 운동). 광주를 장악한 후, 신군부는 국가 보위 비상 대책 위원회를 설치하고 집권 방해 요인을 제거하였다. 5·18 민주화 운동은 당장은 민주화의 목표를 이루지 못하였지만, 세계 민주화 운동에 큰 전기가 되었고, 그 기록물은 2011년 유네스코 세계 기록 유산으로 등재되었다.
비고	전반적으로 수정함
평화 통일 노력	
교육부 수정·보완 권고	(345) 대한민국의 평화 통일 노력 통일을 위해 우리 정부가 추진한 정책들이 일정 부분 성과가 있었음에 유의. 학생들이 통일 정책의 성과에 대해 부정적으로 인식할 오해의 소지가 있음. 적절한 표현으로 수정 필요
수정 전	그동안 '7·4 남북 공동 성명, 남북 기본 합의서, 6·15 남북 공동 선언, 남북 관계 발전과 평화 번영을 위한 선언' 등은 평화 통일을 명분으로 추진되었지만 언제나 선언에 그치고 말았다.
수정 후	그동안 남북 간의 평화를 위한 노력은 '7·4 남북 공동 성명, 남북 기본 합의서, 6·15 남북 공동 선언, 남북 관계 발전과 평화 번영을 위한 선언' 등의 성과가 있었다. 또한, 인적 왕래와 경제 협력도 다소간 진행되었다. 하지만 아직도 남북 간 신뢰 관계가 잘 구축되었다고 보기는 어렵다.

4
chapter

역대 國史 교과서 모두 분석한 丁慶姬 교수 인터뷰

"그들은 북한 책을 이렇게 베꼈다. 교육부는 영혼 없는 집단"

李相欣(조선pub 기자)

> 역대 國史 교과서 모두 분석한 丁慶姬 교수 인터뷰
> # "그들은 북한 책을 이렇게 베꼈다. 교육부는 영혼 없는 집단"
>
> 글 | 李相欣(조선pub 기자)

10년 넘게 이어지는 좌편향 문제

교학사 발간 역사 교과서의 채택 문제를 두고 논쟁이 격렬하다.

현재 검정을 통과한 고등학교 한국사 교과서는 모두 8종이다. 이 가운데 교학사의 교과서를 채택한 학교는 한 곳. 당초에는 전국 2300여개 학교 중 20여개 학교가 교학사 교과서를 채택했었지만, 좌파 단체와 언론, 야권의 집요한 철회 압박에 굴복해 대부분 선택을 취소했다.

현재 고등학교에서 사용되고 있는 교과서는 2010년 檢定(검정)을 통과한 한국사 교과서다. 국사 교과서의 좌편향 논란이 불거진 것은 2002년 검정을 통과한 7차 교육과정의 한국 근·현대사 교과서부터다. 7차 교육과정에서 한국 근·현대사 과목이 신설되면서 國定(국정)과 검정이 뒤섞이게 되었다. 1학년 때 배우는 국사 교과서는 여전히 국정이었고,

2~3학년 때 선택하는 한국 근·현대사 과목이 검정 교과서였다.

7차 교육과정에 따라 2002년 검정에 통과한 한국 근·현대사 교과서는 모두 6종이었다. 이들 교과서는 대한민국 정부를 부정적으로 기술하고, 북한 정권을 감싸는 바람에 처음부터 '좌편향' 논란에 휩싸였다. 이는 이후 수년간의 '교과서 파동'으로 이어졌다. 이후 한국 근·현대사의 편향성을 바로잡기 위해 교육과정이 개정되면서 문제가 된 한국 근·현대사 과목은 폐지되었다. 그 후 또 한 차례 개정이 이루어진 결과, 국사 교과는 한국사로 명칭이 바뀌고 국정 체제에서 검정으로 바뀌었다.

검정 한국사 교과서가 처음 등장한 것은 2010년이다. 그런데 이 해 처음으로 검정을 통과한 한국사 교과서 6종도 편향되기는 한국 근·현대사 교과서와 별 차이가 없다는 평가를 받았다. 이 편향성을 바로잡기 위해 작년에 한국사 교과서가 새로 만들어졌고, 그 가운데 교학사 교과서를 포함한 8종이 검정을 통과했다.

국사 교과서가 왜 이념논쟁의 최전선에 서게 되었나?

교학사 교과서는 2013년 5월30일 1차 검정을 통과하자마자 좌파세력의 집중적인 공격을 받았다. 아직 그 내용도 알려지지 않은 상태였다. 좌파세력은 교학사 교과서가 '유관순은 깡패', '김구·안중근은 테러리스트'라고 표현했다는 글을 SNS 등을 통해 전파하면서 교학사 교과서에 '親日(친일)'이라는 딱지를 붙이려고 그야말로 '기'를 썼다.

대한민국의 정통성을 가르쳐야 하는 국사 교과서가 좌편향 논란에 휩싸인 것 자체가 사실은 '비정상'이다. 이 '비정상'을 정상화하겠다고 펴낸 교학사 교과서는 부산의 부성고등학교 단 한 곳에서만 채택됐다. 나

라의 정체성을 유지하고, 단결의 구심점에 서 있어야 할 국사 교과서가 왜 이념 논쟁의 최전선에 서게 되었을까?

역사 교과서를 두고 벌어지는 '이런 이해할 수 없는' 현상을 이해하기 위해 역대 대한민국 국사 교과서를 모두 분석한 학자가 있다. 바로 丁慶姬(정경희) 전 탐라대 교수이다. 정경희 교수는 지난 2년간, 1차 국사 교과서부터 현재의 한국사 교과서에 이르는 역대 국사 교과서의 내용을 모두 분석해서 그 결과를 2013년 10월에 《한국사 교과서 어떻게 편향되었나》라는 책으로 펴냈다.

丁 교수는 국사 전공자가 아니다. 서울대 역사교육과를 졸업하고 같은 대학 서양사학과에서 석·박사학위를 받은 丁교수는 "무식하면 용감하다고, 처음에 국사에 대해 잘 몰랐으니까 이 일을 시작했다"며 "이렇게 힘든 일인 줄 알았다면 절대 시작하지 않았을 것"이라고 했다.

"저도 교과서를 분석하기 전까지는 우리 국사 교과서가 이 정도로 심각한 상태인지 몰랐습니다. 직접 교과서를 보지 않으면 저도 믿지 못했을 겁니다. 한마디로 우리 아이들이 십여 년 전부터 이런 교과서로 공부했다는 것이 정말 큰 충격이었습니다.

이건 대한민국의 국사 교과서라고 하기에는 史觀(사관), 용어, 기술 방식 등에서 북한의 역사책과 너무도 유사한 부분이 많은 교과서입니다. 그동안 우리나라의 국사학자들이 이런 상황을 어떻게 그냥 지켜보고 있었는지 정말 이해가 가지 않습니다. 사실을 알고 나니 저는 가만히 있을 수가 없더군요."

대한민국엔 13회 '독재' 표현, 北엔 全無

먼저 정경희 교수로부터 국사 교과서의 편향성을 분석하게 된 계기에 대해 들어보았다.

"러시아 대사를 지내신 이인호 교수(아산정책연구원 이사장·서울대 명예교수)께서 일찍부터 국사 교과서 좌편향 문제가 심각하다는 것을 깨달으시고, 깊이 우려하고 계시다가 저에게 이 문제를 연구해보지 않겠느냐고 하셨어요. 그때부터 저는 국사 교과서를 1950년대 것부터 모두 구해다 놓고 분석하기 시작했습니다.

건국 이후의 국사 교과서를 죄다 분석해보니 국정체제이던 6차 교육과정까지는 그렇게까지 큰 문제는 없었습니다. 하지만 7차 교육과정이 시작되면서 모든 분란이 시작됩니다. 7차에서 이전에는 크게 다루지 않던 근·현대사 부분이 국사에서 분리되면서 검정으로 바뀌었습니다. 왜 갑자기 한국 근·현대사 과목이 신설되었는지, 그리고 누가 국사 교과서를 국정에서 검정으로 바꾸었는지는 아직 밝혀지지 않은 상태입니다."

丁 교수는 "10년 가까이 일선 고등학교에서 사용된 한국 근·현대사 교과서 6종이 정도의 차이는 있지만 좌편향이 심각한 상태"였다고 말한다.

"6종 모두 편향된 교과서였는데, 그 중에서도 금성교과서는 극도의 편향성을 드러냈습니다. 금성교과서는 1987년 이전의 모든 정권을 '독재'라고 비판하면서 북한의 독재체제에 대해서는 전혀 아무런 비판도 하지 않습니다.
예를 들면, 남한에 대해서는 '이승만 독재', '박정희 독재', '40년 독재' 등 13번이나 독재라는 표현을 쓰면서 북한의 김일성-김정일에 대해서는 단 한마디도 독재라는 표현을 쓰지 않고 있습니다. 또한 6·25를 의도적으로 왜곡해서 북한의 남침 책임을 희석시키고, 대한민국의 성공과 성취는 부정하면서도 북한에 대해서는 매우 우호적으로 기술하고 있습니다."

정경희 교수는 "교과서가 극도의 편향성을 띠게 된 것은 1980년대 말부터 본격적으로 등장한 '민중사학'의 관점에서 쓰였기 때문"이라고 말했다.

"민중사학은 북한 역사학계의 연구 성과가 남한에 유입되면서 대두한 마르크스주의 역사학의 일종입니다. 즉 마르크스-레닌의 史的唯物論(사적유물론)에 바탕을 둔 북한의 역사학과 남한의 폐쇄적 민족주의 사학이 접목되어 생겨난 것이지요. 따라서 민중사학은 한국의 근·현대사를 기본적으로 反봉건의 근대화와 反제국주의 항쟁의 과정으로 파악하고 있습니다."

현대사의 주류 학풍으로 자리잡은 민중사학

정 교수는 "민중사학은 '역사발전의 주체가 민중'이라는 명제에서 출발하는 역사관"이라며 "한마디로 민중이 주체가 되고, 주인이 되는 사회를 건설하기 위해 변혁을 모색하는 게 그 주요 목표"라고 설명했다.

"민중사학은 대한민국을 여전히 제국주의 미국의 식민지라고 인식하고 있으며, 우리의 근·현대사를 지배계급과 기층 민중의 대립구도로 파악하는 마르크스-레닌주의 역사관의 한 형태입니다. 실례로 '일제시대'를 북한식 용어인 '일제강점기'라는 말로 바꾼 것도 바로 이들 민중사학자입니다.

이는 북한이 광복 이전과 이후의 남한의 역사를 각각 '日帝(일제)강점기', '美帝(미제)강점기'로 구분하는 것과 일치합니다. '일제강점기'는 '미제강점기'와 짝을 이루는 북한식 용어인데 민중사학자들이 이 용어를 선택했다는 것은 북한의 역사 해석에 동조하고 있다는 것을 스스로 보여주는 것입니다."

정 교수에 따르면 1980년대 중후반에 오면서 진보좌파 성향의 소장학자들은 본격적으로 역사단체를 세워 이를 기반으로 조직적인 학술운동을 전개했다.

역사문제연구소(1986), 한국역사연구회(1988), 구로역사연구소(현 역사학연구소, 1988) 등이 바로 이 때 결성된 민중사학 연구단체이다. 이렇게 해서 1980년대 말 역사학계는 講壇(강단)사학과 반체제적인 在野(재야) 연구소로 양분되었다.

정 교수는 "민중사학이 민주화 분위기와 맞물리면서 1980년대 후반 현대사 연구의 主流(주류) 학풍으로 자리 잡아가는 동안 주류 역사학계는 별다른 대응을 하지 못했다"고 말했다.

"이들 민중사학자는 1980년대 말 민중사학 연구단체를 설립하고 나서 두 가지 일을 본격적으로 실행에 옮겼습니다. 첫째는 교과서의 國定制(국정제)를 집중적으로 비판하는 것이었고, 두 번째는 국정 교과서를 대치할 대중용 국사 교과서를 발간하는 것이었습니다. 〈바로 보는 우리역사〉, 〈교실 밖 국사여행〉 등의 민중사학 서적이 이렇게 해서 탄생했습니다. 동시에 이들은 역사교사, 대학생, 시민 등을 대상으로 한국사와 사회주의 운동사 등을 강의하는 대중교육을 통해 민중사학의 전파에 나섰습니다."

민중사학자, 교과서 준거안 파동을 부르다

1990년 5차 국사 교과서 개편을 앞두고 민중사학자들은 '국정 국사 교과서가 정권의 이데올로기를 정당화하고 홍보하는 역할을 하고 있으며, 반공 이데올로기를 맹목적으로 받아들이게 한다'며 집중적으로 비판했다. 이들은 또한 '국사교육의 문제점을 해결할 방안이 국정제 폐지'라고 주장했다.

당시 문교부의 국사 교과서 편찬을 담당했던 윤종영 편수관은 "요사이 우리 학계의 소장학자 가운데 진보적인 성향을 가진 일부 학자들은 극히 편향적인 계급 사관의 입장에서 우리 역사를 기술하고 있다"며 "만약 이러한 입장에서 교과서를 집필하고 이것이 중등학교 교재가 된다면 앞으로 우리 역사 교육에 많은 문제를 가져올 수 있다"고 예측하며 민중사학자들의 국정제 폐지 요구를 받아들이지 않았다.

윤종용 편수관의 예측은 훗날 그대로 맞아떨어졌다. 7차 교육과정의 한국 근·현대사 교과서 좌편향 문제가 불거지면서 2002년부터 교과서 파동이 시작되었기 때문이다.

-7차 교육과정 개편 전까지는 국사 교과서에 아무 문제가 없었습니까.

"그렇지는 않습니다. 제한적이긴 하지만 민중사학이 1990년에 발행된 제5차 국사 교과서에 영향을 미쳤습니다. 이는 그동안 좌파진영이 제기해 왔던 비판이 국사 교육에 수용되기 시작했음을 의미합니다. 1987년 6월에 5차 교육과정에 따른 국사 교과서 개편을 위해 준거안이 작성되었는데, 이 준거안에 일제시기를 '일제강점기'로 서술하라는 내용이 처음으로 들어갑니다.

'일제강점기'라는 용어는, 앞서도 설명했듯이, 북한의 역사서인 《조선통사》에 나오는 것으로 북한이 만들어낸 용어입니다. 즉 일부 북한 자료에 대한 공식적 해금조치가 이루어진 1988년 7월보다 1년 이상 앞서서 국사 교과서에서 북한 용어를 쓰도록 한 셈입니다. 또한 '광복 이후 북한의 역사 변천에 대하여 민족사적 차원에서 필요한 내용을 설명한다'고 하면서 국사 교과서에서 처음으로 북한의 역사를 서술하도록 했습니다.

-그래서 5차 국사 교과서가 준거안대로 집필되었습니까.

"5차 교과서에서는 아직 '일제강점기'라는 용어가 사용되지 않았습니다. 하지만 일제 통치시기 무장독립운동과 사회주의 계열의 무장독립운동, 북한의 역사 등이 새롭게 서술되는 결과를 가져왔습니다. 1987년 6월의 민주항쟁으로 인한 민주화 추세와 민중사학의 대두가 맞물리면서 민중사학이 처음으로 교과서에 반영된 것입니다. 문제는 6차 교육과정에 따른 국사 교과서를 준비하면서 일어났습니다.

1994년에 6차 교과서 준거안 시안이 세상에 알려지면서 이른바 '준거안 파동'이 일어났는데, 당시 문제가 된 준거안 시안의 현대사 부분은 서중석 성균관대 교수(역사문제연구소 이사장)가 쓴 것으로 알려져 있습니다. 서 교수는 준거안 시안에서 '대구 폭동'을 '10월 항쟁'으로, '제주 4·3 사건'을 '제주 4·3 항쟁'으로 기술하자고 주장했는데, 이것이 알려지면서 여론의 격렬한 반대와 논쟁을 불러일으켰던 것이지요."

당시 서 교수가 준거안 시안에서 제시한 근·현대사 용어는 민중사관에 바탕을 둔 것으로, 재야세력의 역사 재조명 작업 가운데 하나로 나온 것이었다고 한다.

> "당시에 일부 보수우파 학자들은 준거안의 현대사 부분 기술 내용이 '편협한 민중사관에 입각한 것'이라거나, '혁명투사를 양산하는 데 적합하다'는 혹평을 내리기도 했습니다. 6차 준거안 시안이 좌익 운동사와 북한의 주체사상을 다루도록 했다는 사실이 보도되면서 여론의 반대가 빗발쳤습니다. 파장이 커지자 교육부는 사태를 수습하기 위해서 종래의 정통적 견해를 대폭 수용하는 최종 준거안을 마련하겠다고 했고, 이를 1994년 11월 발표했습니다."

"북한의 독재는 북한의 입장에서 이해해야"

정 교수는 "서중석 교수의 6차 준거안 시안은 보도된 내용보다 더 많은 문제를 가지고 있었다"고 말했다.

"먼저 '신탁통치' 부분입니다. 1차부터 5차 교과서는 신탁통치에 대해 '우리 민족' 또는 '온 국민'이 '반탁운동'을 벌였다고 쓰여 있지만, 서 교수의 준거안 시안은 '우익'의 반탁운동을 서술하라고 되어 있습니다. 또한 '공산주의자들'이 '찬탁' 운동을 한 것이 아니라 '좌익'이 '모스크바 3상 회의 결정지지운동'을 한 것으로 서술하도록 했습니다. 이는 '공산주의자'라는 용어와 '찬탁'이라는 용어 자체를 교과서에서 빼려고 했다는 것을 의미합니다. '찬탁'이라는 용어를 빼버림으로써 해방 공간에서 찬탁운동을 하는 바람에 정국의 주도권을 상실했던 공산주의자들의 뼈아픈 과거를 국사 교과서에서 지워버리려는 노력의 일환이죠.

두 번째는 6·25 전쟁에 관한 기술입니다. 6·25 전쟁의 원인을 '남침'으로 기술하고 있는 5차 교과서와 달리 서 교수는 '북한이 전쟁을 일으킨 배경과 전쟁의 추이를 설명한다'라고 시안에 쓰고 있습니다. 이는 6·25 발발 원인을 북의 남침이 아니라 內戰說(내전설)의 입장에서 보는 것으로, 38선 부근에서 남북이 지속적인 물리적 충돌을 하다가 전쟁으로 번졌다는 수정주의 입장입니다.

'북한의 남침'이라는 기본적인 역사적 사실과 상식을 깨는 서술을 새 교과서에 넣으려고 했던 것이지요. 또한 그는 6·25 전쟁의 명칭을 '한국전쟁'으로 바꾸려 했습니다. '한국전쟁'이라는 용어에는 6월25일에 북한이 남침했다는 것을 상징하는 숫자가 없을 뿐 아니라, 6·25가 국제적 냉전의 산물임을 강조하고 있습니다. 이 모두가 6·25 전쟁이 북의 남침에 의해 발발했다는 것을 희석시키기 위한 것입니다.

세 번째로 북한에 대한 서술입니다. 5차 교과서에는 '김일성 독재체제가 더욱 강화되어 그의 유일 지배체제가 구축되었으며, 김정일에게 세습시키려는 노력을 계속한다'고 되어 있지만, 이와 달리 서 교수는 '세습'이라는 용어를 쓰지 않고, '김일성 독재체제' 대신에 '수령 유일체제'로 기술하도록 했습니다. 더구나 수령 유일체제가 '북한 특유의 독재체제'라는 설명까지 덧붙였는데, 이는 북한에 대한 이른바 '내재적 접근법'으로 볼 수 있습니다."

―여론의 뭇매를 맞았다는 서중석 교수의 준거안 시안이 6차 교과서에 반영되었습니까.

"몇몇 항목을 제외하고는 용어 및 역사 해석에서 서중석 교수의 시안이 상당 부분 반영되었습니다. 따라서 이 준거안을 토대로 서술된 6차 국정 교과서는 상당 부분 진보좌파의 역사 해석을 수용한 것이라고 할 수 있습니다. 하지만 이때까지만 해도 국정 교과서였기 때문에 민중사학이 일부 기술 외에는 큰 영향을 미치지 못했습니다."

좌편향이 폭발한 7차 교육과정의 국사 교과서

1994년에 준거안 파동을 불러온 서중석은 좌파 성향의 학자로 분류되는 대표적인 인물이다. 그가 이사장으로 있는 역사문제연구소는 서울시장인 박원순이 광복 후 남로당을 이끌었던 박헌영의 사생아인 원경이라는 승려와 함께 설립한 연구소로 알려져 있다.

역사문제연구소는 표면적으로는 민족주의 史學(사학)을 표방하고 있으나 실제 활동을 보면 사회주의 시각으로 역사를 재조명하는 학술 및 대중 활동을 병행하고 있는 것으로 보인다. 강만길 고려대 명예교수, 임헌영 민족문제연구소 소장, 강정구 전 동국대 교수, 박원순 서울시장 등의 인물이 활동했거나 현재도 활동 중이다.

―본격적인 좌편향 교과서라는 7차 한국 근·현대사 교과서는 어떻게 생겨난 것입니까.

"7차 교육과정의 가장 큰 변화는 기존의 국사 과목을 그대로 두고 심화선택 과목으로 한국 근·현대사를 신설하여 분리시켰다는 것입니다. 표면적인 이유는 근현대사의 중요성에 대한 인식이 커졌기 때문이라고 하지만, 실제적 배경은 아직 밝혀진 것이 없습니다. 저는 분명히 누군가의 '불순한 의도'가 있다고 생각합니다. 한국 근·현대사 과목은 검정과정부터 논란이 되더니 2004년부터는 교과서를 둘러싼 기나긴 분란으로 비화해서 이른바 교과서 파동이 일어났습니다."

―7차 국사 교과서 집필을 위한 준거안도 역시 마련됐겠네요.

"그렇습니다. 문제는 7차 준거안이 서중석 교수의 6차 준거안 시안을 거의 그대로 수용했다는 것입니다. 예를 들면 7차 준거안은 신탁통치에 대한 기술을 '우익의 반탁 운동'과 '좌익의 모스크바 3상회의 결정지지 운동'이라고 표현했습니다. 6차 교과서까지의 '공산주의', 5차 교과서까지의 '찬탁'이란 용어 자체를 없애버린 것입니다. 또한 남한에 대해서는 '單政(단정, 단독정부)노선', '남한 단독선거' 등의 표현을 서슴지 않으면서 북한 정권에 대해서는 5차 교과서까지 들어있던 '단독'이라는 단어를 뺐습니다."

―7차 교과서의 준거안 작성자들은 누구입니까.

"모두 9명의 연구진이 참여했지만 근·현대사 부분은 방기중 교수와 박찬승 교수가 작성한 것으로 알려져 있습니다. 방기중 교수는 내재적 발전론의 선구자인 김용섭 전 연세대 교수의 제자로, 역사문제연구소 소장으로도 활동했습니다. 박찬승 교수도 현재 한국역사연구회와 역사

문제연구소 등에서 활발하게 활동하고 있습니다. 그러니 5차부터 7차에 이르는 준거안의 근·현대사 부분 작성자 네 사람이 모두 역사문제연구소와 연관되어 있는 셈입니다."

—7차 교육과정의 한국 근·현대사 교과서의 편향성은 어느 정도입니까.

"한마디로 민중사학이라는 좌편향 역사학이 '폭발적'으로 드러난 교과서입니다. 그 가운데서도 금성교과서가 극도의 편향성을 보였습니다. 금성교과서는 친북·반미 서술로 일관하면서 대한민국의 정통성마저 부정하고 있습니다. 그래서 교과서 파동이 시작되었고, 편향성을 바로잡는 차원에서 한국사 교과서가 생겨난 것입니다. 편향되기는 마찬가지였지만요."

정 교수는 "금성교과서 극도의 편향성은 아무래도 집필진에서 그 원인을 찾아야 한다"고 말했다.

"집필자 여섯 명 가운데 세 명이 교수인데 그 가운데 두 명은 민중사학을 표방하는 단체 가운데서도 가장 급진좌파 성향을 보이는 구로역사연구소(현 역사학연구소)의 소장을 지냈고, 다른 한 명은 역사문제연구소 연구위원을 지냈습니다. 세 명의 교사 중 한 명은 전교조의 연계단체인 전역모 소속입니다."

북한군의 잔학행위는 누락, 민간인 희생은 '학살'로 부각

—2010년부터 검정을 통과해 2011년부터 교재로 사용되고 있는 현행 6종의 한국사 교과서는 상황이 어떻습니까.

"7차 한국 근·현대사 교과서보다 일부 개선된 것처럼 느껴지지만 편향성이 더 심해진 부분도 있습니다. 6·25 전쟁에 대한 서술이 그렇습니다. 6·25 때 북한이 저지른 '인민재판'이라는 용어를 명시한 교과서는 단 2종뿐입니다. 6종 가운데 '납북'에 대해 제대로 다루고 있는 교과서는 단 하나뿐입니다.

현행 6종의 한국사 교과서 가운데 일부는 인민재판이나 납북 같이 대한민국의 전쟁 피해를 나타내는 용어의 사용을 회피하고, 대신 누가 가해자이며 피해자인지 알 수 없는 용어인 '학살'이라는 표현을 사용함으로써 남한이 전쟁피해자라는 사실을 희석시키고 있습니다."

이들 교과서 가운데 일부는 6·25전쟁의 민간인 희생에 대해 서술하면서 '민간인 학살'이라는 용어를 사용하고 있는데, 북한과 중공군에 의한 대한민국 국민의 학살행위는 제대로 다루지 않으면서 국군과 미군에 의해 야기되었다는 이른바 '거창 사건'이나 '노근리 사건'만을 특별히 설명하는 것은 지극히 편파적인 기술이라는 것이 정 교수의 설명이다.

"미래엔 교과서가 우리 측에 의해 '많은 양민이 학살되었다'고 기술한 이른바 '신천 학살'은 미군이 저지른 만행이라며 북한이 대대적으로 선전하는 사건입니다. 하지만 사실 신천학살은 미군에 의한 것이 아닙니다. 신천 지역의 기독교도들과 공산주의자 간의 대립, 즉 좌익과 우익의 상호투쟁 과정에서 벌어진 일입니다.
그러면서도 미래엔 교과서는 북한이 남한 우익인사들을 대상으로 저지른 학살에 대해서는 결코 '학살'이라는 표현을 쓰지 않습니다. '북한 측은 점령한 남한 지역에서 인민재판을 행했고'라는 단 한 구절이 6·25 전쟁에서 북한이 행한 학살행위를 다룬 전부입니다."

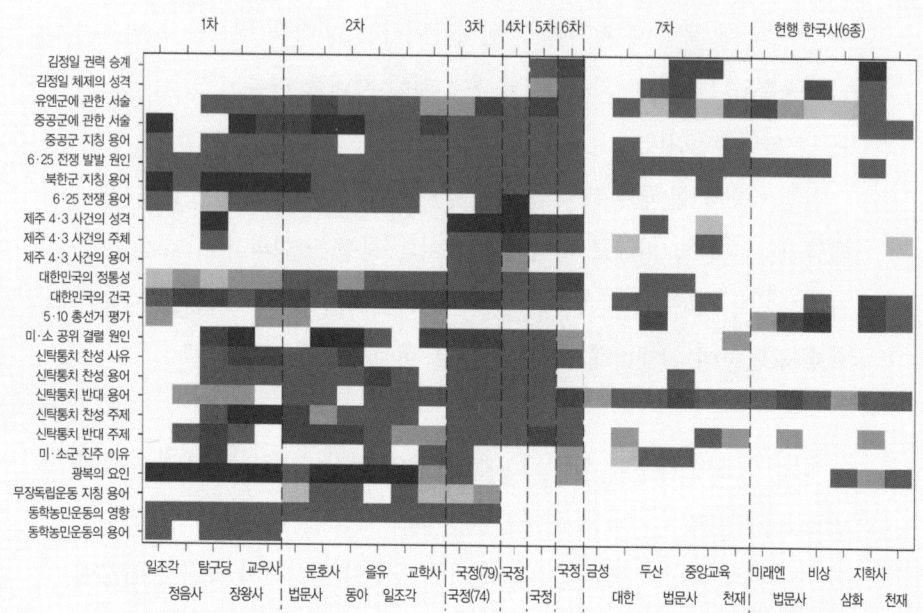

《한국사신론》을 기준으로 한 대한민국 국사 교과서 분석(1956~현재)

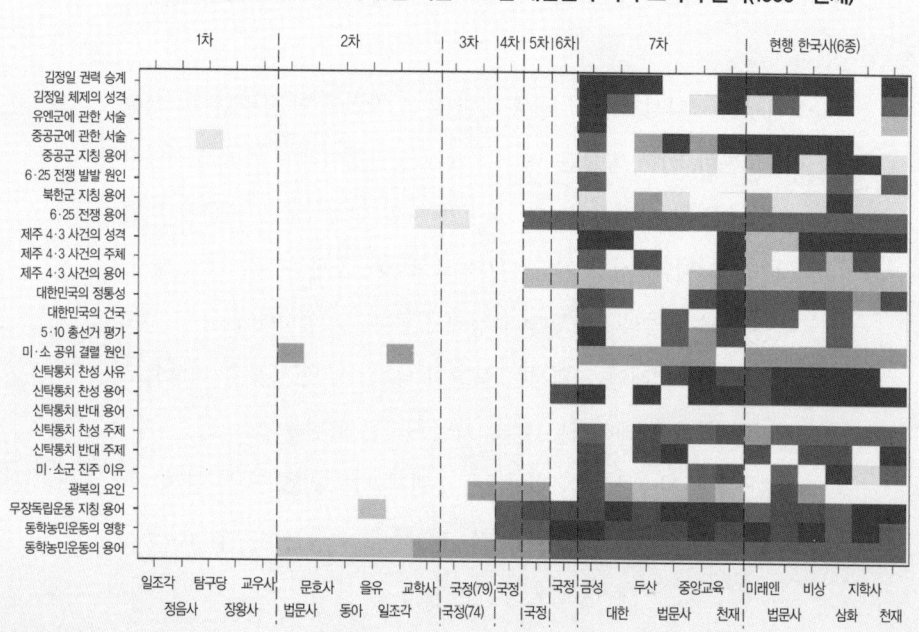

《조선통사》와 《현대조선력사》를 기준으로 한 대한민국 국사 교과서 분석(1956~현재)

정 교수는 "편향성이 심한 7차 한국 근·현대사와 현행 국사 교과서의 필진을 분석해보니 대부분이 민족문제연구소, 역사문제연구소, 한국제노사이드연구회, 구로역사연구소(현 역사학연구소), 한국역사연구회, 전교조(전역모) 출신들로 구성되어 있다"며 "국정인 6차 교과서까지만 해도 이런 민중사학 관련단체에 소속된 집필자는 없었다"고 말했다.

삼화출판사가 가장 좌편향

정경희 교수는 김 제임스 박사(아산정책연구원 연구위원)의 도움을 받아 그동안 분석한 역대 교과서 서술내용의 변화를 사람들이 한눈에 알아볼 수 있도록 히트맵(Heatmap)으로 구성했다. 즉 한국 근·현대사의 주요 주제인 '동학농민운동'부터 '김정일의 권력승계'에 이르는 한국사의 주요 항목 총 25개에 대한 역대 교과서의 서술 내용을 해석해 그 이념 성향의 변화를 히트맵이라는 통계방법을 통해서 표로 만든 것이다.

해석의 기준이 된 책은 이기백의 《한국사신론》, 북한의 역사서인 《조선통사》와 《현대조선력사》였다. 《조선통사》와 《현대조선력사》의 서술내용은 극좌파 성향을 띠고 있으므로 −5로 해석(수치화)하고, 《한국사신론》의 내용은 중도우파 성향을 띠고 있어 +3으로 해석했다. 색은 절댓값이 클수록 짙어진다.

이렇게 하면 교과서의 서술 내용이 북한의 역사책과 유사할수록 −5에 가까운 숫자를 얻게 되고, 《한국사신론》과 서술 내용이 유사할수록 +3에 가까운 숫자를 얻어 해당 교과서의 해당 항목은 짙은 색을 띠게 된다.

종합된 결과를 보면, 6차 국사 교과서까지는 《한국사신론》과 서술 내용이 유사했으나, 7차 한국 근·현대사와 현행(2011년에 나온 6종) 국사 교과서는 《한국사신론》과 유사한 내용을 찾아보기 어려울 지경이다. 그만큼 우리 학생들이 배우는 국사 책이 북한의 역사책과 매우 비슷하다는 이야기다.

"이 분석으로 알 수 있는 것은 7차 한국 근·현대사 교과서 6종이 나오면서 국사 교과서의 급작스러운 좌편향 서술이 시작되었다는 사실입니다. 이는 그동안 누적된 국사학계 일각의 좌편향 성향이 한꺼번에 분출했기 때문입니다.
이 표를 통해서 한국 근·현대사 교과서 가운데 금성교과서가 가장 좌편향 되었다는 사실을 알 수 있습니다. 또한 한국 근·현대사 교과서의 좌편향을 바로 잡겠다는 목적에서 만든 현행(2011년 출간) 한국사 교과서 6종도 별반 다를 게 없다는 사실도 보여줍니다. 현행 한국사 교과서 중에서는 삼화출판사 교과서가 가장 좌편향 되어 있습니다."

북한 역사서 《조선통사》를 베낀 '포고문' 편집

〈월간조선〉은 2004년에 7차 한국 근·현대사 교과서의 편향성을 보도하면서 "검정을 통과한 6종의 교과서가 김일성이 주도했다는 보천보 전투를 다루면서도 이승만 대통령의 젊은 시절 독립운동 사진을 게재한 교과서는 단 한 곳도 없다"는 것을 지적한 바 있다.

하지만 실제 보천보 전투에 김일성이 참가했는지 여부는 논란이 있는 데다가, 보천보 전투는 면 단위의 작은 지서를 습격한 사건으로 독립투쟁사에서 그 위치가 미미한 사건이다. 당시 김일성은 중국 공산당의 지도 아래 만들어진 동북항일연군에 소속돼 있었는데 이름만 부대였지 주로 만주에서 마적질로 연명하는 수준이었다. 당시 보천보 지서 습격도 마적질의 하나로 행해졌다는 증언이 많다. 이런 하잘것없는 전투까지 교과서에서 다루면서 정작 평생을 독립운동에 몸바친 이승만의 노력은 무시하고 있는 것이다.

정경희 교수는 금성 한국 근·현대사 교과서에 '남북에 들어온 미군과 소련군'이라는 제목 아래 실린 미군과 소련군 사령관의 포고령과 포고문을 보여주었다.

미군 사령관 맥아더의 포고령은 "(제1조) 북위 38도선 이남의 조선 영토와 조선 인민에 대한 통치의 모든 권한은 당분간 본관의 권한 하에 시행한다"로 시작한다. 반면 소련군 사령관 치스차코프의 포고문은 "… 조선인민들이여! 기억하라! 행복은 여러분들 수중에 있다. 여러분들은 자유와 독립을 찾았다"로 시작하고 있었다.

"이걸 보세요. 미군의 포고령은 구체적인 방침이 담긴 딱딱한 법령이고, 소련군의 포고문은 추상적인 원칙을 나열하고 있는 문건인데, 그걸 나란히 실어놓고 비교하라는 과제를 내주고 있어요. 저는 이 서술을 보면서 '금성교과서 필자들이 미군은 점령군이고 소련군은 해방군이라는 인식을 학생들한테 전달하기 위해서 참 연구 많이 했구나' 하는 생각을 했습니다.

그런데 나중에 북한의 역사서 《조선통사》 하권을 보니까 치스차코프의 포고문과 맥아더의 포고령이 순서만 바뀌었을 뿐 나란히 실려 있더군요. 그리고 이 두 문건을 근거로 소련군은 해방군이고 미군은 점령군이라고 강변하고 있었습니다. 이것이 우리나라 역사 교과서의 현실입니다. 역사용어나 해석뿐 아니라 서술방식까지도 북한 역사책과 닮아가고 있는 것입니다."

교육부가 가장 영혼 없는 관료집단
교과서 문제에 관심 자체가 없어

-이번에 나온 교학사 교과서는 보셨습니까.

"검정을 통과한 지 얼마 후에 검정본을 보았습니다. 교학사 교과서는 한국 현대사를 우리 대한민국의 시각에서 제대로 쓴 최초의 교과서일 겁니다. 좌파들은 교학사 교과서가 1차 검정을 통과하자마자 책을 읽지도 않고 각종 거짓말과 유언비어로 대중을 선동해서 이 교과서를 친일 교과서로 몰아붙였습니다.

저들의 말대로 이 교과서에 日帝시기를 미화하는 내용이 있다면 어떻게 검정을 통과했겠습니까. 저들은 이 교과서가 교육부로부터 수정 명령을 받은 부실한 교과서라고 주장하기도 합니다. 하지만 교육부로부터 수정 명령을 받은 것은 교학사 교과서만이 아닙니다. 나머지 7종 가운데 6종도 수정 명령을 받았으니까요. 원래 교과서는, 국정이든 검정이든, 일단 만들어진 뒤에도 해마다 계속해서 수정·보완하는 것이 관례입니다.

좌파들이 교학사 교과서를 그토록 집요하게 공격한 것은 자신들의 독무대인 국사교육 현장에 대한민국의 역사를 긍정적으로 서술한 교과서가 진입하는 것을 막으려는 수작이죠. 교학사 교과서가 채택되어 현장에서 사용되게 되면 자신들의 교과서가 얼마나 좌편향 된 것인지 확연히 드러나게 될 테니까요."

―7차 교육과정부터 교과서가 그렇게 편향되었다면 교육부가 왜 그런 책을 그냥 두고 보는 걸까요?

"한동안 '영혼이 없는 관료'라는 말이 유행했었죠. 정부 관료 중에 가장 영혼이 없는 관료가 교육부 관료라는 말이 있습니다. 교과서 문제에 관심 자체가 없을 뿐 아니라 아무도 책임질 일을 하려고 하지 않습니다."

―미국에서도 비슷한 논쟁이 있었다면서요.

"미국에서도 1994~1995년에 역사표준서 논쟁이 있었어요. 학생들의 역사교육 수준을 향상시키겠다는 목적으로 거액을 들여 역사표준서를 개발한 거죠. 그런데 막상 개발된 역사표준서를 열어보니 초대 대통령 조지 워싱턴의 이름도 나오지 않을 만큼 미국의 건국을 폄하하면서 인디언 학살과 흑인노예제의 잔혹성만을 강조하는 좌파 성향의 책이었어요. 이 역사표준서를 둘러싸고 이념 논쟁이 격화되면서 미국 사회가 시끄러우니까 마침내는 미국 상원이 나섰습니다. 상원은 논의 끝에 이 역사표준서가 反국가적이므로 전국적인 표준서로 채택해서는 안 된다는 결의안을 통과시켰습니다. 당시 상원은 공화당 소속이 52명, 민주당 소속이 48명이었는데, 역사표준서의 내용이 反국가적이라는 게 알려지자 모든 상원의원이 정치적 이념이나 성향을 떠나 超黨的으로 대응했습니다. 그래서 99 대 1이라는 압도적 표 차이로 결의안을 통과시켰던 것이지요."

정 교수는 "하지만 우리나라에서는 정반대 현상이 나타났다"며 "일부 야당의원은 교과서가 검정을 통과하자마자 교학사 교과서를 공격하는 선봉에 섰다"고 말했다. "그들은 교과서 내용이 공개되기도 전에 이 교과서가 '김구 선생과 안중근 의사를 테러활동을 한 사람으로 표현했다'거나 '5·18을 폭동으로 규정했다'고 말하는 등 거짓 선동에 앞장섰고, '이 교과서로 공부하면 수능에서 절반은 틀린다'며 터무니없는 정치

공세를 펴기도 했습니다. 갈등을 조정해야 할 정치인이 오히려 갈등을 증폭시키는 데 앞장선 것이죠. 심지어 한 야당의원은 교학사 교과서 필자에 대한 표적사찰까지 시행했습니다. 몇몇 정치인이 자신들의 저급한 수준과 자질을 스스로 드러내는 행태를 보이고 있는 것입니다."

"자기 나라 정통성을 가르치는 게 국사"

―교학사 교과서가 우편향이라는 지적에 대해서는.

"얼마 전 조선일보 김대중 고문은 '2352 대 0'이라는 제목의 칼럼에서, 대한민국의 정통성과 당위성을 긍정적으로 보고 대한민국의 성공과 북한의 실패를 적시한 교학사 교과서는 결코 우편향이거나 중도가 아니라 '正道(정도)'라고 했는데, 이는 정확한 지적입니다.

나머지 7종 한국사 교과서의 대부분은 대한민국의 건국과 발전은 폄하하면서 북한정권은 감싸고도는 좌파교과서라고 할 수 있습니다. 저들 교과서의 필자들 대부분이 '대한민국의 정통성을 부정하는 서술을 비롯한 좌편향 서술을 시정하라'는 교육부의 명령에 대해서 끝까지 고치지 않겠다고 저항했다는 사실이 이를 여실히 보여줍니다.

국사는 자기 나라의 정통성을 가르치는 과목입니다. 대한민국에 정통성이 있다는 것을 부정하는 국사 교과서로 학생들을 가르치느니 차라리 가르치지 않는 것만 못할 것입니다. 김대중 고문은 제대로 된 현대사 하나 후손에게 가르치지 못하고 있는 우리는 훗날 큰 벌을 받을 것이라고 自歎(자탄)했는데, 이는 정말 가슴에 와 닿는 말입니다."

國史 교과서의 좌편향 문제를 제일 처음 제기한 월간조선

국사 교과서의 좌편향 문제는 〈월간조선〉이 가장 먼저 제기했다. 〈월간조선〉은 2004년 4월호의 '고교 國史(국사) 교과서의 대한민국 때리고 김일성 父子 감싸기'(배진영)라는 기사를 통해 당시 고등학교에서 채택한 6종의 한국 근·현대사 교과서가 시종일관 북한정권을 감싸고, 한국의 역대정부를 집중적으로 공격하는 좌파적 관점에서 써졌다고 고발했다.

〈월간조선〉이 교과서 문제를 기사화한 2004년은 고등학교 2~3학년 학생들이 2002년 검정을 통과한 교과서로 한국 근·현대사 과목을 처음 배우는 해였다. 기사는 큰 반향을 일으켰다. 그해 10월 한나라당의 권철현 의원은 "고교 2·3학년의 선택과목인 한국 근·현대사 일부 교과서가 광복 이후 남한 역사를 反美(반미), 親北(친북), 반재벌 시각으로 일관되게 기술하고 있다"고 주장했다. 권 의원이 문제를 제기한 교과서는 당시 과반수 학교에서 채택하고 있던 금성출판사의 교과서였다. 금성교과서 집필자들은 권 의원의 주장을 색깔 논쟁으로 몰고 갔다.

이런 논란 끝에 다음해인 2005년 1월 편향된 교과서를 비판하는 지식인 모임인 '교과서포럼'이 창립되었다. 교과서포럼은 창립 행사에서 한국 근·현대사 교과서에 대한 각 분야 전문가들의 분석 결과를 발표했다. 교과서포럼은 "우리 젊은이들이 한국 근·현대사라는 검인정 교과서를 매개로 교실에서 이루어지는 공적인 교육을 통해서 자신도 모르는 사이에 자기 나라에 대해 부정적인 인식을 갖도록 키워지고 있다"고 지적했다.

2008년 9월 교과서포럼, 자유교육연합 등 여러 보수우파 단체들은 교육과학기술부에 한국 근·현대사 교과서 수정을 건의했다. 교과부는 '대한민국의 정통성을 저해하는 내용이 교과서에 담겨서는 안 된다'는 수정 권고안을 발표하고, 교과서의 수정을 명했지만, 집필진들은 이를 거부하며 정부와 출판사를 상대로 소송 전을 벌였다.

2011년 8월 서울 고등법원은 '교과부의 좌편향 역사 교과서 수정 명령은 적절하다'라고 판결했다.

> 자료 1

이것만 읽어두면 좌익선동에 이긴다

대한민국 建國과정에 대한 오해와 이해 (10問 10答)

梁東安(한국학중앙연구원 명예교수)

1. 建準과 人共은 소수 좌익분자들의 조직
2. 군사분계선에 불과한 38선을 통치분계선으로 만든 소련이 분단의 원흉
3. 신탁통치 받아들였으면 全한반도가 공산화됐을 것
4. 이승만은 미국과 싸우면서 대한민국 건국
5. 左右 合作은 呂運亨·金奎植이 아니라 美軍政의 작품
6. 美蘇共委 결렬은 우익 배제를 주장한 소련 책임
7. 金九·金奎植의 南北협상은 성과 全無
8. 선거인의 95.5%가 참여한 5·10 총선은 건국 바라는 民意의 表出
9. 대한민국 건국 과정에서 親日派 배제 노력
10. 북한이 먼저 단독정권 수립

〈편집자 注: 이 글은 저자인 梁교수의 허락을 받아 《대한민국 건국사》(현음사刊)에서 발췌했다〉

1. 조선건국준비위원회와 인민공화국은 민중의 뜻에 따라 左右의 모든 정치세력이 참여한 민족통일전선이었다?

解放(해방) 다음날인 1945년 8월16일에 구성이 발표된 '조선건국준비위원회(建準)'는 당시 서울에서 활동 중이던 少數(소수)의 左翼(좌익) 분자들이 만든 조직이다.

日帝(일제)의 조선총독부는 일본의 항복이 임박하자 일본의 항복 후 초래될 한반도에서의 혼란상태와, 그로 인한 한반도 거주 일본인들의 피해를 방지하기 위한 대책으로 조선인 정치 지도자에게 治安權(치안권)을 이양할 것을 계획했다. 조선총독부는 呂運亨(여운형)에게 치안권을 이양하기로 했고, 당시 서울에서 활동 중이던 공산주의자들인 정백·이강국·최용달·홍증식 등은 여운형과 접촉했다. 그들은 일본인들로부터 여운형이 치안권을 인수한 것을 근거로 우리 민족의 독립국가 건국을 준비하는 조선건국준비위원회를 조직하기로 합의했다.

출범 당시의 建準 중앙조직은 좌익세력과 安在鴻(안재홍)이 이끄는 中道派의 일부만이 참여한 좌익과 중도파의 연합체에 불과했다. 그나마도 建準 출범 15일 후인 8월31일의 建準 간부진 개편 후에는 안재홍이 이끄는 중도파마저 탈퇴, 建準은 좌익진영만의 조직체로 축소됐다.

建準이 출범 6일 만인 8월22일에 발표한 建準 간부 34명의 명단에 右翼(우익)진영 인사인 金俊淵(김준연)과 咸尙勳(함상훈)이 포함됐으나 建準 측에서 일방적으로 도용한 것에 불과하다.

'인민공화국(人共)'은 조선공산당이 꾸미고 연출한 정치적 연극에 불과했다. 人共의 선포는 철저히 조선공산당 지도자인 朴憲永(박헌영)에 의해 계획되고 공산당內 박헌영派에 의해 실천됐다. 박헌영은 人共의 형식적 母胎(모태)기관으로 建準을 내세우면서도 建準에서 人共 문제를 협의하도록 제안한 바도 없었다. 그는 建準의 위원장이며 人共의 중앙인민위원장으로 내정된 여운형과도 사전 협의하지 않은 채 人共 선포를 추진했다.

우선 국내외 각계각층을 대표하는 사람들이라면 국내외 각계각층에서 공식적으로든 非공식적으로든 회의에 파견할 대표를 인선하는 작업이 있었어야 할 것인데, 그런 일이 전혀 없었다. 뿐만 아니라 당시 중국 重慶에 있던 대한민국 임시정부를 대표한 인사나 延安의 독립동맹을 대표한 인사, 미국의 독립운동 세력을 대표하는 인사는 물론이고 국내에 있던 우익진영 및 중도파를 대표한 인사들이 그 회의에 전혀 참석하지 않았고 초청받은 일도 없었다. 그날 밤 회의에 참석한 會衆(회중)은 조선공산당의 박헌영派와 그들 휘하에 있는 京仁(경인)지역 노동자들이었다. 이 사실에 비추어 볼 때, 人共이 민중의 뜻에 따라 선포된 기구가 아니라는 것은 말할 나위 없이 분명하다.

2. 미국은 한반도 분단의 元兇(원흉)?

미국이 한반도에서 美軍과 소련군 간의 군사분계선으로 38線을 획정한 것은 이론의 여지없는 사실이다. 그러나 미국이 38선을 획정한 사실이 곧 한반도 분단에 대한 미국의 책임으로 연결되는 것은 결코 아니다.

우선 38선 획정만 하더라도 미국의 일방적 선언에 의해서가 아니라 미국과 소련이 합의해서 이뤄진 것이다. 따라서 만일 38선의 획정이 한반도 분단의 원인이라 하더라도 그것은 미국의 책임이 아니라 美蘇의 공동책임이 되는 것이다.

여러 나라의 예를 볼 때 군사분계선이 곧 국토분단선이 되는 것은 결코 아니다. 제2차 세계대전 종전 직후 서독지역의 美·英·佛 군대 간의 군사분계선이나 오스트리아에서 美·蘇·英·佛 군대 간의 군사분계선은 그 지역의 국토 분단을 유발하지 않았다. 1990년대 유엔평화유지군이 파견된 여러 나라들에서 유엔군으로 참여한 각국 군대 간의 군사분계선도 마찬가지다.

군사분계선이 국토 분단을 초래하는 것은 외국 군대가 군사분계선을 기준으로 자기들의 관할下에 있는 지역과 여타 지역 간의 교통·통신망을 단절시키고 그 지역 주민의 생활방식을 여타 지역 주민의 생활방식과 상이하게 만들 경우에 한정된다. 광복 직후 남한지역을 점령한 미국은 38선을 순수한 군사분계선으로 유지하려 했던 데 반해 북한지역을 점령한 소련은 38선을 통치분계선으로 변질시켰다.

소련군은 북한지역을 점령하자마자 38선을 경계로 하여 남한지역과의 교통·통신을 단절하여 南北 주민들 간의 자유로운 통신·통행을 금지했다. 소련군은 이어 김일성을 앞세워 북한지역에서 토지개혁, 산업 국유화, 교육개혁, 주민 사상 개조운동 등을 실시하여 북한 주민의 생활방식을 남한 주민의 생활방식과 완전히 다르게 변질시켰다.

남한을 점령한 美軍은 美蘇공동위원회를 비롯하여 몇 차례에 걸쳐 38선을 경계로 단절된 南北韓 간의 교통·통신을 회복하고, 南北韓 주민 간의 자유 왕래와 자유로운 상거래 등을 회복할 것을 소련군에게 제의했으나 소련군은 일절 응하지 않았다.

이 사실을 기준으로 할 때, 한반도 분단을 초래한 책임은 38선이란 군사분계선을 제안한 미국에 있는 것이 아니라 군사분계선으로 설정된 38선을 통치분계선으로 변질시킨 소련에 있다는 것이 분명해진다.

3. 우리 민족을 위해 信託統治(신탁통치)를 받아들여야 했다?

미국과 소련이 1945년 12월 모스크바 협정에서 합의한 한반도에 대한 신탁통치 실시를 우리 민족이 수용했어야 한다고 주장하는 사람들은, 우리 민족이 신탁통치를 수용했더라면 南北으로 분단되지 않고 통일된 정부下에서 민주적으로 발전했을 것이라고 주장한다.

이들은 대부분 오스트리아가 제2차 세계대전 終戰(종전) 후 신탁통치를 받아들여 민족의 분단을 방지하고 민주적 번영을 이룩했다는 점을 지적한다. 이들이 우선 범하고 있는 오류는 한반도와 오스트리아의 상황이 판이했다는 점을 간과했다는 것이다.

첫째, 오스트리아에 대해선 강대국들이 신탁통치를 실시한 바가 없다. 유럽에서 제2차 세계대전이 종료된 1945년 5월 오스트리아를 분할 점령한 美·蘇·英·佛 군대는 오스트리아를 신탁통치하는 협정을 체결한 것이 아니라 점령 통제에 관한 협정을 체결했다. 그에 반해 한반도에선 미국과 소련이 신탁통치를 실시하려 했다.

둘째, 외국 군대가 오스트리아를 점령한 직후부터 오스트리아의 정치세력들은 통일된 임시정부를 구성했으며, 한 번도 4개 외국 군대 점령지역별로 별개의 독립된 정치·행정기관이 구성된 일이 없었다. 그에 반해 한반도에서는 美蘇 양국 군대의 점령 지역 진입과 동시에 南北韓에 별도의 통치기구가 설립되어 각 지역을 상이한 내용으로 통치했다.

셋째, 오스트리아에서는 각국 군대의 분할·점령지역 간에 교통·통신·商거래의 단절이 이뤄지지 않았다. 각국 군대 간에 군사분계선이 존재했지만 그 분계선은 군사 활동에 관한 경계선에 그치고 통치분계선으로 변질되지 않았다. 그에 반해 한반도에서는 소련군이 북한을 점령하자마자 교통·통신을 차단하여 북한지역을 남한으로부터 분리함으로써 美蘇 양국 군대 간의 군사분계선이 통치분계선으로 변질되었다.

넷째, 오스트리아의 좌익세력이 소련에 대해 자주적 자세를 취하고 左右연합에 의한 통일정부 유지에 적극적인 자세를 취했다. 당시 오스트리아에는 우익진영에 인민당(舊기독교사회당), 좌익진영에 사회당(舊

사회민주당)과 공산당이 존재했다.

　온건 좌익노선의 사회당은 공산당보다 압도적으로 우월한 黨勢(당세)를 유지하고 있어 좌익진영內의 주도권을 장악하고 있었다. 사회당은 사회주의 노선을 취하면서도 오스트리아가 소련의 위성국이 되는 것은 절대 피하려는 입장이었으며, 오스트리아를 점령한 美·蘇·英·佛 4개 외국 군대에 대응함에 있어 우익정당인 인민당과 확고한 공동보조를 취했다.

　그에 반해 한반도에서는 좌익진영의 주도권을 소련에 맹종하는 극좌노선의 공산당이 장악하고 있었으며, 공산당은 우익진영과의 협력을 외면하고 소련의 한반도 정책 실천에 협력하려고만 했다.

　어떤 민족에 대해 신탁통치를 실시하는 것이 정당성을 인정받으려면, 그 민족 구성원들이 民度(민도)가 낮아 자치 역량을 갖추지 못하거나 독립을 희망하지 않아야 한다. 그러나 한국인은 당장 독립이 되더라도 독립국가를 유지·운영할 수 있는 民度와 자치 역량을 갖추고 있었다. 한국 민족은 일본에 강제 병합되기 전부터 장기간 독립적으로 국가를 유지·운영해 왔고, 일제의 식민지 통치를 받던 기간 중에도 독립운동을 지속적으로 전개해 왔다.

　1945~1948년 당시 한국인의 民度와 自治역량은 그 시기에 신탁통치를 거치지 않고 독립한 인도·파키스탄·버마·인도네시아 등 국민의 民度와 비교할 때 결코 떨어지지 않는 수준이었다. 실제로 美軍政의 정치고문으로 일했던 사람도 私席(사석)에서는 한국인의 자치 능력을 인정했다.

　당시 한반도의 정치세력들에 대한 대중의 지지도, 소련과 미국의 한반도 정책, 중국의 공산화 등을 고려할 때, 5년 동안의 신탁통치를 거쳐 독립이 됐을 경우 한반도는 전체가 공산화되지 않았으면 두 개의 국가로 분단되었을 것이다.

4. 李承晚은 미국의 앞잡이며 민족 분단을 추구했다?

李承晚(이승만)을 미국의 앞잡이라고 주장하는 사람들은 이승만이 (1)미국에서 독립운동을 할 때나 고국이 해방된 후 귀국할 때 미국 정부의 지원을 받았으며 (2)귀국 후 남한지역에 親美반공정권을 수립하려는 미국의 지시에 따라 남한지역에 민족을 분단하는 단독정부를 수립했다고 말한다.

이승만은 미국에서 독립운동을 전개하면서 미국 정부의 지원을 특별히 받은 것도 없지만 미국 정부와 관계가 나쁘지도 않았다. 그러나 제2차 세계대전 종전까지의 수년간 미국 정부, 특히 미국의 한반도 정책 주관부처인 국무성은 이승만의 활동을 지원하기보다는 방해했다.

이승만과 美 국무성 간의 관계가 '불만족스러웠던' 원인은 美 국무성 內의 좌익관리들의 이승만에 대한 혐오 때문이다. 훗날 밝혀진 바에 따르면, 히스 특별정치국장, 빈센트 극동국장 등과 같은 親蘇·親中共 인사 내지 공산주의자들이 제2차 세계대전 말기 美 국무성에 침투해 있었고, 중국과 極東(극동)문제를 담당하는 관리들 가운데 그런 사람들이 다수 포함되어 있었다. 이들이 민족 자주의식이 강하고 확고한 反共·反蘇 입장을 취한 이승만에게 非우호적인 태도를 취했을 것은 설명이 필요없다.

이승만이 1946년 6월부터 전개한 남한지역 자율정부 수립 운동도 미국의 한반도 정책과는 관계가 없는 것이었다. 적어도 그 시점에서의 미국의 한반도 정책과는 배치되는 것이었다. 대한민국 정부 수립문제와 관련해서도 이승만과 미국은 대립했다. 미국은 모스크바 협정에 입각, 소련과 합의해서 한반도 통일임시정부를 구성하려는 입장을 견지했다.

그에 반해 이승만은 소련이 북한에서 일방적으로 단독 공산정권을 구성하고 토지개혁 등 사회주의로 가기 위한 조치들을 단행하고 있으며, 공산당이 헤게모니를 장악할 수 있는 통일임시정부가 아니면 통일임시정부 구성 자체를 불가능하게 만들려는 술책을 취하고 있는 상황에서 미국의 정책은 실현 불가능하다고 판단했다.

이승만과 미국 정부의 이러한 입장 차이로 인해 대한민국 정부의 수립이 확정되는 단계에 이를 때까지 이승만과 미국 정부(駐韓 美軍政)는 크게 갈등·대립했다. 이승만이 1945년 6월 '井邑(정읍)발언'을 통해 남한에 독자적으로 정부를 수립할 것을 천명하자 美軍政은 이승만을 강력 비난했다. 美軍政은 미국의 한반도 정책에 순종적인 金奎植(김규식)을 중심으로 한 중도파 세력을 美軍政의 협조자로 삼고 남한에 자율정부를 수립하려는 이승만과 金九를 적대시하면서 두 사람을 한국 政界(정계)에서 退出(퇴출)시키려 노력했다.

심지어 남한 政界의 지도자들로 위촉하는 남조선과도입법의원의 官選(관선)의원에 당시 남한의 가장 영향력 있는 정치 지도자인 이승만과 김구를 배제했다. 美軍政은 이승만이 남한지역 정부 수립에 대한 미국 內의 지지여론을 조성하기 위한 訪美 외교활동을 떠날 때는 그의 出國(출국)을 방해했고, 그가 귀국했을 때는 정부 수립 활동을 저지하기 위해 한때 이승만을 가택연금했다.

5. 左右합작은 金奎植이나 呂運亨이 주도했다?

左右합작 운동을 높이 평가하는 사람들은 左右합작 운동이 金奎植(김규식) 혹은 여운형이 민족주의적 동기에서 발의한 것이며, 그것이 성공했으면 南北통일이 되었을 텐데 이승만과 韓民黨(한민당)의 방해로 실패하고 말았다고 주장한다.

1946년 5월부터 시작된 남한에서의 左右합작 운동은 김규식이나 여운형이 민족주의적 동기에서 발의한 것이 결코 아니다. 그것은 미국 정부가 自國의 한반도 정책을 원활히 집행하기 위해 남한 정계에서 李承晚과 金九를 무력화하고 새로운 협조세력을 확보하려는 계획에 따라 시작한 것이다. 그에 관한 각본을 마련하고 배후 조종한 것은 美軍政 당국이었다.

이는 세 차례에 걸친 左右합작 예비회합을 美軍政의 정치고문인 버치의 집에서 가졌다는 사실 하나만으로도 충분히 입증된다.

金·呂 兩人의 左右합작 참여 동기도 꼭 민족주의적인 것만은 아니었다. 특히 呂運亨의 경우, 左右합작과 관련된 그의 행동은 민족주의적 동기만으로 설명하기 어려운 점들이 많다. 呂運亨은 좌익진영에서 朴憲永의 주도권 강화로 자신의 입지가 약해지면 左右합작에 적극적인 태도를 보이다가 입지가 회복될 가능성이 보이면 소극적인 태도를 보였다. 그는 또 김일성에게 左右합작을 발전시켜 美軍政의 영향력을 감소시킨다는 내용의 密書(밀서)를 보낸 바 있으며, 남한지역에서 左右합작을 하고 나서 그 토대 위에 다시 南北韓이 합작한다는 노선을 취하고 있었다.

이승만과 한민당이 左右합작을 방해했다는 주장도 타당하지 않다. 이승만의 경우는 金奎植으로 하여금 左右합작에 나서도록 종용했으며, 左右합작의 정신을 지지했다. 한민당도 左右합작을 반대하지 않았다.

左右합작이 실패하게 된 주된 원인은 남한의 左右 정치세력의 입장이 정면 대립하여 절충이 불가능했던 데 있다. 左右 진영의 입장이 크게 대립했기 때문에 左右합작委가 1946년 10월 초 左右 양측 입장을 적당히 절충한 '左右합작 7원칙'을 발표했을 때 左右 진영의 핵심부에 위치한 공산당과 한민당이 다 같이 그것을 거부했고, 그에 따라 左右합작이 실패했던 것이다.

남한에서 左右합작이 성공하고 그를 토대로 南北합작 통일정부가 수립되면, 통일정부에서는 좌익이 헤게모니를 장악할 것이 분명했다.

좌익이 압도적 다수를 차지하고 확고한 헤게모니를 장악한 정부가 통치하는 한반도는 필연적으로 사회주의화되었을 것이다. 左右합작이 성공하여 통일이 이뤄졌어야 하는데 그렇게 되지 못한 것이 아쉽다고 말하는 것은 한반도가 공산화 통일이 됐어야 하는데 그렇게 되지 못해 아쉽다고 말하는 것과 같은 의미다.

6. 美蘇공동위원회 결렬의 책임은 미국에 있으며, 유엔의 남한 총선 실시 결의는 잘못된 것이다?

두 차례에 걸쳐 진행된 '美蘇공동위원회(美蘇共委)'를 결렬로 이끈 핵심적 쟁점은 신탁통치 반대 운동에 참가한 정당과 사회단체 및 개인을 한반도 통일임시정부 구성문제와 관련하여 美蘇공동위원회의 협의대상에 포함시킬 것인지 여부였다.

소련은 그런 정당·단체·개인을 협의대상에서 배제해야 한다고 주장했고, 미국은 포함시켜야 한다고 주장했다. 美蘇共委의 결렬이 미국 때문이라는 주장은 한반도 통일임시정부 수립과 관련한 美蘇共委의 협의대상에서 反託(반탁)운동 참가 세력, 즉 남한의 우익진영 전체와 일부 중도파를 배제해야 한다는 주장과 동일하다. 美蘇共委의 협의대상에서 반탁운동 참가 세력을 배제한다는 것은, 남북한 정치세력 전체의 절반을 협의대상에서 배제한다는 의미다. 그것은 또 통일임시정부 구성에 관한 협의를 美蘇共委와 남북한의 좌익진영 세력 간에만 전개해야 한다는 의미다.

한국 문제를 유엔총회에 상정한 미국의 조치가 잘못된 것이라고 주장하는 것은, 한국 문제를 美蘇共委에서 계속 다루도록 했어야 한다고 주장하는 것과 같다. 이 주장의 타당성은 美蘇共委에서 한국 문제를 계속 협의했을 경우 합리적인 결론에 도달할 수 있었을 것이라는 전제 下에서만 인정될 수 있다. 그런데 미국과 소련의 입장은 너무도 거리가 먼 것이어서 절충이 불가능했다.

남한 우익진영의 입장과 남북한 좌익진영의 입장 차이가 너무 커서 협상은 곧 결렬되고 말 것이며, 그 후엔 內亂(내란)상태에서 각 정치세력의 동원 가능한 군사력과 군중 동원 역량이 한반도의 운명을 결정했을 것이다. 그렇게 되면 한반도 전역은 틀림없이 공산화되고 말았을 것이다.

7. 金九·金奎植의 南北협상은 올바른 것이다?

金九와 金奎植의 南北협상을 긍정적으로 평가하는 사람들은 두 가지 근거를 제시한다. 하나는 1948년 4월 평양에서 전개된 남북협상이 실제로 성과를 거뒀다는 견해다.

그러나 남북 要人(요인)회담의 합의 내용을 담은 공동성명서를 면밀히 검토해 보면 남북협상의 성과라 할 내용이 아무것도 들어 있지 않다.

南北 要人회담 공동성명서는 ①美蘇 군대의 즉시 철수 ②美蘇 군대

의 철수 후 내란·무질서 발생 부정 ③美蘇 군대 철수 후 全조선정치회의를 통한 통일임시정부 수립과 임시정부의 주관에 의한 南北韓 총선실시 ④남한 단독선거와 그에 입각한 남한 단독정부 不인정 등 4개의 합의사항을 내포하고 있다.

南北협상을 긍정 평가하는 사람들은 그 중 ②항과 ③항의 합의를 높이 평가한다. 그러나 내란이나 무질서의 발생은 본질적으로 口頭(구두) 약속이나 문서로 저지할 수 없는 것이기 때문에 ②항의 합의는 무의미한 것이다. 그것은 美蘇軍이 철수하고 나면 내란이 일어날 것이라는 남한 민중들의 우려를 불식하기 위한 선전에 불과하다.

③항은 全조선정치회의에 참여하게 될 남북한의 정당과 사회단체들의 성격 때문에 결정적으로 잘못된 것이다. ③항은 全조선정치회의에 참가할 남북한의 정당과 사회단체 56개의 명단을 제시했는데 그 명단에는 평양의 연석회의에 참석했던 정당과 단체들만 기재되어 있고, 남한 우익진영에 속하는 정당과 사회단체는 단 하나도 포함되지 않았다. 남한 우익진영의 정당과 사회단체들을 전면 배제한 全조선정치회의를 구성하자는 합의를 南北협상의 성과로 본다는 것은 한반도의 공산화 통일을 위한 중간단계의 조치를 지지하는 것과 동일하다.

김구와 김규식이 추구한 南北협상은 비록 민족분단을 막아야 한다는 고상한 뜻에서 비롯된 것이라 할지라도 남한지역의 공산화 방지 노력에 막대한 부정적 영향을 끼친 어리석은 행동이었음이 분명하다.

김구와 김규식의 南北협상 노력을 당시 남한 중도파의 핵심적 지도자의 한 사람인 안재홍의 입장과 비교해 보면 兩金의 남북협상 노력이 어리석은 것이었음이 분명하게 드러난다. 안재홍은 김구·김규식과 동일하게 민족분단에 반대하고 남한의 단독선거에 비판적이었다. 하지만 그는 북한에 이미 단독정권이 수립되어 사회주의화를 실천하고 있으며 공산군의 강화가 진행되고 있는 상황에서는 남한에 정부를 수립하여 그에 대처하는 것이 불가피하다고 생각했다. 그는 5·10 선거에 불참했으나 남북협상에도 참여하지 않았다. 안재홍은 또한 대한민국 정부가 수립된 후에는 그 정당성을 인정했다.

8. 5·10 선거는 民意에 반대되는 것이었다?

대한민국의 건국을 비판하고 南北협상을 찬양하는 사람들은 대한민국의 기반이 되는 1948년 5월10일의 선거가 남한 민중의 뜻에 반대되는 것이었고 공명한 분위기 속에 진행되지 않았다고 주장한다.

남로당은 선전선행대, 백골대, 유격대 등 무장투쟁 조직을 결성하여 경찰관서 습격, 선거사무소 습격, 선거시설·관공서·우익인사 가옥 등에 대한 습격과 방화, 통신·운송기관 등 공공시설과 생산시설의 파괴, 경찰관·우익인사·선거위원·통반장 등에 대한 살상 등 각종 형태의 무장공격을 감행하여 선거를 저지·파탄시키려 했다. 이런 좌익세력의 투쟁으로 인해 제주도에서는 선거가 실시되지 못했다. 경찰과 우익단체들은 좌익세력의 이러한 선거파탄 투쟁으로부터 선거를 보호하기 위해 활동했던 것이다.

5·10 선거가 民意(민의)에 반하는 것이 아니었다는 사실은 무엇보다 높은 선거인 등록률과 투표율이 잘 말해 주고 있다. 선거인 등록 마감일인 4월9일까지 선거인으로 등록한 유권자는 전체 법정 유권자의 91.7%에 달했다. 5월10일의 투표에 참가한 인원은 등록 선거인의 95.5%에 달했다.

이처럼 높은 선거인 등록률과 투표율은 선거가 공명한 분위기 속에 이뤄지는지 여부를 감시하기 위해 파견된 유엔 조선위원단과 서방 주요 국가의 신문기자들이 감시하는 가운데 산출된 것이기 때문에 크게 부풀려진 것이라 볼 수 없다.

유엔 조선감시단에 참여한 중립국 인도의 대표 싱은 "유권자들이 엄숙한 중에서도 자기 나라를 세운다는 긴장 속에 새벽 일찍부터 투표장에 모여든 것에서 애국애족의 열성을 볼 수 있었다. 개표도 질서정연하게 진행되는 것을 볼 때 세계 어느 나라의 선거에도 떨어지지 않았다. 우리는 자유 분위기가 완전히 보장된 것을 확인하는 바이다"고 논평했다.

9. 대한민국은 미국의 앞잡이와 親日派들에 의해 建國됐다?

대한민국이 미국의 앞잡이와 親日派(친일파)들에 의해 건국되었다고 주장하는 사람들은 그 주장의 근거로 대한민국 建國(건국)운동의 핵심 지도자인 이승만이 미국의 앞잡이며, 이승만과 더불어 대한민국 건국을 위해 활동한 한민당이 친일파들의 집단이라는 점을 제시한다.

이승만이 미국의 앞잡이는커녕 미국 정부에 맞서 싸우면서 대한민국의 건국을 추진한 것은 앞에 서술했다.

한민당에 親日활동을 했던 사람들이 상당수 참여했던 것은 부인할 수 없는 사실이다. 그러나 그런 親日활동 경력자들을 모두 '친일파'로 규정할 수는 없다. 광복 직후 親日派 숙청을 강하게 주장했던 좌익진영의 통일전선기구인 '민주주의민족전선(民戰)'은 친일파를 '일본 제국주의에 의식적으로 협력한 자들'이라 정의했다.

民戰의 親日派 정의를 기준으로 할 때 한민당에 참여한 親日활동 경력자들의 대부분은 친일파로 규정하기 어려운 사람들이다. 그들 대부분은 '親日을 해야겠다'는 의식을 가지고 親日활동을 전개한 것이 아니라 日帝(일제)의 강요 때문이거나, 일제 말기 사회단체나 기관의 책임자였기 때문에 마지못해 일제가 조직한 단체의 임원 명단에 포함되거나 親日的인 연설을 하고 글을 썼던 인사들이다.

좌익의 여운형이 일제 말기 상당한 親日활동을 했음에도 불구하고 그를 親日派로 규정하지 않는 것과 마찬가지로 한민당에 참여한 親日 경력자의 대부분도 親日派로 규정할 수 없는 사람들이다.

10. 대한민국 建國 때문에 南北이 분단되고 6·25 전쟁이 발발했다?

8·15 광복 이후 남북한에서 전개된 정치변화를 면밀히 비교해 본 사람이라면, 남한에서 단독정권인 대한민국 정부가 먼저 수립되고 그에 따라 북한에서 조선민주주의인민공화국 정부가 수립됐다는 주장을 누구도 할 수 없을 것이다.

단독정부가 먼저 수립된 것은 북한이다. 1946년 2월에 수립된 북조선임시인민위원회는 토지개혁, 산업 國有化(국유화), 주민 사상개조 운동, 경제계획 수립 등 정부만이 할 수 있는 사업들을 수행한 분명한 정부이다.

김일성은 1946년 2월20일 북조선임시인민위원회 제1차 회의에서 행한 연설에서 "지난 2월8일 북조선임시인민위원회가 수립됨으로써 우리 인민은 우리나라 역사상 처음으로 진정한 중앙정권기관을 가지게 되었습니다"라고 말했다. 북한의 역사학자 김한길은 북조선임시인민위원회를 '인민민주주의 독재정권'이라 기술했다.

북한은 1946년 11월에 道·市·郡 인민위원회 선거를 실시하고 1947년 2월과 3월에 里(洞)·面 인민위원회 선거를 실시했다. 이를 기초로 1947년 2월 국회에 해당하는 북조선인민회의를 구성했으며, 그 북조선인민회의가 행정부인 북조선인민위원회를 구성했다.

요컨대 북한에서는 남한에서 단독선거인 5·10 선거가 실시되기 1년 수개월 前에 단독선거를 실시해 단독국회를 구성하고 단독정부를 수립한 것이다.

따라서 대한민국 정부가 수립됨으로써 민족이 분단된 것이 아니라, 북한의 단독 공산정권 수립으로 이미 민족이 분단된 상황에서 대한민국 정부가 수립된 것이라고 말하는 것이 타당하다.

이 사실을 알면서도 대한민국 정부 수립 때문에 민족이 분단됐다고 주장한다면, 이것은 우리 민족이 공산주의로 통일될 수 있었는데 대한민국 정부 수립으로 이뤄지지 않았다는 점을 아쉬워하는 것으로 해석돼야 할 것이다.

이같이 볼 때, 6·25 전쟁은 대한민국 정부 수립 때문이 아니라 남한을 공산화하려는 북한의 의지 때문에 발발한 것임이 분명하다. 누군가 이런 사실을 알고도 대한민국 건국 때문에 6·25 전쟁이 일어났다고 주장한다면 남한의 공산화를 바라는 마음에서 비롯된 것으로 해석돼야 할 것이다.

자료 2

한국사 교과서 수정 명령 사항

편집자 注: 本 자료는 교육부가 2013년 11월29일, 高校 한국사 교과서(국편, 2013.8.30. 8종)의 수정·보완에 대하여 수정 승인 및 수정 명령 사항을 발행사에 통보한 내용이다. 총 41개의 수정 명령 사항 중 本 책의 내용과 관련있는 부분만을 발췌했다. 좌편향 교과서가 '원문유지'라는 방식으로 수정 권고를 거부한 내용이 무엇인지 살펴보자.

금성출판사

[본문]·368~371쪽 (한반도에 두 개의 정부가 들어서다): 광복 이후 정부수립 과정 서술 관련

출판사 수정·보완 결과	[371쪽 6~12행] 1946년 2월 남한에서 신탁 통치 문제로 사회적 갈등이 심화될 무렵, 북한에서는 김일성을 중심으로 북조선 임시 인민위원회가 수립되었다. 위원회는 친일파 처단, 토지 개혁, 중요 산업 국유화 조치 등 각종 개혁 작업을 추진하였다. 이러한 정책들은 이후 북한 정부 수립의 중요한 밑거름이 되었다. 북한에서 소련의 영향력은 절대적이었다. 김일성이 북한 정부의 모태가 되었던 북조선 임시 인민 위원회 위원장이 될 수 있었던 것도 소련의 강력한 지지가 뒷받침되었기 때문에 가능한 일이었다. [371쪽 8~9행] 한편, 유엔이 남한 단독 선거를 결정하자 북한은 이를 강하게 비판하며 통일 정부 수립을 주장하였다. 그러나 안으로는 정부 수립에 필요한 작업들을 체계적으로 추진하였다.
수정 명령	광복 이후 정부 수립 과정을 국제연합의 결정, 남북 협상, 5·10총선거 실시, 대한민국 정부의 수립, 북한 정부의 수립의 순으로 배치하여 남북 분단의 책임이 남한에 있는 것으로 오인될 소지가 있으므로 수정 필요 ① 예시 : 북조선임시인민위원회가 북한에서 실질적인 정부의 역할을 했음을 명시 ② 예시 : 1946년 2월에 북조선임시인민위원회가 조직된 사실을 '모스크바 3국 외상 회의와 신탁통치 문제' 소주제의 마지막 단락(366쪽) 또는 '좌우 대립과 미·소 공동위원회의 결렬' 소주제의 마지막 단락(367쪽)에 서술

[본문]·373쪽 (농지개혁): 임시인민 위원회는 일본인과 친일파 소유지, 지주 소유 토지 등을 몰수하여 농민에게 무상으로 나누어주는 '무상 몰수, 무상 분배'의 방식으로 토지 개혁을 실시하였다.

출판사 수정·보완 결과	원문유지

수정 명령	북한의 토지 개혁 당시 농민이 분배받은 토지의 소유권에 제한이 있었음을 서술 필요. 예시 : 분배된 토지에 대해서는 매매·소작·저당이 금지되었다는 점, 1958년에 집단 농장화가 이루어졌다는 점 등 【참고】〈북조선 토지개혁에 대한 법령, 1946.3.5. 공포〉 제1조 토지개혁의 과업은 일본인토지소유와 조선인 지주들의 토지소유 및 소작제를 철폐하는데 있으며 토지리용권은 밭갈이하는 농민에게 있다. 북조선에서의 농업제도는 지주에게 예속되지 않은 농민의 개인소유인 농민 경리에 의한다. 제10조 본 법령에 의하여 농민에게 분여된 토지는 매매하지 못하며 소작주지 못하며 저당하지 못한다.

[본문]·399쪽 (박정희 정부 시기 경제 개발 정책의 특징): 외자 도입을 통한 경제 개발과 수출 주도형 성장 정책 역시 성과가 컸던 만큼 부작용도 많았다. … 1997년 말에 외환 위기가 일어나는 한 원인이 되었다.

출판사 수정·보완 결과	원문유지
수정 명령	박정희 정부 시기 외자 도입에 따른 상환 부담과 1997년 외환 위기는 인과관계가 부족하므로 수정 필요. 예시 : "1997년 말에 외환 위기가 일어나는 한 원인이 되었다." 삭제

[참고 자료 및 특집]·407쪽(김일성 유일 지배체제의 성립): 〈더 알아보기〉 주체 사상의 성립과 그 역할: …북한 학계의 주장에 따르면, 주체사상은 '사람 중심의 세계관이고 인민대중의 자주성을 실현하기 위한 혁명 사상'으로 ….

출판사 수정·보완 결과	원문유지
수정 명령	참고자료의 서술이 북한의 주장을 그대로 소개하고 있어 학생들이 잘못 이해할 소지가 있으므로 수정 필요. 예시 : 주체사상이 정적들을 제거하기 위한 이념적 도구였으며, 정치와 경제에서 북한 주민을 동원하기 위한 수단이었음을 서술.

두산동아

[본문]·247쪽 (항일 유격 전쟁을 벌이다)
[본문]·248쪽 (민족 연합 전선을 추진하다): 항일 유격대 및 동북 항일 연군 활동과 한국 광복군 활동에 대한 서술 불균형

출판사 수정·보완 결과	*보천보 전투

	"… 크게 강화하였다. 한편, 북한은 이 사건을 김일성 우상화에 이용하였다."로 수정 *광복군 활동 관련 서술은 원문 유지
수정 명령	광복군 활동에 대한 서술이 본문에 거의 없으며, 생각 넓히기, 탐구활동 등에 분산 서술되어 있어 학생들이 광복군 활동을 체계적으로 이해하기 어려우므로 수정 필요 예시 : 한국광복군 활동을 독립된 주제로 본문에 서술

[본문]·276쪽 (농지 개혁을 실시하다): 1946년 3월 북한은 무상몰수, 무상 분배 방식으로 토지 개혁을 단행하였다. …….

출판사 수정·보완 결과	원문유지
수정 명령	북한의 토지 개혁 당시 농민이 분배받은 토지의 소유권에 제한이 따랐다는 것을 설명할 필요가 있음 예시 : 분배된 토지에 대해서는 매매·소작·저당이 금지되었다는 점, 1958년에 집단 농장화가 이루어졌다는 점 등 【참고】〈북조선 토지개혁에 대한 법령, 1946.3.5. 공포〉 제1조 토지개혁의 과업은 일본인토지소유와 조선인지주들의 토지소유 및 소작제를 철폐하는데 있으며 토지리용권은 밭갈이하는 농민에게 있다. 북조선에서의 농업제도는 지주에게 예속되지 않은 농민의 개인소유인 농민 경리에 의한다. 제10조 본 법령에 의하여 농민에게 분여된 토지는 매매하지 못하며 소작주지 못하며 저당하지 못한다.

[본문]·286쪽 (북한, 사회주의 경제를 건설하다): 북한은 1957년부터는 새롭게 5개년 경제 계획을 실시하였다. 경제 재건을 사상 사업과 연결한 천리마 운동으로 제1차 5개년 계획은 1년 앞당겨 목표를 달성하였다.

출판사 수정·보완 결과	원문유지
수정 명령	사회주의 경제 정책의 문제점뿐만 아니라 천리마 운동의 문제점도 제시할 필요가 있으므로 수정 필요. 예시 : 사상 의식에 호소하여 강제적으로 노동력을 동원한 점, 주민 생활이 향상되지 않았다는 점 등을 제시.

[본문]·315쪽 (우리식 사회주의를 강화하다): … 이에 북한은 주체사상에 토대를 둔 '우리식 사회주의'를 강조하고 이를 뒷받침해주는 근본적인 힘으로 '조선 민족 제일주의'를 내세웠다. 이는 세계 정세의 변화에 따라 일어날지 모를 사회 동요를 막고, 북한 내부의 단합을 강화하기 위한 것이었다.
※ 생각 넓히기 : 조선 민족제일주의로 민속 명절을 부활시키다.

출판사 수정·보완 결과	제목 수정

수정 명령	김정일, '우리식 사회주의'를 강화하다 생각 넓히기 제목 수정 민속명절을 부활시키다 북한의 주장을 그대로 소개하고 있어 학생들이 잘못 이해할 수 있으므로 수정 필요. 예시①(소주제명 수정) : "김정일, '우리식 사회주의'를 강화하다" → "김정일, '우리식 사회주의'를 표방하다" 예시② : '생각 넓히기'에 우리식 사회주의와 민족제일주의가 북한의 주장대로 민족을 강조하는 것이 아니라 사회주의 건설에 주민들을 동원해 내기 위한 정치적인 수사였음을 서술
	【참고】〈김정일이 민족을 강조한 이유〉 "조선 민족 제일주의를 단순히 우리 민족에 대한 긍지와 자부심을 가지도록 하자는 데만 있는 것이 아니라 자체의 힘으로 사회주의 건설을 더 잘하여 민족의 존엄과 영예를 더욱 높이 떨치도록 하자는데 있다."(김정일, "조선민족제일주의정신을 높이 발양시키자", 「친애하는 지도자 김정일동지의 문헌집」, 1989)

[본문]·320쪽 (남북 정상 회담이 개최되다): 게다가 금강산 사업 중단, 천안함 사건, 연평도 포격 사건 등이 일어나 남북 관계는 경색되었다.

출판사 수정·보완 결과	원문유지
수정 명령	문장의 주어가 생략되어 있어 행위의 주체가 분명하지 않으므로 수정 필요. 예시 : 천안함 피격 사건, 연평도 포격 도발 사건의 주체에 대하여 명시

미래엔

[참고자료·특집]·317쪽 (탐구활동): 6·25전쟁의 증언 … 동기로 본다면 인민 공화국이나 대한민국이나 조금도 다를 바 없을 것이다. 그들은 피차에 서로 남침과 북벌을 위하여 그 가냘픈 주먹을 들먹이고 있지아니하였는가 ….

출판사 수정·보완 결과	탐구활동 2번 문제 수정 2. 본문 학습 내용을 근거로 자료를 쓴 이의 주장이 타당한지 논의해 보자.
수정 명령	제시된 자료는 6·25 전쟁의 책임이 남북 모두에게 있다고 오해할 소지가 있으므로 북한의 기습 남침을 직접적으로 보여줄 수 있는 자료로

	교체 필요. 예시 : 정찰명령 제1호(1950.6.18.), 전투명령 제1호(1950.6.22.) 등

[참고자료·특집]·318쪽 (6·25 전쟁의 피해와 영향): 아! 그렇구나 코너 서술 – 전쟁 중 북한군은 물론 국군에 의한 민간인 학살이 발생하였다. 그 진실이 밝혀진 대표적인 예로 거창 양민 학살 사건이 있다.…

출판사 수정·보완 결과	2012년, 전쟁 중 발생한 민간인 희생에 대해 정부가 배상해야 하는 까닭은 무엇일까? 전쟁 중 공권력에 의해 민간인이 희생되기도 하였다. 대표적인 예로 거창 양민 학살 사건이 있다. 이는 1951년 경남 거창 일대에서 무장 공비 소탕에 나선 국군에 의해 14세 이하 어린이 385명을 포함한 양민 719명이 희생된 사건이다. 2012년 부산 고등 법원 재판부는 거창 사건은 국가 기관에 의해 저질러진 반인륜적 사건으로 '피고(국가)가 시효 소멸을 이유로 책임을 부인하는 것은 국격에도 걸맞지 않다.'라는 이유로, '피고는 유족 박씨 에게 피해 배상금 1억 100만원을 지급하라.'라고 판결하였다. 반면, 북한정권은 전쟁 중 저지른 민간인 살상 행위에 대하여 침묵하고 있다.
수정 명령	균형 잡힌 서술을 위해 북한의 민간인 학살에 대한 실례도 제시할 필요가 있음. 예시 : 함흥, 영광, 대전 등에서 자행된 북한의 민간인 학살 사건.

[본문]·322~337쪽 (자유 민주주의의 시련과 발전): 단원 주제 제목 표기 – 이승만 독재와 4·19 혁명, 1년 전부터 부정 선거를 준비하다. 3·15 부정 선거를 규탄하다~

출판사 수정·보완 결과	"이승만 독재와 4·19 혁명"을 "4·19 혁명"으로 수정
수정 명령	소주제명이 교과서에 사용되는 용어로 부적절하므로 수정 필요 예시 : "피로 얼룩진 5·18 민주화 운동", "책상을 탁치니, 억하고 죽다니! ", "궁지에 몰린 전두환 정부" 등.

[본문]·338~349쪽 (고도성장과 사회·문화 변화): 단원 주제 제목 표기
외채 상환 부담이 증가하다, 고도 성장의 혜택이 편중되다, 구조적 취약성이 심화되다~

출판사 수정·보완 결과	"외채 상환 부담이 증가하다"를 "위기를 극복하고 고도성장을 계속하다"로 수정.
수정 명령	경제 성장 과정에서 나타난 위기와 문제점 중심으로 서술하고 있고, 경제 성장이 국민의 삶의 질과 소득 증대에 기여한 점에 대한 서술이 부족하므로 경제 발전 성과에 대한 추가 서술 필요. 예시 : 1인당 국민소득 증가율, 동시대 북한과 의 소득 비교 등.

비상교육

[참고자료·특집]·346쪽(광복과 국토 분단): 광복 직후 상황 자료 제시- 소련 치스차코프 포고문과 미국 맥아더 포고령 단순 비교

출판사 수정·보완 결과	포고문 아래 설명을 추가함. 소련은 사회주의 체제를 38도선 이북 지역에 구축하려는 입장이었고, 미국은 자본주의 체제를 38도선 이남 지역에 구축하여 사회주의 세력의 활동을 견제하려는 입장에 있었다.
수정 명령	추가된 설명글이 포고문의 실체를 충분히 설명하고 있지 못하므로 수정 필요. 예시 : 치스차코프 포고문은 표면적으로 북한 주민을 위하는 것으로 표방하고 있으나 실제는 인민위원회를 조정하며 자신들의 영향력을 행사해 나간 점 등 추가 설명.

[본문]·346~353쪽 (광복과 함께 정부 수립을 위해 노력하다): 광복 이후 정부수립 과정 서술 관련

출판사 수정·보완 결과	353쪽 12줄을 다음과 같이 서술 내용을 추가하여 내용을 보완함.
수정 명령	"북한은 소련의 후원 아래 1946년 2월 사실상 정부 역할을 담당한 북조선 임시 인민 위원회를 발족하였다. 김일성을 위원장으로 한 이 위원회는 ……." 광복 이후 정부 수립 과정을 국제연합의 결정, 남북 협상, 대한민국 정부의 수립, 북한 정부의 수립의 순으로 배치하여 남북 분단의 책임이 남한에 있는 것으로 오인될 소지가 있으므로 수정 필요 예시: 1946년 2월에 북조선임시인민위원회가 조직된 사실을 '모스크바 3국 외상 회의와 우리 민족의 반응' 소주제 마지막 단락(348쪽) 또는 '미·소 공동위원회의 개최' 마지막 단락(349쪽)에 서술.

[본문]·353쪽 (북한 정부의 수립): 북조선 임시 위원회는 친일파들을 축출하였으며, 무상 몰수·무상 분배 방식의 토지 개혁도 실시하였다.

출판사 수정·보완 결과	원문 유지
수정 명령	북한의 토지 개혁 당시 농민이 분배받은 토지의 소유권에 제한이 따랐다는 것을 설명할 필요가 있음. 예시 : 분배된 토지에 대해서는 매매·소작·저당이 금지되었다는 점, 1958년에 집단 농장화가 이루어졌다는 점 등. 【참고】〈북조선 토지개혁에 대한 법령, 1946.3.5. 공포〉 제1조 토지개혁의 과업은 일본인 토지소유와 조선인 지주들의 토지소유 및 소작제를 철폐하는데 있으며 토지리용권은 밭갈이하는 농민에게 있다. 북조선에서의 농업제도는 지주에게 예속되지 않은 농민의 개

인소유인 농민 경리에 의한다.
제10조 본 법령에 의하여 농민에게 분여된 토지는 매매하지 못하며 소작주지 못하며 저당하지 못한다.

[본문]·389쪽(남북의 대립): 이승만 정부는 반공을 강조하며 북진 통일론을 주장하였다. … 박정희 정부는 '선 건설, 후 통일'을 내세워 경제 발전에 주력하였으며, 강력한 반공 정책을 추진하였다. 이로 인해 장면 내각 시기부터 활발히 전개되던 통일 논의는 중단되었다. 한편, 1960~1970년대 북한은 수차례의 무장 게릴라 침투 사건, … 그 결과 남북의 긴장과 갈등은 크게 고조되었다.

출판사 수정·보완 결과	[본문]·389쪽(남북의 대립): 이승만 정부는 반공을 강조하며 북진 통일론을 주장하였다. … 박정희 정부는 '선 건설, 후 통일'을 내세워 경제 발전에 주력하였으며, 강력한 반공 정책을 추진하였다. 이로 인해 장면 내각 시기부터 활발히 전개되던 통일 논의는 중단되었다. 한편, 1960 ~ 1970년대 북한은 수차례의 무장 게릴라 침투 사건, … 그 결과 남북의 긴장과 갈등은 크게 고조되었다. 이승만 정부는 반공을 강조하며 북진 통일론을 주장하였다. … 4·19 혁명 직후 수립된 장면 내각은 유엔 감시 아래 남북 총선거를 통한 통일을 주장하였고, 민간에서도 통일 논의가 활발히 전개되었다. 이 시기의 북한은 남북 연방제 통일 방안을 제기하기도 하였다.
수정 명령	통일 논의 중단 원인이 우리 정부에게만 있는 것으로 오해할 소지가 있으므로 수정 필요. 예시 : "이로 인해 장면 내각 시기부터 활발하게 전개되던 통일 논의는 중단되었다."를 '남북의 대립' 소주제 마지막으로 이동.

지학사

[본문]·348~349쪽 (대한민국 정부의 수립): 광복이후 정부수립 과정 서술 관련

출판사 수정·보완 결과	〈서술 위치는 현행대로 유지하되, 시기를 명확히 하고 서술을 보완하여 수정 취지를 살리고자 함. 수정 내용은 다음과 같음.〉 한편 북한에서는 1946년 2월에 사실상 정부 역할을 담당한 북조선 임시 인민 위원회가 발족하였다. 김일성을 위원장으로 했던 이 위원회는 토지 개혁 등을 진행하였다. 남한에 앞서 국가 체제를 착착 정비해간 북한은 이듬해에 북조선 인민 위원회를 설립하였으며, 이를 기반으로 대한민국 정부가 수립된 직후에 조선 민주주의 인민공화국 수립을 선언하였다.
수정 명령	광복 이후 정부수립 과정을 미·소공동위원회 개최, 좌우합작운동, 이

	승만의 정읍발언, 남북협상 추진, 5·10 총선거, 대한민국 정부 수립, 북한 정부수립의 순서로 배치하여 남북 분단의 책임이 남한에 있는 것으로 오인될 소지가 있으므로 수정 필요. 예시 : 1946년 2월에 북조선임시인민위원회가 조직된 사실을 '모스크바 3국 외상 회의에서 신탁통치안이 결정되다.' 소주제(346쪽)의 두 번째 문단 다음에 추가.

[본문]·392쪽 (공존과 협력 관계가 조성되다): 더구나 2010년 천안함 침몰 사건과 연평도 포격사건으로 남북관계는 경색 국면으로 접어들었다.

출판사 수정·보완 결과	〈해당 문단 서두에 '북한'이 주체임을 명확히 밝힘. 이로써 다음 문장에 나오는 사건들의 주체가 북한임을 암묵적으로 명시함.〉 이명박 정부 수립 후에는 북한이 핵 개발과 미사일 발사 실험 등을 실시하여 남북관계가 악화되었다. 더구나 2010년 천안함 폭침 사건과 연평도 포격 사건이 일어나 남북 관계는 경색 국면으로 접어들었다.
수정 명령	문장의 주어가 생략되어 있어 행위의 주체가 분명하지 않으므로 수정 필요. 예시: 천안함 피격 사건, 연평도 포격 도발 사건의 주체에 대하여 명시.

천재교육

304~311쪽 본문: 광복이후 정부 수립 과정 서술

출판사 수정·보완 결과	(311쪽 본문(9~10행)에 내용 보완) 1946년 2월 각 지방의 … 중앙 권력 기구로서 사실상 정부 역할을 담당한 북조선 임시 인민 위원회가 출범하였는데,
수정 명령	광복 이후 정부 수립 과정을 미·소 공동위원회 개최, 좌우합작운동, 남북협상 추진, 이승만의 정읍발언, 5·10 총선거, 대한민국 정부 수립, 북한 정부 수립의 순서로 배치하여 남북 분단의 책임이 남한에 있는 것으로 오인될 소지가 있으므로 수정 필요. 예시: 1946년 2월에 북조선임시인민위원회가 조직된 사실을 '모스크바 3국 외상 회의와 좌우대립' 소주제 마지막 단락(305쪽)에 추가 서술 필요.

311쪽 본문: 1946년 3월 무상 몰수·무상 분배 방식의 토지 개혁을 실시하고 …

출판사 수정·보완 결과	원문 유지
수정 명령	원문 유지 북한의 토지 개혁 당시 농민이 분배받은 토지의 소유권에 제한이 따

	랐다는 것을 설명할 필요가 있음. 예시 : 분배된 토지에 대해서는 매매·소작·저당이 금지되었다는 점, 1958년에 집단 농장화가 이루어졌다는 점 등. 【참고】〈북조선 토지개혁에 대한 법령, 1946.3.5. 공포〉 제1조 토지개혁의 과업은 일본인 토지소유와 조선인 지주들의 토지소유 및 소작제를 철폐하는데 있으며 토지리용권은 밭갈이하는 농민에게 있다. 북조선에서의 농업제도는 지주에게 예속되지 않은 농민의 개인소유인 농민 경리에 의한다. 제10조 본 법령에 의하여 농민에게 분여된 토지는 매매하지 못하며 소작주지 못하며 저당하지 못한다.
318쪽 자료 읽기: '주체'의 강조와 김일성 우상화	
출판사 수정·보완 결과	원문 유지
수정 명령	김일성이 주장하는 '주체'를 그대로 제시한 것으로 학생들이 잘못 이해할 수 있으므로 수정 필요. 예시 : 도움글에 '주체'의 허구성과 주체 사상이 김일성 우상화에 정치적으로 이용되었음을 서술.
329쪽 자료 읽기: 자주노선을 전면에 내세운 북한	
출판사 수정·보완 결과	(본문 보완) 북한은 1967년 주체사상을 당의 이념으로 확정하고, 김일성을 수령으로 내세우는 유일체제를 표방하였다. 이로써 주체사상이란 이름으로 김일성의 권력 독점이 절대화되기 시작하였다. (자료의 도움글 보완) 자료의 '우리 당'이란 조선노동당을 말함. 북한은 ~ 지향하였다. 또 외세와 남한의 통일 반대 세력을 배격하고 민족 주체의 힘으로 통일을 달성하자는 주체사상을 제기하였다.
수정 명령	제시된 자료는 북한의 주장을 그대로 소개하고 있어 학생들이 잘못 이해할 수 있으므로 수정 필요. 예시: 도움글의 "또 외세와 … 주체사상을 제기하였다."를 삭제하고, 북한이 주장하는 자주 노선이 정치적 수사에 불과하며, 대내 통합을 위한 체제 유지 전략이었음을 서술.
356~357쪽: 북한 주민의 인권 문제 서술	
출판사 수정·보완 결과	(356쪽 본문 내용 추가) 그러나 북한 사회에 경제적 곤란이 심화되어 ~ 탈북자들이 늘어가고 있으며, 심각한 인권 문제도 제기되고 있다.

수정 명령	북한 주민 인권 문제의 구체적 사례가 제시되어 있지 않으므로 수정 필요. 예시 : 언론 표현의 자유, 종교의 자유, 여행·거주 이전의 자유 억압, 공개 처형, 정치범 수용소 운영 등 사례 제시.

교학사

[본문]·305쪽 (단독 정부 수립 활동과 좌익의 방해): 1948년 5·10 총선거가 결정되었다. 이에 남조선 노동당이 선거를 방해하기 위해 남한에서의 단독 총선을 거부하도록 지시하면서 파업과 시위가 이어졌다. 제주도에 서는 4월3일 남로당 주도로 총선거에 반대하는 봉기를 일으켜 경찰서와 공공 기관을 습격하였다. … 사건을 수습하는 과정에서는 무고한 양민의 희생도 초래되었다(제주 4·3 사건).	
출판사 수정·보완 결과	제주도에서는 1947년 좌익들의 3·1절 기념대회에 남로당 제주 도위원회가 조직 총동원령을 내려, 정권을 인민 위원회로 넘기라는 등의 구호를 외치게 하였다. 대회 당일, 모르고 아이를 친 기마경찰을 뒤쫓아 시위를 구경하던 군중이 경찰서로 몰려갔고, 경찰은 습격으로 오인하여 발포하였다. 1948년 5.10 총선거가 결정되었다. 이에 1948년 4월 3일 남로당의 주도로 총선거에 반대하는 봉기가 일어나, 경찰서와 공공 기관이 습격받았다. … 사건을 수습하는 과정에서는 무고한 많은 양민의 희생도 있었다(제주 4·3사건).
수정 명령	제주 4·3 특별법의 목적과 취지를 반영하여 수정 필요. ① 예시 : … "경찰은 습격으로 오인하여 발포하였다." → … "경찰이 발포하여 사상자가 발생하였다." ② 예시 : "사건을 수습하는 과정에서 무고한 많은 양민의 희생도 있었다." → "사건을 수습하는 과정에서 무고한 민간인의 많은 희생이 있었다(제주 4·3 사건)."
[본문]·307쪽 (남북한에서의 좌우익 투쟁과 정부 수립): 친일파 청산의 과제 … 이승만 대통령은 공산 세력의 소탕에 경찰이 필요하다는점을 감안하여 경찰의 행동을 묵인하였다.….	
출판사 수정·보완 결과	친일파 청산의 과제 … 이승만 대통령은 헌법에 의해 행정부만이 경찰권을 가질 수 있기에 특별 경찰대 해산을 명령하였다고 기자 회견하였다. ….
수정 명령	이승만 정부의 반민특위 해산 조치에 대해 정당성을 부여하는 기술로 오해할 소지가 있으므로 수정 필요. 예시 : "이승만 대통령은 … 특별 경찰대 해산을 명령하였다고 기자 회견하였다." 삭제.

자료 3
2014학년도 출판사별 교과서 채택 현황

발행사명	채택 고교 수(개)	비율
교학사	0	0
두산동아	69	4%
리베르	76	4.43%
지학사	101	5.88%
금성출판	145	8.45%
천재교육	283	16.5%
비상	516	30.0%
미래엔	525	30.6%
합계	1715	

출처: 서상기 새누리당 의원이 2014년 1월10일, 교육부로부터 받은 자료 재구성

[비고] ▲ 일반고, 특성화고, 특목고, 자율고, 특수학교, 고등공민학교, 고등기술학교 등 평생교육법에 따른 학력인정학교를 대상으로 함 ▲2014학년도 신설 예정학교는 미포함

자료 4

성명서
反대한민국적 좌편향 역사교과서를 규탄한다!

'고등학교 역사보고서 분석보고회'에 참석한 우리는 다음과 같이 우리의 입장을 밝히고자 한다.

1. 금성, 두산, 미래엔, 비상교육, 천재교육 교과서는 명명백백한 反대한민국적 좌편향 역사 교과서다. 우리는 새학기부터 全國 고등학교에서 배우는 韓國史 교과서 8종 중 5종(금성, 두산, 미래엔, 비상교육, 천재교육)이 대한민국을 폄하하고 북한 정권을 감싸고도는 좌파 선전물과 같은 교과서라는 점에 대해 경악을 금치 못하고 있다. 이 좌편향 교과서들은 대한민국을 '정부'로 격하하고, 반란집단인 북한 정권을 '정부'로 격상시켜 同格(동격)으로 맞추는가 하면 공산주의자들의 무장 반란을 '무장 봉기'로 미화, 대한민국을 태어나서는 안 될 국가로 몰았다. 이승만, 박정희를 김일성, 김정일보다 더 미워하고, 미국을 중국과 소련보다 더 나쁘게 그리고, 국군과 기업을 착취와 압제 기구로 취급하였다. 이 교과서들에는 노동, 민주화 영웅만 있고, 건국·호국·산업화의 영웅은 없었다. 北의 인권탄압과 핵개발, 對南(대남)도발은 철저히 감싸고, 주체사상을 미화하여 허구성은 전혀 설명하지 않고, 건국·호국·산업화 세력의 실수는 침소봉대하여, 학생들

에게 조국을 세우고 지키고 키워낸 恩人(은인)들을 증오하도록 가르치고 있다. 이에 우리는 교학사 교과서는 안심하고 가르칠 수 있고, 지학사와 리베르는 교정이 가능한 교과서이지만 천재, 두산동아, 금성, 비상교육, 미래엔은 도저히 대한민국의 역사 교과서로 볼 수 없는 정신적 독극물이므로 반드시 회수되어야 한다고 주장한다.

2. 이러한 좌편향 역사 교과서에 대해 우리는 교육부에 그 책임을 묻지 않을 수 없다.
   (1) 교육부의 역사 교과서 집필 기준부터 잘못되었다. '민족사에 대한 자긍심과 애정'을 강조한 나머지 북한의 수령독재, 주체사상, 북한 인권 유린을 비판하지 않았고, 史觀의 중립성을 요구한 나머지 대한민국의 정통성을 분명히 하지 않았고, 역사적 사실에 대한 해석이 다양한 경우 자료를 제시하도록 함으로써 헌법적 가치에 입각하지 않은 歷史記述(역사기술)을 허용했다. 집필기준은 대한민국의 정통성과 정당성에 입각한 기준이었어야 했다.
   (2) 뿐만 아니라 좌편향 교과서에 대한 교육부의 수정 권고 및 수정 명령도 잘못되었다. 수정내용이 좌경적 영향권에서 벗어나지 못했고, 고의적 누락은 손도 대지 못했고, '북한 정부', '무장 봉기' 등 잘못된 용어사용도 바로잡지 못했다. 그리하여 출판사가 수정 명령을 교묘하게 회피하는 것을 허용했다. '대한민국 건국'이란 용어의 사용을 금지시키고, 北의 주체사상은 北의 선전자료를 근거로 가르치도록 허용했으며, 대한민국 건국의 정당성을 부정하기 위하여 유엔 결의까지 날조, 집필지침을 짓밟은 두산동아, 미래엔, 천재교육 교과서를 검인정으로 통과시켜 주었다. 이는 어

떤 入試(입시)부정보다 심한 부정임에도 불구하고 교육부는 이를 통과시켜 준 책임자를 문책하지 않았다.

(3) 교과서 선정방식도 큰 문제였다. 역사교사 3인이 일차로 3종을 선택하도록 하여 교장의 결정권을 제약했다. 그 결과 교과서 선정은 전적으로 좌파 역사 교사들에 의해 좌지우지되었다. 교과서 선정은 교장의 全的(전적)인 책임 하에 이루어져야 한다.

(4) 마지막으로 교육부는 좌파진영에 의한 교학사 교과서 죽이기를 방치했다. 1월8일 교육부는 교학사 교과서를 채택한 20개 고교 특별조사 후 "일부 학교가 시민단체의 일방적 매도로 교과서 선정을 변경, 취소한 것이 확인됐다"고 밝히고도 이에 대한 후속조치를 전혀 취하지 않았다.

(5) 교육부는 이러한 과오를 즉각 시정해야 한다. 그렇지 않으면 교육부 장관은 책임지고 사임해야 한다.

3. 우리는 검찰, 감사원, 국방부에도 요구하고자 한다.
   (1) 주체사상을 비판 없이 소개한 행위는 利敵(이적)행위와 다를 바 없다. 검찰은 주체사상을 비판 없이 소개한 著者(저자)와 이를 검인정 과정에서 통과시킨 교육공무원에 대해 국가보안법 위반 혐의가 있지 않은지를 조사해야 한다.
   (2) 감사원은 역사 교과서가 좌편향성을 보이도록 방치한 교육부와 國史편찬위원회의 업무태만, 관리 소홀에 대해 감사해야 한다.
   (3) 좌편향 5종 교과서엔 국군의 역사적 역할에 대한 폄하가 많고, 利敵표현이 많고, 彼我(피아)식별을 혼동시킬 위험성이 있으므로 국방부가 나서서 이 역사 교과서의 사용금지를 요구해야 한다.

4. 마지막으로 애국시민들에게 호소한다.

학생들이 정신적 독극물인 천재교육, 두산동아, 금성출판, 미래엔, 비상교육의 역사 교과서를 배우지 않도록 이 교과서 추방을 위한 학부모들의 저항운동이 일어나야 한다. 이에 우리는 全國(전국)의 모든 市郡區(시군구)에서 자발적으로 학부모·교육단체가 결성되어 주기를 호소한다. 그리고 7종 교과서 분석자들에 의해 좌편향 교과서의 잘못된 내용을 교정하기 위한 보완 팸플릿 교재가 만들어지게 되면 이 교재를 모든 학생들에게 보급하는 운동에도 적극 나서주기를 호소한다.

2014년 3월5일

주최

좌편향교과서대책위원회, 바른역사국민연합, 역사교과서대책범국민운동본부

참여단체

선진화시민행동, 대한민국6·25참전유공자회, 대한민국월남참전자회, 이북도민회중앙연합회, 대한민국애국시민연합, 국가정상화추진위원회, 대한민국사랑회, 反국가척결국민연합, 대한민국육해공군해병대예비역대령연합회, 공교육살리기국민연합, 자유교육연합, 교육과학교를위한학부모연합, 기독교사회책임, 한국미래포럼, 현대사포럼, 국민통합운동본부, 엄마부대봉사단

대한민국 교과서가 아니다!

지은이 | 姜圭炯·權熙英·金光東·裵振榮·李鍾喆·丁慶姬·趙甲濟
펴낸이 | 趙甲濟
펴낸곳 | 조갑제닷컴
초판 1쇄 | 2014년 3월 24일
초판 3쇄 | 2015년 10월 15일

주소 | 서울 종로구 내수동 75 용비어천가 1423호
전화 | 02-722-9411~3
팩스 | 02-722-9414
이메일 | webmaster@chogabje.com
홈페이지 | chogabje.com

등록번호 | 2005년12월2일(제300-2005-202호)
ISBN 979-11-85701-00-4-13910

값 10,000원

*파손된 책은 교환해 드립니다.